FREDERICK COUNTY VIRGINIA

MINUTES OF COURT RECORDS 1743-1745

John David Davis

HERITAGE BOOKS
2008

HERITAGE BOOKS
AN IMPRINT OF HERITAGE BOOKS, INC.

Books, CDs, and more—Worldwide

For our listing of thousands of titles see our website
at
www.HeritageBooks.com

Published 2008 by
HERITAGE BOOKS, INC.
Publishing Division
100 Railroad Ave. #104
Westminster, Maryland 21157

Copyright © 2001 John David Davis

Other books by the author:

Bergen County, New Jersey Deed Records, 1689-1801
West Jersey, New Jersey Deed Records, 1676-1721
Bucks County, Pennsylvania Deed Records, 1684-1763
Frederick Clifton Pierce:
Pierce Genealogy. Being the Record of the Posterity of Capt. Michael, John and Capt. William Pierce Who Came to this County from England
Batchelder, Batcheller Genealogy: Descendants of Rev. Stephen Bachiler, of England, A Leading Non-Conformist who Settled the Town of New Hampton, New Hampshire, and Joseph, Henry, Joshua and John Batcheller of Essex County, Massachusetts

All rights reserved. No part of this book may be reproduced or transmitted in any form or by any means, electronic or mechanical, including photocopying, recording or by any information storage and retrieval system without written permission from the author, except for the inclusion of brief quotations in a review.

International Standard Book Numbers
Paperbound: 978-0-7884-1883-9
Clothbound: 978-0-7884-7098-1

DEDICATED

to

my brother

ROBERT DAVIS

TABLE OF CONTENTS

Preface vii

Minutes 1743-1745 1

Index 243

PREFACE

Abstracted from Microfilm Copies
Available through the
Genealogical Library,
Salt Lake City, Utah

Settlement of what was to become Frederick Co., Virginia, began in 1632 when the first Europeans to come through the Shenandoah Valley were Jesuit missionaries. Successive waves of settlers from Scotland, Germany, and France worked their way down the Valley from Maryland and Pennsylvania. The county was formed in 1738 from Orange County, but the government was not organized until 1743. Part of Augusta County was added later.

While the minutes of court records are indexed for the plaintiff and defendent, other parties to the action are not. Very little genealogical information can be obtained from court minutes, except that the party named was present at that location and time. Additionally, husbands and wives can be identified by the "&" between their names.

Frederick Co., Virginia
Court Minutes

p. 1, 22 Oct, 1743, Governor William **Gooch**, of Virginia, appoints as Justices of the court: Morgan **Morgan**, Benjamin **Borden**, Thomas **Chester**, David **Vance**, Andrew **Campbell**, Marquis **Calmees**, Thomas **Rutherford**, Lewis **Neal**, William **MacMahon**, Meredith **Helmes**, George **Hoge**, John **White** & Thomas **Little**, all gentlemen.

p. 1, 11 Nov, 1743, court proclaimed, present were: Morgan, **Morgan**, David **Vance**, Marquis **Calmees**, Thomas **Rutherford**, William **McMahon**, Meredith **Helms**, George **Hoge** & John **White**.

p. 1, 22 Oct 1743, James **Wood**, gentleman, appointed clerk of the court by Thomas **Nelson**, secretary of Virginia.

p. 2, a commission, under the hand of Governor William **Gooch** directed Thomas **Rutherford** to be sheriff of Frederick Co., Virginia. A bond of £1000 posted by Thomas **Rutherford**, Meredith **Helms**, gentleman, John **Harder**, Thomas **Ashley**, James **Seaburn**, Robert **Ashley**, Thomas **Ashley** Jr., Peter **Woolf** & Robert **Worthington**.

p. 2, a commission, under the hand of Governor William **Gooch** directed George **Home** to be county surveyor.

p. 2, 11 Nov 1743, James **Porlens**, John **Steerman**, George **Johnston**, John **Newport**, gentlemen, given the oath of attorney.

p. 2, last will & testament of Bryan **McNamee**, deceased, presented by Elizabeth **McNamee**. Proved by Israel **Robinson** & William **Richee**, who also saw Edward **Hughes** witness the will.

p. 2, certificate for obtaining letters of administrations of the estate

1

of Jonathan **Seaman**, deceased, is granted to Elizabeth **Seaman**, widow of said Jonathan. Oath taken with John **Denton** & Robert **Worthington**.

p. 2, ordered that Morgan **Beyor**, Richard **Beason**, Israel **Robinson**, & Edward **Hughes** make a appraisal of the estate of Barant **McNamee**.

p. 3, ordered that Morgan **Morgan**, gentleman, John **Smitt**, John **Hampton** & Robert **Worthington** make a appraisal of the estate of Jonathan **Seaman**.

p. 3, Abraham & Catherine **Penington** acknowledge deed to Christopher **Beeler**. Said Catherine releases her right of dower.

p. 3, ordered that clerk of court keep record & be paid.

p. 3, ordered that clerk of court fetch the law books from **McPark** for the justices of this county.

p. 3, ordered that the constables & overseer of the roads be continued as they were until the next court.

p. 3, ordered that the sheriff build a jail.

p. 3, court adjourned, signed: J. **Wood** & M. **Morgan**.

p. 3, 9 Dec, 1743, court proclaimed, present were: Morgan **Morgan**, William **McMachen**, David **Vance** & George **Hoge**.

p. 3, on the petition of John **Wilcox** & others for a road from John **Funk**'s Mill to Chesters Ferry & from thence to where the road takes out of Chester's road to Manasses Run, it ordered that Thomas **Chester**, gentleman, John **Wilcox** & Jacob **Funck** lay off road & report to court.

p. 3, the last will & testament of Benjamin **Borden** presented by Zeauiah **Borden** & Benjamin **Borden**, executors...will witnessed by Thomas **Hawkins**, Thomas **Sharp** & Lancelot **Westcott**.

p. 4, ordered that Marquis **Calmees**, John **Harden**, Robert **McCoy** Jr. & Bathany **Haines** make a appraisal of the estate of Benjamin **Borden**, gentleman, deceased.

p. 4, ordered James **Porter**, gentleman, act as the Kings attorney

p. 4, ordered that Marquis **Calmees** & William **McMachen** arrange the construction of a stock & whipping post.

p. 4, ordered that John **Kersey** continue his ferry over the Shenandoah River.

p. 4, Morgan **Morgan** & David **Vance**, administer oaths to Thomas **Chester**, Andrew **Campbell** & Thomas **Little**, gentlemen.

p. 4, Thomas **Chester** appointed coroner.

p. 4, deed of lease from Benjamin **Borden** to Benjamin **Borden** Jr., witnessed by Elizabeth **Kemp** & Lancelot **Westcott**, admitted to record.

p. 4, on petition of John **Wood**, it ordered that John **Hardin**, Samuel **Timmons** & Edward **Rogers** view the road from Blue Ball & report to court.

p. 4, estate of William **Parks**, deceased, to be administered by his greatest creditor, Isaac **Perkins** with John **Littler** & John **Grost**.

p. 5, ordered that James **Wood**, gentleman, Benjamin **Carter**, William **Hoge**, William **Glower** make a appraisal of the estate of William **Parks**, deceased.

p. 5, motion by John **Newport**, for Daniel **Sutherland**, to have run away servant Joseph **Wood**, alias John **Wood**, arrested.

p. 5, petition of Thomas **Province** for road from John **Grost** Mill to main road between John **Littler**'s plantation & John **Milburow**...John **Littler**, William **Dillan** & Joseph **Burchham** report to court.

p. 5, liquor license to Patrick **Ryley**...bond by John **Smith**.

p. 5, ordered all liquor licenses to remain in effect.

p. 5, ordered that William **Johnson**, Andrew **Campbell** & John **White**, gentlemen, take care of Cornelius **Cochran**.

p. 5, liquor license to Thomas **Hart**...bond by Lewis **Neill**.

p. 5, liquor license to Andrew **Campbell**...bond by Morgan **Morgan**.

p. 5, Patrick **Dougherty** replaced as constable by David **Rose**.

p. 5, Joseph **Edwards** replaced as constable by David **Lewis**.

p. 5, John **Upton** appointed constable of South Branch.

p. 6, Robert **Worthington** appointed constable.

p. 6, George **Thurston** appointed constable.

p. 6, Stephen **Hotsenbell** appointed constable of Capt. John **Hite**'s precinct.

p. 6, Thomas **Gray** appointed constable of Capt. **Denton**'s precinct.

p. 6, Thomas **Babb** appointed constable between precincts of Capt. John **Hite** & Capt. **Low**.

p. 6, George **Bounds** appointed constable of Capt. **Chester**'s precinct.

p. 6, William **Glintham**, appointed under sheriff.

p. 6, James **Baumidsham** found not guilty of stealing from George **Wright**.

p. 7, 10 Dec 1743, court proclaimed, present were: Morgan **Morgan**, Andrew **Campbell**, William **McMachen**, David **Vance**, Marquis

Calmees & Meredith **Helmes**.

p. 7, appraisal of the estates of Bayant **McNamee** & Jonathan **Seaman**, continued.

p. 7, George **Roberts** vs John **Connell**, defendant did not appear, continued.

p. 7, Lewis **Stephens** vs John **Fradan**, bond by Daniel **Burnett**.

p. 7, Jost **Hite** vs John **Frost**, debt...continued.

p. 7, Peter **Stephens** vs Robert **Wilson**, bond posted by John **Wilson**.

p. 7, John **Bruce** vs Thomas **Buch**, continued.

p. 7, Peter **McHugh** vs Daniel **Richardson**, dismissed.

p. 7, Jost **Hite** vs John **Frost**, debt...continued.

p. 8, James **Cuningham** vs Hugh **Ferguson**...found for plaintiff.

p. 8, William **Blackbourn** vs Samuel **Pearson**... found for plaintiff.

p. 8, John **Jones** vs John **Sanam**...agreed & dismissed.

p. 8, Leonard **Helms** vs Hugh **Ferguson**...agreed & dismissed.

p. 8, William **Mitchell** vs John **Bryan**, slander... continued.

p. 8, Christopher **Zimmerman** vs Samuel **Brittan**... found for plaintiff.

p. 8, Christopher **Zimmerman** vs Robert **Worthington**...found for plaintiff.

p. 9, William **McMachen** vs Daniel **Burnett**, debt... continued.

p. 9, William **McMachen**, assignee of Thomas **Stephenson** vs

Thomas **Doster**, (debt)...found for plaintiff.

p. 9, ditto.

p. 9, John **Fradan** vs Samuel **Brittain**, (debt)...continued.

p. 9, John **Fradan** vs Solomon **Hedges**, petition ...continued.

p. 9, John **Fradan** vs Jacob **Worthington**, petition ...found for plaintiff.

p. 10, John **Fradan** vs James **Dolherapa**, petition... continued.

p. 10, James **Young** vs Andrew **Campbell**, gentleman... found for plaintiff.

p. 10, Isaac **Penington** vs James **Cuningham**, (debt)... continued.

p. 10, Robert **Buckles** vs Jost **Hite**...dismissed.

p. 10, Robert **Buckles** vs David **Dunbar**...continued.

p. 10, Robert **Wilson** vs James **Rutledge**, attachment...continued.

p. 10, James **Hogg** vs James **Rutledge**, attachment ...continued.

p. 10, James **Hogg** vs James **Dobson**, attachment ...dismissed.

p. 10, William **Griffith** vs Abraham **Yeats**, attachment...bond by Robert **Buckles**.

p. 11, Thomas **Low** vs Ambasen **Nelson**, attachment...dismissed.

p. 11, George **Bowman** vs George **Humes**, attachment...called James **Wood**, gentleman, Robert **Wilson**, William **McLee** & George **Bowman**...found for plaintiff

p. 11, Richard **Morgan** & William **Roberts**, security for Elizabeth **Perkins**, administrator of the estate of her father.

p. 11, Daniel **McEntosh**, servant boy of James **Bruce**, is age 10 years.

p. 11, Daniel **Sutherland** vs Joseph **Wood**, complaint…dismissed.

p. 12, court proclaimed, present were: Morgan **Morgan**, Andrew **Campbell**, William **McMachen**, David **Vance**, Marquis **Calmees**, Thomas **Little** & Meredith **Helmes**.

p. 12, Barnet **Lindsey** lashed for stealing from Thomas **Hart**.

p. 12, Henry **Howard**, servant to James **McCrachen**, lashed for stealing from Samuel **Glass**.

p. 13, John **Stevenson**, servant to John **Neill**, lashed for stealing from Abraham **Brown** & Thomas **Welch**.

p. 13, 2 Jan, 1743, court proclaimed, present were: Morgan **Morgan**, William **McMachen**, David **Vance** & Marquis **Calmees**.

p. 13, Robert **McKay** Jr.

p. 14, 13 Jan 1743, court proclaimed, present were: Morgan **Morgan**, Thomas **Chester**, David **Vance**, Meredith **Helms**, John **White** & Marquis **Colmees**.

p. 14, William **Russell**, John **Quen** & Gabriel **Jones**, gentlemen, took oath of attorney.

p. 14, Benjamin **Rutherford** & Robert **Rutherford** took oath of deputy sheriff from sheriff Thomas **Rutherford**, gentleman.

p. 14, William **Hogg** Jr. granted license with bond posted by James **Wood**.

p. 14, Richard & Charity **Beason** deed to Richard **Beason** Jr.

p. 14, Richard & Charity **Beason** deed to Edward **Beason**.

p. 14, Richard & Charity **Beason** deed to Benjamin **Beason**.

p. 14, Richard & Charity **Beason** deed to Mordecai **Mendenhall**.

p. 15, Morgan **Bryan** deed to Joshua **Hedges**.

p. 15, John **Dooues** granted license as peddlar. Bond posted by Thomas **Rutherford**.

p. 15, county surveyor to run line between this & Augusta county from head spring of **Hedgeman** River to **Paterson** Creek.

p. 15, Noah **Hampton** petition for road from his mill to James **Caddy**. Jonathan **Cobourn**, Isaac **Thomas**, Peter **Kuykendal** & James **Delheryea** to view road plan.

p. 15, ordered Robert **Ashley** to be overseer of road from **Howell**'s ford to **Ashley**'s.

p. 15, William **Joliffe** & Michael **Ryan** took oath of attorney.

p. 15, ordered that James **Wood**, gentleman get 526 feet of planks from Isaac **Perkins**.

p. 15, Andrew **McDaniel**, suspicion of felony, dismissed.

p. 15, William David **Moyeros**, suspicion of felony, dismissed.

p. 15, ordered that George **Bowman**, Andrew **Falkerbourgh**, & Robert **McKay** Jr. view road from John **Funk**'s mill cross Cedar Run Creek ford to the said Robert **McKay** Jr. to Bran Stone Gap by petition of Jacob **Teeter**.

p. 15, John **Julian** appointed constable of Capt. Jeremiah **Smith**'s precinct.

p. 15, George **Bounds** appointed constable of Capt. Thomas **Chester**'s precinct.

p. 16, James **Burne** appointed constable of Capt. Thomas **Ashley's** precinct.

p. 16, Gasham **Woodfin** appointed constable of David **Vance's** precinct.

p. 16, certificate for estate of Patrick **McCadden** granted to George **Hume** with bond posted by Robert **Wilson** & George **Johnstone**.

p. 16, Isaac **Perkins**, James **Wood**, William **McMachein**, gentleman & Robert **Wilson** value the estate of Patrick **McCadden**, deceased.

p. 16, appraisement of estate of Benjamin **Borden**, gentleman, deceased continued.

p. 16, Isaac **Perkins** returned appraisement of estate of William **Parks**, deceased.

p. 16, Elizabeth **McNamce** returned appraisement of estate of Bryant **McNamce**, deceased.

p. 16, Elizabeth **Seaman** returned appraisement of estate of Jonathan **Seaman**, deceased.

p. 16, John **Hardin** & Edward **Rogers** returned there opinion of road petitioned for by John **Wood**.

p. 16, order for Thomas **Chester** & others to view & layoff road petitioned for by John **Wilcox**, continued.

p. 16, order for John **Littler** & others to view & layoff road petitioned for by Thomas **Province**, continued.

p. 16, Richard **Morgan** vs Elizabeth **Perkins**, petition...dismissed.

p. 17, George **Roberts** vs John **Connell**, trespass.

p. 17, Lewis **Stephens** vs John **Fradan**, judgement.

p. 17, Just **Hite** vs John **Frost**, debt.

p. 17, Peter **Stephens** vs Robert **Wilson**, dismissed.

p. 17, John **Bauce** vs Thomas **Buck**, dismissed.

p. 17, Just **Hite** vs John **Frost**, debt, settled.
p. 18, William **Mitchell** vs John **Ryan**, slander, dismissed.

p. 18, William **McMachen** vs Daniel **Burnett**, debt.

p. 18, John **Fradan** vs Samuel **Brittan**, debt.

p. 18, John **Fradan** vs Solomon **Hedges**, judgement.

p. 18, John **Fradan** vs James **Dolheryea**, judgement.

p. 18, Isaac **Pennington** vs James **Cuningham**, debt.

p. 18, Robert **Buckles** vs David **Dunbar**, attachment... continued.

p. 18, Robert **Wilson** vs James **Rutlidge**, attachment ...continued.

p. 19, James **Hogg** vs James **Rutlidge**, attachment... continued.

p. 19, Frederick **Gabarth** vs Peter **Revier**, trespass ...sheriff to bring said **Revier** to court.

p. 19, Robert **Black** vs John **Nicholas** & Peter **McHugh**, trespass...sheriff to find said **Nicholas**.

p. 19, Samuel **Brittan** vs Patrick **Black**...petition ...continued.

p. 19, John **Barrat** vs Joseph **Mountor**, debt... continued.

p. 19, William **Blackbourn** vs James **Gill**, debt... continued.

p. 19, John **Smith** vs Peter **Hughendal**, judgement.

p. 19, Robert **Warth** vs Richard **Cronks**, judgement.

p. 20, Thomas **Loe** vs George **Wright**, slander... continued.

p. 20, John **Shepherd**, appointed of John **Smith** vs James **Davis**, debt...continued.

p. 20, Christopher **Zimmerman** vs Jacob **Worthington**, judgement.

p. 20, Thomas **Miles** vs Richard **Cronks**, agreement.

p. 20, Thomas **Harris** vs John **Nelenos**, debt... continued.

p. 20, Andrew **Campbell**, appointed of David **Preace** vs John **Walker**, debt...continued.

p. 20, Sinnich **Sinnicher** vs Richard **Cronks**, agreement.

p. 20, Marquis **Calmees** vs James **Seabin**, slander... continued.

p. 20, John **Neill** vs John **Jones**, agreement.

p. 21, Daniel **Burnett** vs John **Miller**, debt... continued.

p. 21, Lewis **Stephens** vs Zebulan **Cantrell**, petition.

p. 21, Jost **Hite** vs Hugh **Ferguson**...continued.

p. 21, Abraham **Strickler** vs Garriot **Pendergrass**... continued.

p. 21, Hugh **Ferguson** vs Richard **James**, petition... continued.

p. 21, John **Neill** vs Daniel **Burnett**, debt... continued.

p. 21, John **Neill** vs Martha **Elmore**, petition... continued.

p. 21, Lewis **Stephens** vs Richard **Cronck**, agreement.

p. 21, John **Hite**, assignee of John **Shelden** vs James **Bourn**, judgement.

p. 22, Lewis **Neil**, gentleman vs Edward **Rogers**, judgement.

p. 22, William **Stone** vs William **Dillon**, debt... continued.

p. 22, James **Hoge** vs Joseph **Robinson**, debt... agreement.

p. 22, Robert **Buchannan**, assignee of John **Poston** vs William **Lacey**, petition...judgement.

p. 22, Hugh **Ferguson** vs Charles **Hanagan**, petition... continued.

p. 22, Jacob **Hite** vs Leo **Helmer**, debt...agreement.

p. 22, Lewis **Neil** vs John **Evans**, debt...agreement.

p. 22, Wiegard **Miller** vs Thomas **Perry**, petition... continued.

p. 22, Richard **Poultney** vs William **Harrison**... continued.

p. 22, John **Fradan** vs William **Rouse**...continued.

p. 23, Wingard **Miller**, assignee of Daniel **Passorsen** vs Thomas **Perry**, petition.

p. 23, Jacob **Hogh** vs Hugh **Ferguson**, petition.

p. 23, Edward **Shippin** vs David **Dunbar**, debt.

p. 23, Edward **Shippin** vs David **Dunbar**, debt.

p. 23, John **Shipard** vs John **Fradan**, debt.

p. 23, Thomas **Mcgyer** vs James **Fenla**...continued.

p. 23, John **Fradan**, assignee of Redmond **Follon** vs Israel **Friend**, debt.

p. 23, Calvert **Anderson** vs James **Fenla**, petition.

p. 23, James **Burr** vs John **Shelden**, petition.

p. 24, John **Anderson** vs Anne **Silburn**...continued.

p. 24, Abraham **Yates** vs Robert **Buchler**...continued.

p. 24, David **Vance**, gentleman vs John **Evans**, debt.

p. 24, Thomas **Low**, gentleman vs Ambrose **Nelson**, attachment.

p. 24, Mary **Johnson** vs Robert **Callender**, attachment.

p. 25, 14 Jan 1743, Daniel **Rose** last court appointed constable in the roof of Patrick **Dougherty** who being called & failing to appear, Roger **Burkham** is appointed constable.

p. 25, Samuel **Brittan**, Robert & Jacob **Worthington** vs James **Maxwell**, judgement held by James **McCrackin**.

p. 25, Thomas **Anderson** vs Abraham **Yeats**, attachment.

p. 25, Just **Hite** vs Huchill **Guilder**, attachment.

Absent George **Hoge**, gentleman

p. 26, Colvert **Anderson** vs Abraham **Yeates**, attachment, held by Robert **Buchles**.

p. 26, Edward **Brown** vs Nathaniel **Folson**, attachment.

p. 26, Patrick **Gallaspy** vs Robert **Callender**, attachment...continued.

p. 26, Elisha **Isaac** vs George **Freeman**, attachment held by Henry **Smecker**, Robert **Edge** & Timothy **Henry**.

p. 27, John **Miller** vs Robert **Callender**, attachment...continued.

p. 27, Jeremiah **Poor** vs John **Ripeth**, attachment... dismissed.

p. 27, Robert **White** vs John **Cready**, attachment... continued.

p. 27, Ordered that George **Johnston**, gentleman drawing a request to the court of Prince William for a road from Jeffrey **Johnson**...

p. 27, James **McCrachen** vs Henry **Howard**...servant to serve for running away.

p. 27, 19 Jan 1743, George **Gater** examined for stealing...present Morgan **Morgan**, David **Vance**, William **McMachen** & Thomas **Little**...stole fruit tree from Isaac **Hite**...not guilty.

p. 28, 10 Feb 1743, present Morgan **Morgan**, Thomas **Chester**, David **Vance**, Marquis **Calmees**, William **McMachen** & Meredith **Helms**.

p. 28, surveyor to run dividing line between Augusta County.

p. 28, John & Mary **Littler** deed to Thomas **Rees**.

p. 28, John & Mary **Littler** deed to Henry **Bowen**.

p. 28, Morgan **Morgan** & Thomas **Chester** give oath to Lewis **Neill**.

p. 28, Morgan **Bryan** deed to Roger **Turner**.

p. 28, ordered George **Hobson** & John **Littler** appraise deer skins seized by Robert **Worthington** & held by Morgan **Morgan**.

p. 29, appraisal of estate of Benjamin **Borden**... continued.

p. 29, appraisal of estate of Patrick **McCadden**... continued.

p. 29, petition of Mary **Dunckham** to have her mulatto child bound out...held by John **Wood**.

p. 29, Jonathan **Cobourn** to view road asked for by Noah **Hampton**.

p. 29, George **Bowman** & Robert **McCoy** Jr. viewed road from John **Funk**'s mill, back of George **Tetenor** cross Cedar Run to said **McCoy** Jr. to **Branston**'s Gap...Robert **McCoy**, George **Dellener** & George **Bowman**, overseer.

p. 29, Thomas **Chester**, gentleman, John **Wilcox** & Jacob **Funk** viewed road...Jacob **Teeter** to work on road...Jacob **Funk**, John **Wilcox** & William **Tidwell** overseer.

p. 29, John **Littler** & William **Dillon** viewed road from John **Frost**'s mill between John **Littler** & John **Milbourn**... John **Bossen**'s field...to David **Springer**...to William **Frost**... to Mathias **Elmore**...to Widow **Dillon**...to Joseph **Burkham**.

p. 30, John **Julian**, constable summoned.

p. 30, David **Lewis** made constable.

p. 30, Edmond **Welch** servant to John **Hardin**... continued.

p. 30, George **Roberts** vs John **Cornell**, trespass.

p. 30, John **Bauce** vs Thomas **Buch**...continued.

p. 30, William **McMachen** vs Daniel **Burnell**, debt.

p. 30, John **Fradan** vs Samuel **Brittan**, debt... attorney is John **Newport**.

p. 31, Isaac **Penington** vs James **Cuningham**, debt.

p. 31, Robert **Buchles** vs David **Dunbar**, attachment.

p. 31, Robert **Wilson** vs James **Rutledge**, attachment.

p. 31, James **Hogg** vs James **Rutledge**, attachment.

p. 31, Frederick **Gabarth** vs Peter **Revier**, assumption ...security by Lewis **Stephens**.

p. 31, administration of estate of Hugh **Harrel** granted to William **Davis**...with Thomas **Rutherford**, gentleman & Richard **Stinson** securities.

p. 32, Thomas **Rutherford**, Richard **Stinson**, Robert **Worthington** & William **Miller** appraise estate of Hugh **Harrel**.

p. 32, Robert **Black** vs John **Nicholas** & Peter **McHugh**, trespass.

p. 32, petition of Richard **Arnold** for road...to James **Codin**...Benjamin **Phipps** & William **Warden** overseer.

p. 32, Samuel **Brittan** vs Patrick **Black**, judgement.

p. 32, John **Barret** vs Joseph **Mounts**, debt.

absent Thomas **Little**, gentleman

p. 32, William **Blackbourn** vs James **Gill**, debt.

p. 32, Thomas **Loe** vs George **Wright**, slander... jury of John **Hardin**, John **Funk**, Robert **Allen**, John **Wilcox**, Lewis **Stephens**, Richard **Morgan**, Jacob **Nithswanger**, William **Davis**, John **Frost**, Robert **Jones**, Richard **Stephenson** & John **Linsey**... continued.

p. 33, John **Shepard**, assignee of John **Smith** vs James **Davis**, debt.

p. 33, Thomas **Harris** vs John **Nelens**, debt.

p. 33, 11 Feb 1743, present Thomas **Chester**, David **Vance**, Marquis **Calmees**, William **McMachen** & Meredith **Helms**.

p. 33, 11 Feb 1743, Marquis **Calmees** vs James **Seabin**, slander... dismissed.

p. 33, Daniel **Burnett** vs John **Miller**, debt.

p. 33, Andrew **Campbell**, assignee of David **Preece** vs John **Walker**, debt.

p. 34, Lewis **Stephens** vs Zebulon **Cantrel**, judgement.

p. 34, Jost **Hite** vs Hugh **Ferguson**, agreement.

p. 34, Abraham **Strickler** vs Garrett **Pendergrass**, assumption.

p. 34, Hugh **Ferguson** vs Richard **James**, agreement.

p. 34, John **Neill** vs Daniel **Burnett**, debt.

p. 34, John **Neill** vs Mathias **Elmore**, judgement.

p. 34, William **Stone** vs William **Dillon**, debt.

p. 34, Hugh **Ferguson** vs Charles **Hanagan**, judgement.

p. 35, Wiegard **Miller** vs Thomas **Perry**, judgement, defendant's attorney James **Porteus**.

p. 35, Richard **Poultney** vs William **Harrison**, assumption.

p. 35, John **Fradan** vs William **Rouse**, assumption.

p. 35, Wiegard **Miller**, assignee for Daniel **Rastorium** vs Thomas **Perry**, judgement.

p. 35, Jacob **Hoyl** vs Hugh **Ferguson**, judgement.

p. 35, Thomas **McGayer** vs James **Finla**, assumption.

p. 35, John **Fradan**, assignee of Redmond **Fallon** vs Israel **Friend**, debt.

absent Meredith **Helmes** & Marquis **Calmees**

p. 36, Colvert **Anderson** vs James **Fenla**, judgement.

p. 36, Abraham **Yates** vs Robert **Buckler**, judgement.

p. 36, John **Anderson** vs Anne **Silburn**, judgement.

p. 36, David **Vance**, gentleman vs John **Evans**, debt.

present Lewis **Neill**

p. 36, Mary John **Stone** vs Robert **Callender**...sheriff attachment to John **Nelan**.

p. 36, Thomas **Anderson** vs Abraham **Yates**, judgement.

p. 37, Patrick **Gallasby** vs Robert **Callender**, attachment.

p. 37, Elisha **Isaac** vs George **Freeman**, judgement... sheriff summoned Henry **Strickers**, Robert **Edge** & Timothy **Henry**

p. 37, motion of Marquis **Calmees**, gentleman that Mary **Smith** to serve him two years.

p. 37, John **Miller** vs Robert **Callender**, attachment.

p. 37, Robert **White** vs John **Creedye**, attachment.

p. 37, Isaac **Baker** vs John **Nelens**, assumption... George **Johnstone** & John **Quin** security for defendant.

p. 37, George **Hume** vs Joseph **Mountor**, debt.

p. 38, Henry **Harden** vs William **Hust**, petition.

p. 38, John **Doones** vs Samuel **Isaac** Jr., battery.

p. 38, Samuel **Earle** vs John **Harden**, assumption.

p. 38, John **Harden** vs Samuel **Earle**, slander.

p. 38, Richard **Crunk** vs Henry **Donahue**, debt.

p. 38, Richard **Crunk**, assignee of Humberton **Syah** vs Joseph

Mounts, petition.

p. 38, William **Peugh** vs John **Harden**, trespass.

p. 38, George **Hume**, assignee of Patrick **McCadden**, deceased vs John **Collins**, assumption.

p. 38, Thomas **Babb** vs Matthias **Elmore**, petition.

p. 39, John **Littler** vs John **Nelander**, debt.

p. 39, Abraham **Vanderpool** vs Henry **Dowland**, debt.

p. 39, John **Nelans** vs David **Potts**, debt.

p. 39, John **Harris** vs Waller **Drennon**, petition.

p. 39, Hugh **Parker** vs James **McCracken**, petition.

p. 39, Roger **Burkham** vs Dunkin **Ogullion**, petition.

p. 40, George **Hoge**, gentleman vs Samuel **Brittan**, debt.

p. 40, Jeremiah **Jack** vs Thomas **Berwick**, slander.

p. 40, Lewis **Stephens** vs John **McDowell**, assumption ...security by Charles **McDowell**.

p. 40, Thomas **Martin** vs John **Nichols**, petition.

p. 40, Jacob **Pratt** vs Abraham **Vanderpool**, debt.

p. 40, Thomas **Lowe** vs Thomas **Cherry**, petition.

p. 40, George **Hume**, assignee to Patrick **McCadden**, deceased vs George **Smith**, assumption.

p. 40, James **Wood** vs Benjamin **Moore**, debt.

p. 41, Stephen **Minor** vs Andrew **Campbell**, assumption.

p. 41, Thomas **Postgate** vs Noah **Hampton**, petition.

p. 41, Daniel **Burnett** vs John **Miller**, petition.

p. 41, James **Hoge** vs Joseph **Robins**, debt.

p. 41, John **Harris** vs Hugh **Ferguson**, debt.

p. 41, Andrew **Campbell** vs John **Rian**, debt.

p. 41, John **McDowell** vs Abraham **Vanderpool**, petition.

p. 41, John **Maccarmick** vs Samuel **Hannayhane**, petition.

p. 41, John **Collins** vs Henry **Doling**...continued.

p. 42, John **Evans** vs Daniel **Burnett**, assumption.

p. 42, Thomas **Postgate** vs Joseph **Sutton**, assumption.

p. 42, Thomas **Postgate** vs Benjamin **Carter**, battery.

p. 42, John **Fradan** vs Theophoeus **Norwood**, petition.

p. 42, Joseph **Edwards** vs James **McCrackers**, petition.

p. 42, John **Collins** vs John **Nichols**, trespass.

p. 43, Peter **McHugh** vs Hugh **Ferguson**, debt.

p. 43, Daniel **Richardson** vs Walter **Drenning**, debt.

p. 43, Thomas **Postgate** vs Samuel **Taylor**, petition.

p. 43, John **Fradan** vs Jacob **Worthington**, petition.

p. 43, Stephen **Minor** vs Thomas **Rutherford**, assumption.

p. 43, Thomas **Rutherford**, gentleman vs Stephen **Minor**, covenants broken.

p. 43, Thomas **Rutherford**, gentleman vs Stephen **Minor**, assumption.

p. 43, William **Miller** vs John **Beverley**, petition.

p. 44, James **Cuningham** vs Hugh **Ferguson**, petition.

p. 44, Thomas **Rutherford** vs Thomas **Miller**, assumption.

p. 44, Thomas **Rutherford** vs Gilbert **Parker**, assumption.

p. 44, Cuthbert **Harrison** vs John **Gaskin**...sheriff attachment to John **Maddin**.

p. 44, Isaac **Perkins** vs Thomas **Rutherford**, gentleman, debt.

p. 44, Soloman **Heggis** vs Semion **Trishman**, petition.

p. 44, Jacob **Westfall** vs John **Watkins**, petition.

p. 45, Richard **Lowden** vs John **Neelens**, debt.

p. 45, Isaac **Perkins** vs John **Nellens**, debt.

p. 45, Daniel **Burnett** vs Thomas **Postgate**, debt.

p. 45, William **Miller** vs Con. **Connely**, attachment.

p. 45, Peter **Bumgardner** vs Robert **Callender**, attachment.

p. 45, Richard **Morgan** vs Robert **Pusery**, debt.

p. 45, George **Smith** attended two days as a witness for James **Cuningham** against Hugh **Ferguson**.

p. 45, John **Jones** attended two days as a witness for James

Cuningham against Hugh **Ferguson**.

p. 45, John **Smith**, made deputy sheriff.

p. 46, Gabriel **Jones** made an attorney.

p. 46, George **Julian** made constable.

p. 46, 9 Mar 1743, present, Morgan **Morgan**, David **Vance**, Andrew **Campbell**, Marquis **Calmees**, William **McMachen**, Meredith **Helms**, John **White** & Thomas **Little**.

p. 46, Charles **Baker** deed to Samuel **Earle**, gentleman.

p. 46, Henry **Munday**, gentleman, made attorney.

p. 46, John & Rebecca **Mills** deed to Thomas **Mills**.

p. 46, John & Rebecca **Mills** deed to Jonathan **Harrold**.

p. 46, John & Rebecca **Mills** deed to Hurr **Mills**.

p. 47, John & Rebecca **Mills** deed to Henry **Mills**.

p. 47, John & Rebecca **Mills** deed to William **Chenoweth**.

p. 47, John Jr. & Sarah **Mills** deed to John **Beals**.

p. 47, Thomas **Rutherford**, gentleman deed to Marquis **Calmees**.

p. 47, Morgan & Martha **Bryan** deed to Joshua **Hedges**.

p. 47, Morgan & Martha **Bryan** deed to Roger **Turner**.

p. 47, John **Frost** deed to John **Milburne**...motion by John **Little**.

p. 47, Jost **Hyte** deed to Charles **Barns**.

p. 47, Jost **Hyte** deed to Joseph **Colvin**.

p. 47, Andrew **Campbell**'s servant Richard **Mapper** absent.

p. 47, Andrew **Campbell**'s servant Joseph **Daumon** absent.

p. 48, will of Samuel **Thompson**, by executors Margaret **Thompson** & Thomas **Mills**...Morgan **Morgan** & Henry **Mills** saw John **Hedges** sign.

p. 48, Morgan **Morgan**, George **Hobson**, Thomas **Low** & John **Hampton** to appraise the estate of Samuel **Thompson**.

p. 48, George & Elizabeth **Hobson** articles to George **Hobson** Jr.

p. 48, will of Lewis **Dumos**, by executors Catherine **Demos** & John **Demos**...Morgan **Morgan** & Henry **Oldachnes** saw Thomas **Willbourn** sign.

p. 48, Morgan **Morgan**, Andrew **Campbell**, Thomas **Low** & John **Hampton** to appraise the estate of Lewis **Dumos**.

p. 48, Samuel **Devany** peddlar license.

p. 48, Thomas **Rutherford**, William **Davis** & Richard **Stinson** to view road from John **Shepard**'s...John **McCormick**, Joseph **Carter** & John **Neil** to view another road.

p. 49, Leonard **Helms** appointed overseer of road.

present Thomas **Chester** & George **Hoges**

p. 49, Isaac **Perkins** appointed overseer of road.

p. 49, road to be cleared from Israel **Robinson**'s gap to **Nestal**'s gap ...Andrew **Campbell**, Thomas **Hart** & William **Vestal** to be overseer.

p. 49, Jacob, negro boy, age 15 belonging to William **Williams**.

p. 49, Micey, negro girl, age 15 belonging to William **Williams**.

p. 49, prices of liquor set.

p. 50, Joshua **Hedges** appointed constable of Andrew **Campbell**'s precinct

p. 50, David **Vance** vs John **Evans**, debt.

p. 50, appraisal of estate of Benjamin **Borden** continued.

p. 50, appraisal of estate of Patrick **McCadden** continued.

p. 50, appraisal of estate of Hugh **Harrel** continued.

p. 50, George **Hobson** & John **Little** returned value of red deer skins seized by Robert **Worthington**.

p. 50, John **Julian** replaced George **Julian** as constable.

p. 50, Mary **Dunchham** vs John **Wood**, petition.

p. 50, Edmond **Welch** vs John **Hardin**...John **Quin** stated Bridgett **Yegan** in Prince William Co., Robert **Jones**, Thomas **Harrison** & Joseph **Black** to examine her.

p. 51, George **Roberts** vs John **Connell**, trespass.

p. 51, John **Bruce** vs Thomas **Bucker**, debt.

p. 51, William **McMacher** vs Daniel **Burnett**, debt.

p. 51, Frederick **Gabbarth** vs Peter **Revier**, trespass.

p. 51, Isaac **Penington** vs James **Cuningham**, debt.

p. 51, present, David **Vance**, Andrew **Campbell**, William **McMacher**, George **Hoge**, John **White** & Thomas **Little**.

p. 51, Gabriel **Jones** appointed attorney.

p. 52, Arthur **Dolphin** stole from John **Sheldon**…lashed.

present
Morgan **Morgan**, Thomas **Chester**, gentleman,

absent George **Hoge**, gentleman.

p. 52, James **Oneal** appointed janitor.

p. 52, York, a negro boy belonging to William **Jollisce** is nine years old.

p. 52, Robert **Buckles** vs David **Dunbar**, attachment.

p. 52, John **Barrat** vs Joseph **Mounter**, debt.

p. 52, William **Blackburn** vs James **Gill**, debt…attorney John **Newport**.

p. 52, Thomas **Loe** vs George **Wright**, slander…attorney John **Quin** & John **Newport**.

p. 53, Thomas **Harris** vs John **Neilens**, debt.

p. 53, Daniel **Burnett** vs John **Miller**, debt.

p. 53, Andrew **Campbell**, gentleman, assignee of David **Priest** vs John **Walker**, debt.

p. 53, Abraham **Stickler** vs Garrot **Pendergrass**, assumption.

P. 53, Richard **Poultney** vs William **Harrison**, assumption.

p. 53, John **Fradan** vs William **Rouse**, assumption.

p. 53, Thomas **Mcgeyer** vs James **Finla**, assumption.

p. 53, John **Fradan**, assignee of Redmond **Tollen** vs Israel **Friend**, debt.

p. 54, John **Anderson** vs Anne **Silbourne**, assumption.

p. 54, Abraham **Yates** vs Robert **Buckles**, assumption.

P. 54, Patrick **Gallasby** vs Robert **Callender**, attachment.

p. 54, Elisha **Isaacs** vs George **Freemann**, attachment...witness Henry **Snicker**.

p. 54, John **Miller** vs Robert **Callender**, attachment.

p. 54, Robert **White** vs John **Cready**, attachment...witness Robert **Worthington**.

p. 55, Isaac **Baker** vs John **Nelens**, continued.

p. 55, Richard **Crunk** vs Joseph **Mounts**, petition.

p. 55, Henry **Hardin** vs William **Hust**, petition.

p. 55, John **Doones** vs Samuel **Isaacs** Jr., continued.

p. 55, Samuel **Earle** vs John **Hardin**, assumption.

p. 55, John **Hardin** vs Samuel **Earle**, slander.

p. 55, Richard **Crunk** vs Henry **Donahue**, petition.

p. 55, Richard **Crunk**, assignee of Humberton **Lyon** vs Joseph **Mounts**, petition.

p. 55, William **Peugh** vs John **Hardin**, continued.

p. 56, George **Humes**, assignee of Catherine **McCadden**, deceased vs John **Collins**, assumption.

p. 56, John **Littler** vs John **Nelander**, debt.

p. 56, court to obtain standard weights from Robert **Jackson**, merchant.

p. 56, Abraham **Vanderpool** vs Henry **Dowland**, debt...security by John **Upton**.

p. 56, John **Nelans** vs David **Potts**, debt.

p. 56, John **Harris** vs Walter **Drenner**, petition.

p. 56, George **Hoges** vs Samuel **Brittan**, debt.

p. 57, Jeremiah **Jack** vs Thomas **Berwick**, slander.

p. 57, Lewis **Stephens** vs John **McDowel**, assumption...security by George **McDowel**.

p. 57, Thomas **Martin** vs John **Nicholes**, petition.

p. 57, Jacob **Pratt** vs Abraham **Vanderpool**, debt.

p. 57, Thomas **Lowe** vs Thomas **Cherry**, petition.

p. 57, George **Hume**, assignee of Catherine **McCadden**, deceased vs George **Smith**, assumption.

p. 57, James **Wood** vs Benjamin **Moore**, debt.

p. 57, Stephen **Minor** vs Andrew **Campbell**, assumption.

p. 57, Thomas **Postgate** vs Noah **Hampton**, petition.

p. 58, James **Hoges** vs Joseph **Robins**, debt.

p. 58, John **Harris** vs Hugh **Ferguson**, debt.

p. 58, Andrew **Campbell**, gentleman vs John **Rion**, debt.

p. 58, John **McDowel** vs Abraham **Vanderpool**, petition.

p. 58, John **McCarmach** vs Samuel **Karnaghan**, petition.

p. 58, John **Collins** vs Henry **Dolene**, continued.

p. 58, John **Evans** vs Daniel **Burnett**, assumption.

p. 58, Thomas **Postgate** vs Joseph **Sutton**, continued.

p. 59, John **Collins** vs John **Nicholas**, trespass.

p. 59, Peter **McHugh** vs Hugh **Ferguson**, debt.

p. 59, Daniel **Richardson** vs Walter **Drenning**, debt.

p. 59, Thomas **Postgate** vs Samuel **Taylor**, petition.

p. 59, Stephen **Minor** vs Thomas **Rutherford**, assumption.

p. 59, Thomas **Rutherford** vs Stephen **Minor**, debt.

p. 59, Thomas **Rutherford** vs Stephen **Minor**, covenant broken.

p. 59, Thomas **Rutherford** vs Stephen **Minor**, assumption.

p. 59, Solomon **Heggis** vs Simon **Trishman**, petition.

p. 59, Richard **Lowden** vs John **Neelens**, debt.

p. 60, Jacob **Westfall** vs John **Watkins**, petition.

p. 60, Isaac **Perkins** vs John **Nellens**, debt.

p. 60, William **Miller** appointed administrator of the estate of Con **Connerly** with security by Hugh **Ferguson** & John **Quin**.

p. 60, Lewis **Neill**, gentleman, John **Neill** & Hugh **Ferguson** to valve estate of Con **Connerly**.

p. 60, James **Wood**, gentleman, posts bond.

p. 60, Thomas **Postgate** vs John **Hayward**, attachment…witness Jacob **Westfall**…Henry **Donahue** called.

p. 60, Lewis **Stephens** vs George **Homes**, security James **Wood**, gentleman.

p. 60, Thomas **Rutherford**, sheriff vs Hugh **Ferguson**, dismissed.

p. 61, Michael **Ryan**, gentleman vs George **Johnstone**, trespass.

p. 61, Jonas **Luim** vs John **Nailens**, petition.

p. 61, James **Cuningham** vs Hugh **Ferguson**, petition.

p. 61, Adam **Shirrel** vs James **Finlan**, debt.

p. 61, James **Beesley** vs John **Evans**, trespass.

p. 61, Robert **Shedden** vs William **Miller**, assumption.

p. 61, Walter **Thornbrugh**, assignee of James **Burk** vs Reuben **Rutherford**, petition.

p. 61, John **Huston** vs James **McKee**, petition.

p. 61, Hugh **Ferguson** vs Bryan **Roak**, slander.

p. 61, Andrew **Campbell**, gentleman vs David **Kaley**, assumption.

p. 62, Andrew **Campbell**, gentleman vs David **Kaley**, assumption.

p. 62, Thomas **Colson**, assignee of John **Gaskin** vs John **Maddin**, petition.

p. 62, Arthur **Buckanan** vs James **Arbuckle**, petition.

p. 62, Morgan **Bryan** vs Jacob **Worthington**, debt.

p. 62, William **Reid** vs John **Rean** & William **Sells**, debt.

p. 62, Richard **Phillips** vs John **Nicholas**, petition.

p. 63, Thomas **Rennick** vs Richard **Sorreles**, petition.

p. 63, John **Keith**, assignee of Jacob **Young** vs William **Dunlop** & Adam **Sherrall**, debt.

p. 63, Morgan **Bryan** vs Dunkin **Ogullion**, debt.

p. 63, John **Wanton**, assignee of Andrew **Campbell** vs Hugh **Ferguson** & John **Miller**, debt.

p. 63, James **Finla** vs David **Morgan**, petition.

p. 63, Hugh **Ferguson** vs Samuel **Taylor**, petition.

p. 63, John **Wilson** vs Luke **Vickory**, continued.

p. 63, Benjamin **Moore** vs William **Ross**, detinsee.

p. 63, Benjamin **Moore** vs Anne **Purteet**, assumption.

p. 64, Thomas **Renick** vs Morgan **Bryan**, petition...attorney George **Johnson**...Morgan **Morgan**, Andrew **Campbell** & John **White**, gentlemen to examine William **Roberts** & Cornelius **Coughton**.

p. 64, John **Nellens** vs John **Burnell**, petition.

p. 64, Leonard **Helms** vs James **McKee**, trespass.

p. 64, John **Keyth** vs Adam **Sherrell**, debt.

p. 64, John **Neill** vs Abraham **Vanderpool**, petition.

p. 64, Thomas **Renick** vs Andrew **Ferkenburgh**, debt.

p. 64, George **Robinson** vs Adam **Paine**, petition.

p. 64, Alexander **Ewaine** vs Darby **Mckever**...attorney William

Russell, gentleman.

p. 64, John **Anthony** vs Benjamin **Moore**, assumption.

p. 65, Nicholas **Mercer** vs John **McMacken**, assumption.

p. 65, Thomas **Armstrong** vs James **Cuningham**, petition.

p. 65, Robert **Shedden**, gentleman vs Giles **Chapman**, petition... attorney Gabriel **Jones**.

p. 65, William **Griffith** vs Joseph **Hatfield**, assumption...security John **Ross**.

p. 65, Morgan **Bryan** & Joseph **Bryan**, administrators of estate of Mary **Curtis**, deceased vs Daniel **Chancey** & James **Brittan**, debt.

p. 65, William **Dobin** vs John **Rion**, petition.

p. 65, John **Smith** vs James **Caddy**, petition.

p. 65, William **Mitchell** vs Daniel **Oneal**, debt.

p. 65, Hugh **Ferguson** vs John **Evans**, debt.

p. 66, Thomas **Renick**, assignee of Mathew **Edmiston** vs Robert **Callwell**, petition.

p. 66, Morgan **Bryan** & Joseph **Bryan**, administrators of estate of Mary **Curtis**, deceased vs Thomas **Turner** & John **Ellis**, debt.

p. 66, Daniel **Donohoe** vs Nicholas **Mercer**, trespass.

p. 66, Neill **Thompson** vs Robert **Lowther**, petition.

p. 66, Arthur **Buchannan** vs Morgan **Bryan**, petition.

p. 66, John **Willson** vs William **Haynes**...attorney John **Quin** & John **Newport**.

p. 66, Benjamin **Posey** vs John **Gregory**, slander.

p. 66, George **Martin** vs Thomas **Postgate**, petition.

p. 66, Thomas **Low** vs George **Wright**, trespass.

p. 66, John **Willson** vs James **Burne**, trespass.

p. 67, Arthur **Buchanan** vs Robert **Worthington**, petition.

p. 67, William **Fearnly** vs David **Carlock**, petition.

p. 67, John **Hamilton** vs Daniel **Burnett**, slander.

p. 67, Alexander **Ewing**, assignee of Solomon **Seney** vs James **Brown**, petition.

p. 67, Francis **Edwards** vs Thomas **Rice**, petition.

p. 67, Arthur **Buchanan** vs Duncan **Ogullion**, assumption...Andrew **Campbell** & John **White** to settle.

p. 67, John **Smith** vs Jacob **Brooks**, assumption.

p. 67, Elizabeth **Milburne** vs John **Nealens**, detinsee.

p. 68, George **Zeigler** vs Bartholomew **Sullinger**, attachment.

Court adjourned.

p. 68, 21 Mar 1744, court held, present, Morgan **Morgan**, David **Vance**, Marquis **Calmees**, William **McMacken** & Lewis **Neill**.

p. 68, said William ___ stole from John **Allison** & Simon **Gosline**, not guilty.

p. 69, 4 Apr 1744, Thomas **Speake**, John **Bryan**, Robert **Been** & Mary **Downing** accused of stealing from John **Allison** & Thomas **Ashley**.

p. 70, 6 Apr 1744, William ___ accused of stealing from John **Allison**, merchant.

p. 71, 13 Apr 1744, present Morgan **Morgan**, Andrew **Campbell**, Marquis **Calmee**, George **Hoge** & Thomas **Little**.

p. 71, Alexander **Ross** deed to Joseph **Bryan**.

p. 71, George **Williams** deed to Andrew **Campbell**.

p. 71, sheriff to call jury.

p. 71, James, a negro boy, age 13 belonging to Robert **Wilson**.

absent Andrew **Campbell**, gentleman

present Lewis **Neil**, gentleman

p. 71, Jost **Hite** deed to Joseph **Vance**.

p. 72, license to John **Hoge**...security by Lewis **Neill**.

p. 72, appraisal of estate of Samuel **Thomson**, deceased...continued.

p. 72, appraisal of estate of Lois **Demos**, deceased...continued.

p. 72, appraisal of estate of Benjamin **Borden's**, deceased...continued.

p. 72, appraisal of estate of Patrick **McCadden**, deceased...continued.

p. 72, appraisal of estate of Hugh **Harrel**, deceased...continued.

p. 72, appraisal of estate of Con **Connerly**, deceased...continued.

p. 72, Thomas **Rutherford**, gentleman to view new road.

p. 72, George **Williams** deed to John **Perkins**.

p. 72, appointed John **Lindser**, Jacob **Hite**, Thomas **Swearingham**, Israel **Robinson** & Soloman **Hedges** appointed commissioners of peace.

p. 72, Joshua **Hedges**, constable summoned.

p. 72, Jonathan **Cobourne** to view road.

> present William **McMacken**

> absent Thomas **Little**

p. 72, Edmond **Welch** vs John **Hardin**, petition...Robert **Jones**, Thomas **Harrison** & Joseph **Blackwell**, gentlemen of Prince Williams County to take deposition of Bridget **Yegan**...Timothy **Thornton**, Thomas **Stripling**, John **Deskins**, William **Buttler**, of said county also depose said Bridget.

p. 73, George **Roberts** vs John **Connell**, trespass.

p. 73, Richard **Crunk** records his mark.

p. 73, John **Bruce** vs Thomas **Burk**, assumption.

p. 73, William **McMackan** vs Daniel **Burnett**, debt.

p. 73, Robert **Buckles** vs David **Dunbar**, attachment.

p. 73, John **Barrat** vs Joseph **Mounts**, debt.

p. 74, Thomas **Loe** vs George **Wright**, slander...jury was Edward **Rogers**, Robert **Allan**, Thomas **Cherry**, Thomas **Berwick**, Morgan **Bryan**, John **Bruce**, Peter **Woolfe**, John **Olford**, George **Hobson**, Calvert **Anderson**, George **Martin** & James **Bruce**.

> present Andrew **Campbell**, gentleman

p. 74, Thomas **Harris** vs John **Neilens**, debt.

p. 74, John **Anderson** vs Ann **Silburne**, assumption...jury was James **Hoge**, Robert **Wilson**, James **Rutledge**, Lewis **Stiffy**, Robert **Smith**, John **Leazey**, John **Hite**, Francis **Ross**, Samuel **Isaacs**, William **Davis**, John **Frost** & John **Richardson**.

present Thomas **Little**, gentleman

absent Andrew **Campbell**, Marquis **Calmees**, Lewis **Neil** & George **Hoge**

p. 74, sheriff to sell skins seized by Andrew **Campbell**.

p. 74, Abraham **Yates** vs Robert **Buckles**, assumption... jury was Edward **Rogers**, Robert **Allan**, Thomas **Cherry**, Thomas **Berwick**, Morgan **Bryan**, John **Bruce**, Peter **Woolfe**, John **Olford**, George **Hobson**, Calver **Anderson**, George **Martin** & James **Bruce**.

p. 75, Lewis **Stephens** vs John **McDowel**, assumption.

p. 75, Michael **Ryan** vs George **Johnstone**, battery...James **Hoge** foreman.

p. 75, James **Beesley** vs John **Evans**, battery.

p. 75, Andrew **Hampton** deed to Benjamin **Borden**.

Court adjourned.

p. 76, 14 Apr 1744, present Morgan **Morgan**, David **Vance**, Thomas **Chester**, Marquis **Calmees** & William **McMachen**.

p. 76, ordered clerk to write governor for vestry.

p. 76, administration of estate of Lewis **Staller** to George **Gent**, gentleman & widow Catherine **Staller**...security by Lewis **Thomas** & Stephen **Harbsbell**.

p. 76, Stephen **Harbsbell**, Jacob **Cackley**, Lewis **Stephens** & Ellis **Thomas** to appraise estate of Lewis **Staller**.

p. 76, license to Richard **Cronk**.

p. 76, Abraham **Strickler** vs Garrat **Pendergrass**, assumption.

p. 77, John **Fradan** vs William **Rouse**, assumption.

p. 77, Thomas **Mcgeyer** vs James **Finla**, assumption.

p. 77, Patrick **Gallasby** vs Robert **Callender**, attachment...witness John **Neelan**.

present George **Hoge**, gentleman

p. 77, Thomas **Loe** vs George **Wright**, battery, jury Edward **Rogers** Thomas **Swerlingin**, George **Gent**, Jeremiah **Smith**, Peter **Woolfe**, Richard **Morgan**, Hugh **Ferguson**, John **Madden**, Robert **Smith**, John **McCormick**, Charles **McDowell** & John **Asford**.

p. 77, on petition of Richard **Morgan** for road from John **Littler**'s to Thomas **Shepard**'s mill...ordered that John **Littler**, John **Ross**, Jacob **Hite** & Thomas **Shepard** view road.

p. 77, John **Beals** & Patrick **Gallasby** to oversee road to John **Evans**.

p. 78, Richard **Beason** overseer of road from Robinson's Gab... Andrew **Campbell** to clear.

p. 78, John **Miller** vs Robert **Callender**, attachment...garnishee John **Neelands**.

p. 78, John **Baker** vs John **Neelans**, assumption.

p. 78, John **Doones** vs Samuel **Isaacs** Jr., continued.

p. 78, Samuel **Earle** vs John **Hardin**, assumption...Thomas **Chester** & Marquis **Calmees**, gentlemen to settle.

p. 78, John **Hardin** vs Samuel **Earle**, slander.

p. 78, Richard **Crunk**, assignee of Humberton **Lyon** vs Joseph **Mounts**, petition.

present David **Vance** & Lewis **Neill**, gentlemen

p. 79, William **Peugh** vs John **Hardin**, continued.

p. 79, George **Hume**, administrator of estate of Patrick **McCadden**, deceased vs John **Collins**, assumption.

p. 79, John **Littler** vs John **Neelands**, debt.

p. 79, Abraham **Vanderpool** vs Henry **Dowland**, debt…garnishee Francis **Ross**.

p. 79, Jeremiah **Jacks** vs Thomas **Berwick**, assumption.

absent
Andrew **Campbell** & Thomas **Little**, gentlemen

p. 79, Thomas **Martin** vs John **Nicholas**, petition.

p. 79, Jacob **Pratt** vs Abraham **Vanderpool**, debt.

p. 80, James **Wood** vs Benjamin **Moore**, debt.

p. 80, James **Hoge** vs Joseph **Robins**, debt.

p. 80, Andrew **Campbell** vs John **Rean**, debt..

p. 80, John **Collins** vs Henry **Doling**, detinsee.

p. 80, John **Evans** vs Daniel **Burnett**, assumption.

p. 80, Thomas **Postgate** vs Joseph **Sutton**, assumption.

p. 80, John **Collins** vs John **Nicholas**, trespass.

p. 80, Peter **McHugh** vs Hugh **Ferguson**, debt.

p. 80, Solomon **Hedges** vs Simon **Irishman**, petition.

p. 81, Richard **Lowden** vs John **Neelens**, debt.

p. 81, Isaac **Perkins** vs John **Nellen**, debt.

p. 81, Thomas **Postgate** vs John **Hayward**, attachment...witness Henry **Donahue**.

p. 81, Thomas **Rutherford**, gentleman fined runaway servant John **Lightfoot**.

p. 81, Michael **Ryan** found drunk.

p. 81, Lewis **Stephens** vs George **Homes**, continued.

p. 81, Jonas **Lum** vs John **Neilans**, petition.

p. 82, Adam **Sherrill** vs James **Finla**, debt.

p. 82, Robert **Shedden**, merchant vs William **Miller**, assumption.

p. 82, John **Huston** vs James **McKee**, petition.

p. 82, Hugh **Ferguson** vs Bryan **Roak**, slander.

p. 82, Thomas **Colson**, assignee of John **Gaskins** vs John **Madden**, petition.

p. 82, Morgan **Bryan** vs Jacob **Worthington**, dcbt.

p. 82, William **Reid** vs John **Rion**, debt...to pay Andrew **Campbell** & Thomas **Rutherford**.

p. 82, John **Wanton**, assignee of Andrew **Campbell** vs Hugh **Ferguson** & John **Miller**, debt.

p. 83, Hugh **Ferguson** vs Samuel **Taylor**, petition.

p. 83, John **Wilson** vs Luke **Nichory**...attorney William **Russell**, gentleman.

p. 83, Benjamin **Moore** vs William **Ross**, detinsee.

p. 83, Thomas **Rennick** vs Morgan **Bryan**, petition.

p. 83, John **Neill** vs Abraham **Vanderpool**, petition.

p. 83, George **Robinson** vs Adam **Paine**, petition.

p. 83, John **Anthony** vs Benjamin **Moore**, assumption.

present Marquis **Calmees**, gentleman

p. 83, Thomas **Armstrong** vs James **Cuningham** & Robert **Cuningham**, petition.

p. 84, William **Griffith** vs Joseph **Hatfield**, assumption.

p. 84, William **Mitchell** vs Daniel **Oneal**, debt.

p. 84, Arthur **Buchanan** vs Morgan **Bryan**, petition.

p. 84, John **Wilson** vs William **Uins**, slander.

p. 84, Benjamin **Posey** vs John **Gregory**, assumption.

p. 84, George **Martin** vs Thomas **Postgate**, petition.

p. 84, John **Wilson** vs James **Bourn**, dismissed.

p. 85, William **Fearnly** vs Daniel **Carlock**, petition.

p. 85, John **Hamilton** vs Daniel **Burnett**, slander.

p. 85, John **Hamilton** vs Daniel **Burnett**, covenant broken.

p. 85, Francis **Edwards** vs Thomas **Rice**, petition.

p. 85, John **Smith** vs Jacob **Brooks**, assumption.

p. 85, George **Zeigler** vs Bartholomew **Sullinger**, attachment.

p. 85, Stephen **Hotspeler** vs Jacob **Hite** & John **Harrow**, debt.

p. 85, Humphrey **Bell**, London merchant vs Thomas **Postgate**, assumption.

p. 85, George **Johnstone**, assignee of John **Morrice** vs Peter **Demoso**, petition.

p. 86, Thomas **Rees** to pay witness Simon **Moon** for petition by Francis **Edwards**.

p. 86, William **Mahon** vs William **Miller**, petition.

p. 86, Morgan **Bryan** vs Arthur **Buchanan**, assumption.

p. 86, Israel **Friend** vs Joseph **Mounts**, slander.

p. 86, Jacob **Funk** deed to William **Tidwell**.

p. 86, John **Richardson** vs Samuel **Taylor**, petition.

p. 86, John **Ruddell**, assignee of Robert **Allison** vs John **Nellons**, petition.

p. 86, Andrew **Campbell**, gentleman vs William **Griffith**, debt.

p. 86, William **Griffith** vs Andrew **Campbell**, debt.

p. 87, John **Smith** Jr. vs Thomas **Postgate**, petition.

p. 87, Patrick **Matthews** vs John **Hammond**, assumption.

p. 87, Patrick **Matthews** vs Michael **Atkinson**, assumption.

p. 87, Abraham **Vanderpool** vs John **Burleson**, petition.

p. 87, Hugh **Ferguson** vs Audly George **Smith**, petition.

p. 87, Peter **McHugh** vs Charles **Hennegin**, slander.

p. 87, Charles **Hennegin** for being dunk.

p. 87, to pay for records.

court adjourned

p. 88, 5 May 1744, present Morgan **Morgan**, David **Vance**, Andrew **Campbell**, Marquis **Calmees**, William **McMachen**, Meredith **Helms**, John **White**, John **Linsey** & Jacob **Hite**.

p. 88, Jost **Hite** deed to Charles **Barnes**.

p. 88, Sarah **Williams**, wife of George **Williams** examined.

p. 89, grand jury, John **Harden**, Robert **Allan**, George **Hobson**, James **Vance**, John **Wilcock**, Peter **Woolf**, Isaac **Penington**, David **Sozan**, Robert **Warth**, Joshua **Hedge**, James **Vance**, Robert **Willson**, Samuel **Morris**, Hugh **Parrel**, James **Hoge**, Jacob **Niswanger**, Charles **McDowell**, Morgan **Bryan** & Colvert **Anderson**: Jonathan **Curtis** broke the sabbath, witness Andrew **Campbell**, gentleman; John **Sargan** fornication with Mary **Clark**; Leonard **Harper** fornication with Ann **Fowler**; Elizabeth **Harden** for having a bastard child; Noah **Hampton**, miller, taking more than his share, witness Richard **Cronk**; Robert **Craft** for selling liquor; Andrew **Campbell** for being drunk; James **Burn** for swearing, witness Andrew **Campbell**; James **Wood** for being drunk; James **Findley** for selling liquor; Samuel **Shinn** for selling liquor; Cuthbert **Harrison** for selling liquor; William **Whight** for stealing saddle, witness Capt. Luis **Neall**, James **Carter** & Benjamin **Carter**; John **Graham** for lying, witness Capt. Andrew **Campbell** & Capt. John **White**.

p. 89, orphans Hugh & Jane **Harrel**, of Hugh **Harrel** be bound to William **Davis**.

p. 90, John **Mills** deed to John **Hayes**, witness Thomas **Mills**.

p. 90, Lewis **Neill** appointed justice of peace.

p. 90, William **Davis** account estate of Hugh **Harrel**.

p. 90, George **Johnstone** administrator of estate of George **Hume**... security by John **Newport** & George **Wright**.

p. 90, David **Vance**, gentleman, John **Hite**, Isaac **Perkins** & Robert **Wilson** to appraise estate of George **Hume**.

p. 90, Catherine **Ross**, wife of Alexander **Ross** releases her right of dower in deed to Joseph **Bryan**.

p. 90, John **Neil** road overseer...John **Littler** to repair.

p. 90, George **Home**, gentleman, surveyed county line.

p. 90, Andrew **Campbell** vs Jonathan **Jacocks**, debt.

p. 90, Thomas **Rutherford** vs Isaac **Perkins**, debt.

p. 91, John **Littler**, assignee of John **Russell** vs John **McCormick**, petition.

p. 91, John Thesbald **End** vs Jacob **Funk**, petition.

p. 91, Jeremiah **Smith** vs William **Miller**, assumption.

absent
Morgan **Morgan**, David **Vance**, Andrew **Campbell** & John **White**.

p. 91, Jeremiah **Jacks** vs William **Griffith**, assumption.

p. 91, Abraham **Vanderpool** vs John **Ryon**, petition.

p. 91, George **Gordon** & John **Bell**, administrators of estate of Edmond **Cartledge**, deceased vs John **Nicholas**, assumption.

p. 91, John **Carson** vs Henry **Dowland**, petition.

p. 92, Thomas **Doster** vs Thomas **Tanner**, petition.

p. 92, Patrick **Ryley** vs Israel **Friend**, slander.

p. 92, Jacob **Hyte** vs John **Shepard**, assumption.

p. 92, Hugh **Ferguson** vs Daniel **Burnett**, debt.

p. 92, Robert **Brittan** vs Lewis **Demos**, petition.

absent Marquis **Calmees**, gentleman

p. 92, Hugh **Devinne** vs Benjamin **Gregory**, petition.

p. 92, Thomas **Wearing** Sr. & Thomas **Wearing** Jr. vs James **Scott** & John **Wilcocks**, assumption.

p. 92, George **Humes**, administrator of estate of Patrick **McCadden**, deceased vs Odley George **Smith**, debt.

p. 93, William **Rogers** vs George **Drapper**, petition.

p. 93, Nathaniel **Chapman**, gentleman vs Lewis **Neill**, debt.

p. 93, Nathaniel **Chapman**, gentleman vs Thomas **Branson** Sr., debt.

p. 93, Nathaniel **Chapman**, gentleman vs Jacob **Funk**, petition.

p. 93, Nathaniel **Chapman**, gentleman vs Jacob **Worthington**, petition.

p. 93, Nathaniel **Chapman**, gentleman vs Christopher **Kersey**, petition.

p. 93, Nathaniel **Chapman**, gentleman vs Terrence **Kelly**, petition.

p. 93, Nathaniel **Chapman**, gentleman vs John **Scott**, petition.

p. 94, Nathaniel **Chapman**, gentleman vs Noah **Hampton**, petition.

p. 94, Nathaniel **Chapman**, gentleman vs Thomas **Postgate**, petition.

p. 94, Nathaniel **Chapman**, gentleman vs John **Counts**, petition.

p. 94, Nathaniel **Chapman**, gentleman vs John **Frost**, petition.

p. 94, Nathaniel **Chapman**, gentleman vs Thomas **Branson** Jr., petition.

p. 95, George **Hobson** deed to George **Hobson** Jr...witness Alexander **Ross** & John **Littler**.

p. 95, Nathaniel **Chapman**, gentleman vs William **Rentfree**, petition.

p. 95, Nathaniel **Chapman**, gentleman vs Peter **Backus**, petition.

p. 95, George **Chapman** vs Benjamin **Borden**, petition.

p. 95, Terrence **Kelly** vs Thomas **Rutherford**, petition.

court adjourned.

p. 95, 12 May 1744, present Morgan **Morgan**, Marquis **Calmees**, William **McMachen**, Meredith **Helms**, John **Linsey** & Jacob **Hite**.

p. 95, Thomas **Chester** made justice of peace.

p. 96, present Thomas **Chester** & David **Vance**, gentlemen.

p. 96, Isaac **Penington** deed to Thomas **Colson**.

p. 96, David **Vance**, released from working on road...John **Hite** overseer.

absent Morgan **Morgan**, gentleman

p. 96, Peter **Shinbrooks** is runaway servant of David **Vance**.

p. 96, Thomas **Chester** & David **Vance** to take list of tithables from the head of Opeckon to John **Nations**.

p. 96, William **McMachen**, gentleman, to list tithables on Patterson's creek.

p. 96, Andrew **Campbell**, gentleman, to list tithables.

p. 96, Morgan **Morgan**, gentleman to list tithables.

p. 96, Lewis **Neill**, gentleman to list tithables.

p. 96, Marquis **Calmees**, gentleman to list tithables.

p. 97, Meredith **Helms**, gentleman to list tithables.

p. 97, John **Linsey**, gentleman to list tithables.

p. 97, Jacob **Hite**, gentleman to list tithables.

p. 97, sheriff to summon George **Martin** to answer Mary **Carrington** why she is a servant past her time.

p. 97, Hugh **Parrill** to stop road past Abraham **Hollingworth**.

p. 97, Isaac **Perkins** overseer of road form John **Littler** to John **Hite**.

p. 97, John Theoblad **End** vs Jacob **Funk**, petition...attorney George **Johnstone**.

p. 97, John **Gordon** & John **Bell**, administrators of estate of Edmond **Cartledge**, deceased vs John **Nichols**, assumption.

p. 97, Thomas **Postgate** to take Robert & Thomas **Postgate**, children of Mary **Tomkins**, alias **Burne**.

p. 98, Peter **McHugh** vs Hugh **Ferguson**, debt...jury, John **Harden**, Robert **Allan**, Peter **Woolfe**, James **Cuningham**, John **McCaddin**, John **Ryon**, Samuel **Morris**, John **Upton**, John **Asford**, William **Green**, Patrick **Daugherty** & Robert **Craft**.

p. 98, Morgan **Bryan** vs William **Willburn**, debt.

p. 98, Thomas **Doster** vs Thomas **Tanner**, petition...attorney William **Russell**.

p. 98, Morgan **Bryan** & Joseph **Bryan** vs John **Fradan** & Joseph **Williams**, debt.

p. 98, Benjamin **Posey** vs James **Welch**, trespass.

p. 98, Richard **Arnold** appointed constable in the room of George **Julian**.

p. 98, Abraham **Vanderpool** vs David **Carlock**, assumption.

p. 98, Benjamin **Moore** vs Peter **Hart**, petition.

p. 99, Robert **Smith** vs David **Miller**, petition.

p. 99, James **Welsh** vs Benjamin **Posey**, slander.

p. 99, Catherine **Matthews** vs Samuel **Hughes**, assumption.

p. 99, Mary **Sutton** vs David **Miller**, petition.

p. 99, Thomas **Mahan** vs William **Miller**, petition...attorney Gabriel **Jones**.

p. 99, Rebecca **Edgell**, of Simon **Edgell**, deceased vs Enoch **Davis**, debt.

p. 99, John **Littler** vs John **Neelans**, assumption.

p. 99, James **Waugh** vs William **Davis**, petition.

p. 100, John **Demos**, assignee of Lewis **Demos** vs John **Neeland**, petition.

p. 100, Thomas **Wilson** vs William **Blackburn**, debt.

p. 100, James **Cuningham** vs Thomas **Mcquier**, detinsee.

p. 100, Robert **Worthington** vs Charles **Phillips** & Israel **Friend**, petition…attorney John **Newport**.

p. 100, John **Evans** vs William **Miller**, debt.

p. 100, Robert & Jane **Smith** vs Richard **Crunk**, slander.

p. 101, Robert **Worthington** vs Charles **Phillips** & Israel **Friend**, petition…attorney John **Newport**.

p. 101, Thomas **Jarvis**, assignee of George **Bainhurst** vs Samuel **Blackburn**, petition.

p. 101, Francis **Fowler** vs Leonard **Harper**, assumption.

p. 101, Henry **Dowland** vs Robert **Black**, assumption.

p. 101, John **French** vs John **Rion**, petition.

p. 101, John **Littler** vs Jacob **Worthington**, Zereiah **Borden** & Benjamin **Borden**, executors of Benjamin **Borden**, deceased, debt.

p. 101, John & Mary **Proby** vs Thomas **Butler**, battery.

p. 102, William **Blackburn** vs John **Oneal**, petition.

p. 102, Nathaniel **Thomas** vs James **Clark**, petition.

p. 102, Thomas **Peak** vs Cornelius **Kinseller**, slander.

p. 102, Abel **Pearson** vs John **Neelans**, attachment…attached in the hands of Darby **Conneley**, John **Jones** & David **Potts**…paid by John **Madden**.

p. 102, John **Linsey** vs John **Neellan**, attachment.

p. 102, John **Denn** vs Richard **Fenne**, Edward **Rogers** defendant.

p. 102, Richard **Crunk** & John **Turner** paid for being witness for Peter **McHugh** against Hugh **Ferguson**.

p. 103, Samuel **Gregg** vs Thomas **Alford**, attachment...witness John **Alford**.

p. 103, Jeremiah **Poor** vs John **Reppeth**, attachment...witness Daniel **Asheroft**.

p. 103, Esther **Blackburn** vs John **Willson**, attachment...witness John **McDowell**.

p. 103, John **Nichols** vs Lawrence **Cocks**, attachment.

court adjourned

p. 104, 14 May 1744, present Morgan **Morgan**, David **Vance**, Thomas **Chester** & William **McMachen**.

p. 104, appraisement of estate of Samuel **Thompson** admitted to record.

p. 104, appraisement of estate of Lewis **Demons**, admitted to record.

p. 104, appraisement of estate of Benjamin **Borden**, admitted to record.

p. 104, appraisement of estate of Patrick **McCadder**, admitted to record.

p. 104, appraisement of estate of Con. **Connerly**, admitted to record.

p. 104, Nathaniel **Chapman** vs John **Counts**, petition.

p. 104, appraisement of estate of Lewis **Staller**, admitted to record.

p. 104, Thomas **Rutherford** to view road.

p. 104, Joshua **Hedges** made constable.

p. 104, Jonathan **Coborn** to view road.

p. 104, sheriff to sell skins.

p. 104, Jacob **Hite**, gentleman, John **Littler**, John **Ross** & Thomas **Shepard** viewed road...Jacob **Hite**, gentleman, Thomas **Swearingham** & Edward **Thomas** overseer.

p. 105, Edmond **Welch** vs John **Hardin**, petition.

p. 105, John **Bruce** vs Thomas **Bucks**, assumption.

p. 105, William **McMachen** vs Daniel **Burnett**, debt.

p. 105, Robert **Buckles** vs David **Dunbar**, attachment...Thomas **McCleduff** failed to appear.

p. 105, John **Barret** vs Joseph **Mounts**, debt...jury Isaac **Hite**, William **Hume**, Samuel **Morris**, Robert **Wilson**, Peter **Woolfe**, Samuel **Isaacs**, Jeremiah **Jack**, James **Cuningham**, John **Asford**, Cornelius **Newkirk**, Patrick **Dougherty** & John **Maddin**.

p. 105, Thomas **Harris** vs John **Neelans**, debt.

p. 106, Patrick **Gallaspy** vs Robert **Callender**, attachment...witness John **Neelans**.

p. 106, John **Miller** vs Robert **Callender**, attachment.

p. 106, Isaac **Baker** vs John **Neelans**, assumption.

p. 106, Abel **Pearson** vs John **Neelans**, attachment...Darby **Connerly**, John **Jones** & David **Potts** discharged from attachment.

p. 106, Abraham **Vanderpool** vs Henry **Dowland**, debt...jury Isaac **Hite**, William **Hume**, Samuel **Morris**, Robert **Wilson**, Peter **Woolfe**, Samuel **Isaacs**, Jeremiah **Jack**, James **Cuningham**, John **Asford**, Cornelius **Newkirk**, Patrick **Dougherty** & John **Maddin**.

p. 106, John **Doones** vs Samuel **Isaacs** Jr.

p. 107, Samuel **Earle** vs John **Hardin**, assumption.

p. 107, John **Hardin** vs Samuel **Earle**, slander.

p. 107, William **Peugh** vs John **Hardin**.

p. 107, George **Hume**, administrator of Patrick **McCadden** estate vs John **Collins**, assumption.

p. 107, John **Littler** vs John **Neelans**, debt.

p. 107, Jacob **Prett** vs Abraham **Vanderpool**, debt.

p. 107, James **Wood** vs Benjamin **Moore**, debt.

p. 107, James **Hoge** vs Joseph **Robins**, debt.

p. 107, John **Collins** vs Henry **Doling**, detinsee.

p. 108, John **Evans** vs Daniel **Burnett**, assumption.

p. 108, John **Collins** vs John **Nicholas**, trespass.

p. 108, Soloman **Heggis** vs Simon **Irishman**, petition.

p. 108, Richard **Lowden** vs John **Neelans**, debt.

p. 108, Isaac **Perkins** vs John **Neelans**, debt...witness William **Russell**, gentleman.

p. 108, Lewis **Stephens** vs George **Home**.

p. 108, Adam **Sherrell** vs James **Finla**, debt.

p. 109, James **Beesley** vs John **Evans**, trespass.

p. 109, Robert **Shedden** vs William **Miller**, assumption.

p. 109, Thomas **Colson**, assignee of John **Gaskins** vs John **Madden**, petition...witness Michael **Ryan**.

p. 109, Morgan **Bryan** vs Jacob **Worthington**, debt...jury Isaac **Hite**, William **Hume**, Samuel **Morris**, Robert **Wilson**, Peter **Woolfe**, Samuel **Isaacs**, Jeremiah **Jack**, James **Cuningham**, John **Asford**, Cornelius **Newkirk**, Patrick **Dougherty** & Jeremiah **Smith**.

p. 109, Lettice, a negro girl belonging to John **Neil** is 11 years old.

p. 109, Daniel **Stuart**, servant to John **Neil** is 13 years old.

p. 109, William **Reid** vs John **Rion**, debt.

p. 109, John **Wanton**, assignee of Andrew **Campbell** vs Hugh **Ferguson** & John **Miller**, debt.

p. 110, William **Mitchel** vs Daniel **Oneal**, debt...attorney John **Quin**.

p. 110, John **Anthony** vs Benjamin **Moore**, assumption...referred to James **Wood** & William **Mcmachen**, gentleman.

absent William **Mcmachen**, gentleman

p. 110, Benjamin **Posey** vs John **Gregory**, assumption.

p. 110, William **Fearnly** vs David **Garlick**, petition.

p. 110, John **Smith** vs Jacob **Brooks**, assumption.

p. 110, Humphrey **Bell**, London merchant vs Thomas **Postgate**, assumption.

p. 110, Morgan **Bryan** vs Arthur **Buchanan**, assumption.

p. 110, John **Ruddles**, assignee of Robert **Allison** vs John **Neelans**, petition.

present John **Linsey**, gentleman

p. 111, Patrick **Matthews** vs John **Hamond**, assumption.

p. 111, Patrick **Matthews** vs Michael **Atkinson**, assumption.

p. 111, Peter **McHugh** vs Charles **Hannegen**, slander...security Isaac **Perkins** & Benjamin **Carter**.

p. 111, Arthur **Buchanan** vs Morgan **Bryan**, debt.

p. 111, Calvert **Anderson** vs Samuel **Odale**, assumption.

p. 111, James **Rutledge** vs William **Miller**, petition.

p. 111, Thomas **Cressup**, assignee of Humberton **Lyon** vs Jeremiah **Osborn**, petition.

p. 111, Richard **Morgan** vs Robert **Pusey**, debt.

p. 111, George **Johnstone** vs Gabriel **Jones**, slander.

p. 111, Duncan **Ogullion**, assignee of James **Newell** vs Robert **Beercum**, petition.

p. 111, Walter **Drening** vs Jeremiah **Frail**, petition.

p. 112, Thomas **Rutherford**, gentleman vs Charles **Hannegen**, trespass...security Isaac **Perkins** & Abraham **Hollingsworth**.

p. 112, Thomas **Cressup** vs Joseph **Williams**, assumption...security Remembrance **Williams**.

p. 112, Bernhard **Hubelle** vs John Simon **Proby**, petition.

p. 112, Thomas **Cressup** vs Richard **Polstone**, assumption.

p. 112, Thomas **Cressup** vs Remembrance **Williams**, assumption... security Joseph **Williams**.

p. 112, George **Teator** vs Spanfour **Jons**, petition.

p. 112, David **Potts** vs George **Johnstone**.

p. 112, Andrew **Campbell**, assignee of David **Preece** vs John **Walker** Jr., debt.

p. 112, Thomas **Rees** vs Francis **Edwards**, assumption...security John **Smith**.

p. 113, John **Simons**, underage son of Elizabeth **Simons** vs Jonah **Simons**, trespass.

p. 113, Thomas **Cressap** vs Evan **Watkins**, petition.

p. 113, Patrick **Gallaspy** vs William **Miller** & Audly George **Smith**, debt.

p. 113, Edward **Shippin** vs Charles **Kellar**, assumption.

p. 113, Zebulan **Canterrill** vs Stephen **Hotchbill**, petition.

p. 113, William **Halling** vs George **Williams**, debt.

p. 113,, Peter **Knott** vs William **Newberry**, assumption.

p. 113, William **Blackburn** vs John **Oneal**, petition.

p. 113, Abraham **Yates** vs Elizabeth **Seamon**, administrator of Jonathan **Seamon**, deceased, assumption.

p. 114, Alice **Aspmeth** agrees to serve James **Wood**, gentleman for seven years.

p. 114, John **Fraizer**, servant boy to James **Wood**, gentleman, is 13 years old.

p. 114, William **Mitchell** vs Joseph **Hatfield**, assumption.

p. 114, John **Madden** vs Hugh **Ferguson**, petition.

p. 114, Nathaniel **Chapman**, gentleman vs Bartholomew **Wood**, debt.

p. 114, Patrick **Dougherty** paid as witness for John **Anthony** against Benjamin **Moore**.

p. 114, Roger & Catherine **Burkham** paid as witness for John **Anthony** against Benjamin **Moore**.

p. 114, Zebulon **Canterrel** vs Jost **Hite**, assumption...attorney Gabriel **Jones**.

p. 115, Thomas **Cressap** vs John **Jonston**, debt.

p. 115, Jacob **Peningtone** vs Stephen **Ensey**, petition.

p. 115, Jacob **Peningtone** vs Joseph **Etkins** & Patrick **Matthews**, petition...attorney John **Quin**.

p. 115, William **McKay** vs Hugh **Ferguson**, detinsee.

p. 115, Andrew **Campbell**, gentleman, assignee of Rees **Price** vs Thomas **Miller**, alias **Williams** & Lewis **Thomas**, debt...security Richard **Standon** & John **Freidan**.

p. 115, Bryan **Roark** vs John **Asford**, slander.

p. 115, Robert **Worthington** vs Robert **Craft** & Samuel **Morris**, petition.

p. 115, George **Roberts** vs John **Connell**.

p. 116, William **Williams** vs Robert **Worthington**, debt.

p. 116, Garret **Pendergrass** vs James **Kirdendal**, petition.

p. 116, Garret **Pendergrass** vs Joseph **Kensor**, petition.

p. 116, Garret **Pendergrass** vs Joseph **Mounts**, petition.

p. 116, Richard **Winslow**, gentleman, late sheriff of Orange county vs William **Miller** & John **Miller**, debt.

p. 116, Joseph **Shippen** Jr. vs Thomas **Hart**, debt.

p. 116, John **Fredan** vs James **Davis**, petition.

p. 116, John **Fredan** vs James **Cuningham**, petition.

p. 116, John **Fredan** vs Richard **Poulson**, debt.

p. 116, John **Fredan** vs Providence **Williams**, debt...security John **Rion**.

p. 117, John **Fredan**, assignee of Susannah **Burnett**, petition.

p. 117, John **Bumgardner** vs John **Shelden**, debt.

p. 117, William **Mitchell** vs David **Dunbar**, attachment of land of John **Rion**.

p. 117, Richard **Poultney** vs George **Hunter**, attachment of land of Patrick **Matthews**.

p. 117, Humberton **Lyon** vs Enoch **Anderson**, attachment of land of John **Rion**.

p. 117, Lewis **Hoge** vs Jane **Seizer**, attachment of land of Ralph **Humphris** & Samuel **Dennis**.

p. 117, William **Russell** vs Joseph **Mounts**, attachment.

p. 117, John **Fradan** vs Joseph **Mounts**, attachment.

court adjourned.

p. 118, 8 June 1744, present Morgan **Morgan**, David **Vance**, William **McMachen**, Andrew **Campbell** & Marquis **Calmees**.

p. 118, George **Hoge** & Soloman **Hedges** made justices of peace.

p. 118, will of Thomas **Turner**, deceased presented by administrator Anthony **Turner**...witness Robert **Eivens** & Matthew **Eivens**...security John **Quin** & Duncan **Ogullion**.

p. 118, Andrew **Campbell**, gentleman, Thomas **Swearingham**, Richard **Morgan** & Thomas **Shepperd** to appraise the estate of Thomas **Turner**.

p. 118, Andrew **Hampton** deed to Benjamin **Borden**...witness George **White**, William **Fearnly** & Enoch **Anderson**.

p. 118, Andrew **Campbell**, gentleman enters accounts.

p. 119, Thomas **Reece** road overseer...George **Hobson** repairman.

p. 119, Cloe **Smith**, an orphan girl bound to John **Chinworth** Jr., until 18 years old.

p. 119, license to John **Neilans**.

p. 119, license to John **White**.

p. 119, Thomas **Swearingham** made justice of peace.

p. 119, license to Duncan **Ogullion**.

p. 119, Meredith **Helms**, gentleman petitioned that John **Asford**, Hugh **Ferguson** & William **McKee** view road.

absent Marquis **Calmees**, gentleman

present Thomas **Swearingham**, gentleman

p. 119, Benjamin **Carter** & Robert **Wilson** overseer of roads.

p. 119, appraisal of estate of George **Hume** continued.

p. 119, appraisal of estate of Benjamin **Borden**, gentleman continued.

p. 120, appraisal of estate of Patrick **McCaddin** continued.

p. 120, appraisal of estate of Con. **Connerly** continued.

p. 120, Thomas **Rutherford**, gentleman to view road.

p. 120, Jonathan **Colbourn** to view road.

        present David **Vance**, gentleman

      absent Lewis **Neil** & John **Linsey**, gentleman

p. 120, sheriff to sell skins.

p. 120, Johmael a negro boy of William **Reid** is 13 years old.

p. 120, the order of Joshua **Hedges**, constable continued.

p. 120, the order of Richard **Arnold**, constable continued.

p. 120, Mary **Carrington**, by Alice **Dennis** her next friend vs George **Martin**, petition.

p. 120, Thomas **Rutherford**, gentleman vs Isaac **Perkins**, debt.

p. 120, Jeremiah **Jack** vs William **Griffith**, assumption.

p. 120, Thomas **Waring**, gentleman & his son Thomas **Waring** vs James **Scott** & John **Wilcocks**, assumption.

p. 121, Nathaniel **Chapman**, gentleman vs Lewis **Neill**, gentleman, debt.

p. 121, Morgan **Bryan** & Joseph **Bryan** vs John **Fradan** & Joseph **Williams**, debt.

p. 121, Patrick **Matthews** vs Samuel **Hughes**, assumption.

p. 121, Rebecca **Edgell**, executor of Simon **Edgell**, deceased vs Enoch **Davis**, debt.

p. 121, John **Evans** vs William **Miller**, debt.

p. 121, Francis **Fowler** vs Leonard **Harper**, assumption.

p. 121, John **Littler** vs Jacob **Worthington**, Jeremiah **Borden** & Benjamin **Borden**, administrators of estate of Benjamin **Borden**, deceased.

p. 121, John & Mary **Proby** vs Thomas **Butler**, trespass.

p. 121, Abel **Pearson** vs John **Neelans**, attachment.

p. 121, John **Denn**, executor of William **Fearnley** vs Edward **Rogers**.

p. 121, Esther **Blackburn** vs John **Wilson**, attachment...witness John **McDowell** & Gasham **Wood**.

p. 122, Jacob **Hite**, James **Anderson**, John **Hempton** & Thomas **Rutherford**, gentleman to lay out road.

p. 122, John **Nichols** vs Lawrence **Locks**, attachment.

court adjourned

p. 122, 9 June 1744, present David **Vance**, Andrew **Campbell**, Solomon **Hedges**, George **Hoge** & Jacob **Hite**.

p. 122, ordered that the tithables two miles on each side of the road in Jacob **Hite** & Edward **Thomas** precinct clear the road from John **Litters** to Thomas **Sheppard**.

p. 122, certificate of administration of the estate of John **Simcock**, deceased granted to Reuben **Paxon**, his greatest creditor, who being a quaker entered into bond with Robert **Worthington** & John **Smith**.

p. 122, Andrew **Campbell**, John **White**, gentleman, Israel **Robinson**

& Richard **Beeson** appraise estate of John **Simcock**.

p. 123, Noah **Hampton** made a constable.

p. 123, Daniel & Ann **Chancey** deed to Patrick **Gallaspy**.

p. 123, Edmund **Welch** vs John **Hardin**, petition.

p. 123, John **Bruce** vs Thomas **Bucks**, assumption.

p. 123, Patrick **Gallaspy** vs Robert **Callender**, attachment... garnishee John **Neelans**.

p. 123, John **Miller** vs Robert **Callender**, attachment...garnishee John **Neelans**.

p. 124, Isaac **Baker** vs John **Nelens**, assumption.

p. 124, Samuel **Earle** vs John **Hardin**, assumption.

p. 124, John **Hardin** vs Samuel **Earle**, slander.

p. 124, John **Littler** vs John **Neelans**, debt.

p. 124, James **Wood** vs Benjamin **Moore**, debt...attorney George **Johnstone**.

p. 124, Solomon **Hedges** vs Simeon **Irishman**, petition.

p. 124, Lewis **Stephens** vs George **Home**, assumption.

p. 124, Adam **Sherrel** vs James **Finla**, debt.

p. 124, Robert **Sheddin** vs William **Miller**, assumption.

p. 125, William **Reid** vs John **Rion**, debt.

p. 125, John **Wanton**, assignee of Andrew **Campbell** vs Hugh **Ferguson** & John **Miller**, debt.

p. 125, John **Anthony** vs Benjamin **Moore**, assumption.

p. 125, Benjamin **Posie** vs John **Gregory**, assumption...John **Wilcock**, John **Crocy** & George **Bounds** view work.

p. 125, William **Fearnley** vs David **Carlock**, petition.

p. 125, John **Smith** vs Jacob **Brooks**, assumption.

p. 125, Humphrey **Bell**, London merchant vs Thomas **Postgate**, assumption.

p. 125, Morgan **Bryan** vs Arthur **Buchanan**, assumption.

p. 125, Arthur **Buchanan** vs Morgan **Bryan**, debt.

p. 126, John **Ruddle**, assignee of Robert **Allison** vs John **Nellons**, petition.

p. 126, Peter **McHugh** vs Charles **Harregin**, assumption...security Isaac **Perkins** & Benjamin **Carter**.

p. 126, Calvert **Anderson** vs Samuel **Odale**, assumption.

p. 126, James **Rutledge** vs William **Miller**, petition.

p. 126, George **Johnstone** vs Gabriel **Jones**, slander.

p. 126, Jonathan **Gibson**, gentleman, clerk of Orange County vs Thomas **Rutherford**, gentleman, sheriff of Frederick County, petition...attorney James **Portius**.

p. 126, Duncan **Ogullion**, assignee of James **Newell** vs Roger **Burcum**, petition...security Isaac **Perkins** & Abraham **Hollingsworth**.

p. 127, Thomas **Cressap** vs Joseph **Williams**, assumption.

p. 127, Bernhard **Hubelle** vs John Simon **Probie**, petition.

p. 127, Thomas **Cressap** vs Richard **Poulstone**, assumption.

p. 127, Thomas **Cressap** vs Remembrance **Williams**, debt...security Joseph **Williams**.

p. 127, George **Teator** vs Spansour **Jons**, petition.

p. 127, David **Potts** vs George **Johnstone**, assumption.

p. 127, Thomas **Rees** vs Francis **Edwards**, assumption.

p. 127, Thomas **Cressap** vs Evan **Watkins**, petition.

p. 127, Patrick **Gallaspy** vs William **Miller** & Audley George **Smith**, debt.

p. 128, Edward **Shippen** vs Charles **Kellar**, assumption.

p. 128, William **Halling** vs George **Williams**, debt.

p. 128, Peter **Knott** vs William **Newberry**, assumption.

p. 128, William **Mitchell** vs Joseph **Hatfield**, assumption.

p. 128, Nathaniel **Chapman**, gentleman vs Bartholomew **Wood**, debt.

p. 128, Thomas **Cressap** vs John **Janstone**, debt.

p. 128, William **McKay** vs Hugh **Ferguson**, detinsee.

p. 128, Andrew **Campbell**, assignee of Rees **Rice** vs Thomas **Miller**, Alexander **Williams** & Lewis **Thomas**, debt...security Richard **Standon** & John **Fradan**.

p. 129, Robert **Worthington** vs Robert **Crafts** & Samuel **Morris**, petition.

p. 129, William **Williams**, gentleman vs Robert **Worthington**, debt.

p. 129, John **Fradan** vs James **Davis**, petition.

p. 129, John **Fradan** vs Richard **Poulson**, debt.

p. 129, John **Fradan** vs Providence **Williams**, debt...security John **Rion**.

p. 129, John **Bumgardner** vs John **Sheldon**, debt.

p. 129, William **Mitchell** vs David **Dunbar**, attachment.

p. 129, Richard **Poultney** vs George **Hunter**, attachment...garnishee Patrick **Matthews**.

p. 130, Humberton **Lyon** vs Enoch **Anderson**, attachment...witness Solomon **Hedges**, gentleman.

p. 130, Lewis **Hoge** vs Jane **Seizar**, attachment.

p. 130, William **Russell**, gentleman vs Joseph **Mounts**, attachment.

p. 130, Grand Jury vs Jonathan **Curtis**.

p. 130, Grand Jury vs John **Sargan**.

p. 130, Grand Jury vs Mary **Clark**...fornication with John **Sargan**.

p. 130, Grand Jury vs Leonard **Harper**, fornication with Ann **Fowler**.

p. 130, Grand Jury vs Elizabeth **Harden**...bastard child of James **Wood**.

p. 130, Grand Jury vs Noah **Hampton**.

p. 131, Grand Jury vs Robert **Crafts**, Andrew **Campbell**, James **Burns**, James **Wood**, James **Findley**, Samuel **Shinn**, Cuthbert **Harrison**, William **White** & John **Grayham**.

court adjourned

p. 131, 13 Jul 1744, present Morgan **Morgan**, David **Vance**, Andrew **Campbell**, William **Mcmachen**, Marquis **Calmees**, Meredith **Helms**, John **Linsey** & Thomas **Swearingham**.

p. 131, Thomas **Wilson** deed to Robert **Wilson**.

p. 132, license to Ralph **Humpfrey**.

p. 132, John **Neill** vs John **Linwell**, petition.

p. 132, George **Parish** vs Michael & William **Meyers**.

p. 132, Alexander, a mulatto belonging to John **Linwell** is adjudged to be tithable.

p. 132, John **Neelans** vs Thomas **Postgate**, petition.

p. 132, John **Neelans** vs John **Counts**, petition.

p. 132, John **Neelans** vs George **Home**, petition.

p. 132, John **Neelans** vs George **Home**, debt.

p. 132, John **Neelans** vs George **Home**, assumption.

p. 132, John **Neelans** vs George **Home**, debt.

p. 132, John **Neelans** vs Isaac **Baker**, assumption.

p. 133, John **Fradan** vs Daniel **Burnett**, petition.

p. 133, John **Carson** vs Thomas **Hart**, debt...attorney William **Russell**.

p. 133, William **Mitchell** vs William **Humes**.

p. 133, Garrot **Pendergrass** vs Frederick **Ice**, petition.

p. 133, Garrot **Pendergrass** vs Jacob **Cinsor**, petition.

p. 133, Robert **Ashby** vs George **Hoome**, debt.

p. 133, John **Neill** vs Thomas **Hart**, debt.

p. 133, John **Littler** vs John **Neelans**, assumption.

p. 134, Charles **Buck** vs Joseph **Green**, petition.

p. 134, William **Jones** & John **Hayth**, witness for Charles **Buck**.

p. 134, John **Hardin** vs Christopher **Karsey**, petition.

p. 134, James **Gill**, assignee of Alexander **Cumings** vs Tavolt **Garlick**, petition.

p. 134, John **Mitchell** vs John **Donnes**.

p. 134, Patrick **Matthews** vs Jacob **Worthington**, Benjamin **Borden** & Thomas **Branson**, debt.

p. 134, Thomas **Cressap** vs Andrew **Clemens**, petition...attorney John **Quin**.

p. 134, Richard **Crunk**, assignee of Robert **Warth** vs Robert **Smith**, petition...attorney Gabriel **Jones**.

p. 135, Hugh **Neal** vs George **Johnstone**, administrator of estate of George **Hume**, debt.

p. 135, Richard **Crunk** vs John **Rion**, assumption.

p. 135, John **Richards** deed to Benjamin **Fay**.

p. 135, Robert **Eastham**, gentleman vs Thomas **Wilson**, petition.

p. 135, James **McColl** vs Benjamin **Smith** vs , petition.

p. 135, Lewis **Thomas** vs Roger **Burchham**, slander.

p. 135, Edmund **Gray** vs George **Johnstone**, administrator of estate of George **Hume**, assumption.

p. 135, John **Willcock** vs George **Hoomes**, debt.

present David **Vance**, gentleman

p. 135, Peter **Demoso** vs James **Finla**, petition.

p. 136, James **McKee** charged by Andrew **Campbell**...security Thomas **Balsh** & John **Smith**.

p. 136, Thomas **Chester**, gentleman vs Jacob **Funk**, petition.

p. 136, Walter **Denny** vs Thomas **Mcquirer**, debt.

p. 136, Thomas **Cressap** vs John **Wood**, debt.

p. 136, Jeremiah **Jack** vs Thomas **Berwick**, trespass...security William **Russell**.

p. 136, Roger **Burckam** vs John **Smith**, battery.

p. 136, William **Griffith** vs Robert **Pusey**, petition.

p. 137, on motion of Samuel **Earle**, John **Rout** made overseer of road...tithables belonging to Lord Thomas **Fairfax**, James **Seaburn**, Widow **Borden**, William **Remy**, Edward **Rogers**, Jacob **Peck**, Edward **Corder**, Thomas **Postgate**, John **Painter**, James **Burn**, Thomas **Hooper**, John **Gregory**, Richard **Gregory**, Benjamin **Gregory**, Samuel **Earle** & John **Oldrage**.

present
Andrew **Campbell**, Marquis **Calmees** & John **Linsey**, gentleman

absent Solomon **Hedges**, gentleman

p. 137, Alexander **Falkner** gave account books to Samuel **Isaacs**.

p. 137, Frances **Funk** files compliant against her husband Jacob

Funk.

p. 137, Christopher **Carsey** vs John **Kelly**, petition.

p. 137, Daniel **Donahoe** vs Thomas **McKellduff**.

p. 137, John **Dowes** vs Samuel **Isaacs**, battery.

p. 137, Robert **Buckles** vs Samuel **Taylor**, trespass.

p. 137, Thomas **Brown** vs Cornelius **Murley**, petition.

p. 137, Nicholas **Osborn** vs John **Doones**, petition.

p. 137, Richard **Poultney** Samuel **Dennis**, assumption.

p. 138, Richard **Poltney** vs Richard **Lowder**, petition.

p. 138, Richard **Poltney** vs Robert **Edge** & Samuel **Deness**, petition.

p. 138, Richard **Poltney** vs William **Decredow**, petition.

p. 138, Richard **Poltney** vs Thomas **Miller**, petition.

p. 138, Richard **Poltney** vs Joseph **Robin**, petition.

p. 138, Patrick **Ryley** vs William **Mitchell**, battery.

absent Thomas **Swearingham**, gentleman

present Solomon **Hedges**, gentleman

p. 138, John **Collins** vs Harvey **Doling**, detinsee.

p. 139, Israel **Friend** vs Joseph **Mounts**, assumption.

p. 139, Robert **Lowney** vs Peter **Hart**, debt.

P. 139, Garrot **Pendergrass** vs John **Cock**, assumption.

p. 139, John **Story** vs Thomas **Mcquier** & John **Caller**, debt.

p. 139, Jacob **Hite**, gentleman vs John **Shephard**, assumption.

p. 139, William **Teague**, assignee John **Baldwin** vs John **Sherer** & James **Davis**, debt.

p. 139, John **Neill** vs Samuel **Brittan**, debt.

P. 139, John **Neill**, vs James **McKee**, debt.

p. 139, Robert **Hutchins** vs Hugh **Rankins**, assumption.

p. 140, John **Keyth** vs Adam **Serill**, debt.

p. 140, Jonathan **Simon**, by William **Mitchell** his father next friend vs Jonah **Simon**, trespass.

p. 140, Hugh **Campbell** vs John **Neelands**, debt.

p. 140, John **Neelans** vs Samuel **Dennis**, assumption...witness James **McKee**.

p. 140, John **Buchanan** vs John **Miller**, debt.

p. 140, Silas **Hart** vs Edward **Lucas**, debt.

p. 140, Vincent **Williams** vs John **Mitchell**, trespass.

p. 140, Robert **Buckles** vs David **Dunbar**, attachment.

p. 140, William **Mitchell** vs Patrick **Ryley**, trespass.

p. 140, Elias **Vickers** vs Thomas **Speake**, attachment.

p. 140, John **Bailey** vs Thomas **Speake**, attachment.

p. 141, William **Mitchell** vs Enoch **Anderson**, attachment.

court adjourned

p. 141, 14 Jul 1744, present Andrew **Campbell**, Marquis **Calmees**, William **Mcmachen**, Meredith **Helms**, John **Linsey**, Thomas **Swearingham** & Solomon **Hedges**.

p. 141, James **Davis** deed to Robert **Davis**

p. 141, Joseph **Carrel**, with Isaac **Perkins** & Lewis **Stephens** to administrate estate of John **Hood**.

p. 141, Andrew **Campbell**, gentleman, Richard **Beason**, Robert **Davis** & Thomas **Swearingham** to appraise estate of John **Hood**.

p. 141, Joshua **Hedges** deed to Jonas **Hedges**.

p. 141, Jacob & Frances **Funk** deed to Joseph **Helms**.

p. 142, Aaron **Price** presented account books.

p. 142, John **Jones**, Thomas **Linsey** & John **Ashley** appointed constables.

p. 142, Job **Curtis** appointed constable.

p. 142, the appraisal of estates of Thomas **Turner**, George **Humes**, Benjamin **Borden**, Patrick **McCadden**, Con. **Connerly** & John **Lincock** continued.

p. 142, John **Asford** to view road.

p. 142, Jacob & Frances **Funk** agree.

p. 142, Jonathan **Cobour** & Peter **Keyhendol** view road from Noah **Hampton**'s mill, near James **Caddy**...Matthias **Yoakam** & John **Colvin** to overseer.

p. 142, William **Mitchell** & Jacob **Brooks** to overseer road.

p. 143, sheriff sold the skins.

p. 143, summons to Joshua **Hedges** & Richard **Arnold**, constables.

present David **Vance**, gentleman

p. 143, Michael **Ryon** paid as witness for Thomas **Colson** against John **Maddin**.

p. 143, Thomas **Rutherford**, gentleman vs Isaac **Perkins**, debt.

p. 143, Thomas **Waring**, gentleman & Thomas **Waring** & son vs James **Scott** & John **Wilcock**, assumption.

p. 143, Nathaniel **Chapman**, gentleman vs Lewis **Neill**, gentleman, debt.

p. 143, Morgan **Bryan** & Joseph **Bryan** vs John **Fradan** & Joseph **Williams**, debt.

p. 143, John **Evans** vs William **Miller**, debt.

p. 144, Francis **Fowler** vs Leonard **Harper**, assumption.

p. 144, John **Littler** vs Jacob **Worthington**, Zuriah **Borden** & Benjamin **Borden**, administrators of the estate of Benjamin **Borden**, debt.

p. 144, John Simon & Mary **Probe** vs Thomas **Butler**, trespass.

p. 144, Jeremiah **Jack** vs William **Griffith**, assumption…jury, James **Cobourn**, John **McCormich**, Able **Pearson**, James **Hoge**, John **Ryan**, William **Davis**, Samuel **Cobourn**, Thomas **Doster**, James **Carter**, George **Martin**, John **Collins** & William **Sheppard**.

p. 144, Abel **Pearson** vs John **Neelans**, attachment.

p. 144, John **Denn** & William **Fearnley** vs Edward **Rogers**.

p. 144, John **Nichols** vs Lawrence **Cocks**, attachment.

p. 145, John **Bruce** vs Thomas **Buck**, assumption.

p. 145, Isaac **Baker** vs John **Neelans**, assumption.

p. 145, Samuel **Earle** vs John **Hardin**, assumption.

p. 145, John **Hardin** vs Samuel **Earle**, slander.

p. 145, John **Littler** vs John **Neelans**, assumption.

p. 145, John **Littler** vs John **Neelans**, debt.

p. 145, William **Reid** vs John **Rion**, debt.

p. 146, James **Wood**, gentleman vs Benjamin **Moore**, debt...jury, James **Cobourn**, John **McCormich**, Able **Pearson**, James **Hoge**, John **Ryan**, William **Davis**, Samuel **Cobourn**, Thomas **Doster**, James **Carter**, George **Martin**, John **Collins** William **Mires** & William **Sheppard**.

p. 146, Edward **Hughes**, of Augusta County paid as witness for James **Wood** against Benjamin **Moore**.

p. 146, Patrick **Daugherty**, paid as witness for James **Wood** against Benjamin **Moore**.

p. 146, William **Ross**, paid as witness for James **Wood** against Benjamin **Moore**.

p. 146, Roger **Burkam**, paid as witness for James **Wood** against Benjamin **Moore**.

p. 146, Lewis **Stephens** vs George **Home**, assumption...jury, James **Cobourn**, John **McCormich**, Able **Pearson**, James **Hoge**, John **Ryan**, William **Davis**, George **Hobson**, Thomas **Doster**, James **Carter**, George **Martin**, John **Collins** William **Mires** & William **Sheppard**.

p. 147, John **Anthony** vs Benjamin **Moore**, assumption.

p. 147, John **Smith** vs Jacob **Brooks**, assumption.

p. 147, Frederick **Haws** paid for serving Thomas **Rutherford**, gentleman.

p. 147, Adam **Sherrill** vs James **Fenla**, debt.

p. 147, Benjamin **Posey** vs John **Gregory**, assumption.

p.. 147, James **Welch** granted license.

      court adjourned.

p. 148, 16 July, 1744, present Morgan **Morgan**, David **Vance**, Marquis **Calmees**, William **Mcmachen**, Meredith **Helms** & Solomon **Hedges**.

p. 148, Jacob **Marling** vs John **Rippith**, attachment...hands of John **Walker**.

p. 148, John **Walker**, assignee of Edward **Brown** vs John **Rippith**, attachment.

p. 148, Peter **McHugh** vs Charles **Hanagan**, assumption...motion of James **Porteus**...jury Samuel **Earle**, Cuthbert **Harrison**, Samuel **Cobourn**, John **Rion**, Enoch **Anderson**, Lewis **Hoge**, Aaron **Price**, Andrew **Clemens**, John **Richardson**, Samuel **Isaacs**, John **Collins** & Joseph **Tumbleston**.

p. 149, Morgan **Bryan** vs Arthur **Buchanan**.

p. 149, Edmond **Welch**, servant of John **Hardin** paid as witness.

p. 149, Arthur **Buchanan** vs Morgan **Bryan**, debt.

p. 149, James **Rutledge** vs William **Miller**, petition.

p. 149, Bernhard **Hubelle** vs John Simon **Probie**, petition.

p. 149, David **Potts** vs George **Johnstone**, assumption.

p. 149, Thomas **Cressap** vs Evan **Watkins**, petition.

p. 149, William **Halling** vs George **Williams**, debt.

p. 150, Patrick **Gallaspy** vs William **Miller**, Andley George **Smith**, debt.

p. 150, William **Mitchell** vs Joseph **Hatfield**, assumption.

p. 150, Thomas **Cressap** vs John **Johnston**, debt.

p. 150 Robert **Worthington** vs Robert **Crafts** & Samuel **Morris**, petition.

p. 150, Thomas **Rutherford** vs Charles **Hanagen**, trespass.

absent David **Vance**

p. 150, Thomas **Cressap** vs Remembrance **Williams**, debt...jury, Samuel **Earle**, John **Rion**, Enoch **Anderson**, Lewis **Hoge**, Aaron **Price**, Andrew **Clemens**, John **Richardson**, Samuel **Isaacs**, John **Collins**, Joseph **Tumbleston**, Evan **Watkins** & Ralph **Humfrey**.

p. 150, Edward **Shippin** vs Charles **Kellar**, assumption...jury, Samuel **Earle**, Enoch **Anderson**, Lewis **Hoge**, Aaron **Price**, John **Richardson**, John **Collins**, John **Miller**, Joseph **Tumbleston**, Evan **Watkins**, Ralph **Humfrey**, Lewis **Stephens** & Jacob **Mclean**.

p. 151, William **Williams**, gentleman vs Robert **Worthington**, debt.

p. 151, John **Fradan** vs James **Davis**, petition.

p. 151, John **Fradan** vs Richard **Poulson**, debt.

p. 151, John **Fradan** vs Providence **Williams**, debt.

p. 151, John **Bumgardner** vs John **Shelden**, debt.

p. 151, William **Mitchell** vs David **Dumbar**, attachment.

p. 151, Humberton **Lyon** vs Enoch **Anderson**, attachment.

p. 151, Lewis **Hoge** vs Jane **Seizar**, attachment...witness Ralph **Humfrey** & Samuel **Demmis**.

present David **Vance**

p. 152, William **Russell**, gentleman vs Joseph **Mounts**, attachment.

p. 152, grand jury vs Jonathan **Curtis**, breaking sabbath...on motion of James **Wood** & Thomas **Rutherford**, gentleman, church wardens.

p. 152, grand jury vs John **Sargan**, fornication with Mary **Clark**...on motion of James **Wood** & Thomas **Rutherford**, gentleman, church wardens.

p. 152, Nathaniel **Chapman**, gentleman vs Bartholomew **Wood**, debt ...jury, Samuel **Earle**, Enoch **Anderson**, Lewis **Hoge**, Aaron **Price**, John **Richardson**, John **Collins**, Joseph **Tumbleston**, Evan **Watkins**, Ralph **Humfrey**, Lewis **Stephens**, John **Miller** & Peter **McHugh**.

p. 153, Peter **McHugh** vs John **Tucker**, debt.

P. 153, Peter **McHugh** vs James **McCule**, trespass.

p. 153, Nathaniel **Chapman**, gentleman vs John **Frost**, petition.

p. 153, George **Deney** vs Robert **Worthington** & Patrick **Matthews**, petition.

court adjourned

p. 153, 7 July, 1744, present, Thomas **Chester**, Marquis **Calmees**, William **McMachen** & Meredith **Helms**.

p. 153, Thomas **Rutherford**, gentleman & William **Davis** view road.

p. 154, John **Neill** to overseer road.

p. 154, an indenture from Thomas **Chester**, gentleman to William **Davis** for Bendene Hugh & Jane **Harral**, orphans of Hugh **Harrel**.

p. 154, Lewis **Hoge** to have ferry.

p. 154, Thomas **Basle** requests his child Mary **Backus**.

p. 154, John **Fradan** vs Jacob **Worthington**, assumption.

p. 154, John **Fradan** vs Lewis **Thomas**, petition.

p. 154, John **Fradan** vs John **Smith**, petition.

p. 155, Jonathan **Smith**, assignee of Samuel **Brittan** vs John **Fradan**, petition.

p. 155, Thomas **Allford** vs David **Craig** & Archibald **Craig**, debt.

p. 155, Thomas **Cressap** vs Joseph **Williams**, assumption.

p. 155, Jonathan **Smith** vs Robert **Craft**, debt.

p. 155, Thomas **Hart** vs James **Langley**, petition.

p. 155, James **McKee** vs Charles **Morgan**, petition.

p. 156, George **Johntone** vs John **Quin**, debt.

p.. 156, John **Smith** vs Henry **Sniggers** & John **Miller**, debt...security John **Neelands**.

p. 156, James **McKee** vs Abel **Pearson**, assumption.

p. 156, David **Celys** vs Evan **Thomas**, petition.

p. 156, George **Bowman** vs George **Johnstone**, petition.

p. 156, George **Home** vs George **Neelands**, assumption....witness James **Porteus**.

p. 156, Isaac **Hite** vs John **Neelands**, assumption.

p. 156, James **Newell** vs Robert **Beercum**, petition.

p. 156, Anthony **Turner**, executor of Thomas **Turner**, deceased vs Lewis **Thomas**, petition...witness John **Smith**.

p. 157, David **Kelley** vs Robert **Worthington**, petition.

p. 157, John **Hope** vs Jacob **Chrissum**, debt.

p. 157, John **Hope** vs James **Finla**, debt.

p. 157, John **Hope** vs John **Neeland**, debt.

p. 157, John **Watson**, assignee of Owen **Thomas** vs George **Potts**, petition.

p. 157, Thomas **Mcguire** vs Audley George **Smith**.

p. 157, William **Griffiths** vs Edward **Brown** & Andrew **Clements**, debt...witness Solomon **Hedges**.

p. 158, William **Griffiths** vs John **Nichols**, assumption...security Joseph **Mounts**.

p. 158, William **Griffiths** vs Walker **Drinen**, debt.

p. 158, William **Griffiths** vs David **Evans**, assumption.

p. 158, William **Griffiths** Rachel **Hood**, assumption.

p. 158, William **Griffiths** vs Henry **Dowland**, petition.

p. 158, William **Griffiths** vs Enoch **Freeland**, petition.

p. 158, William **Griffiths** vs Arthur **Buchannan**, petition.

p. 158, William **Griffiths**, assignee of Jacob **Hunsor** vs John **Thomas**, petition.

p. 159, William **Griffith**, assignee of Jacob **Kensor** vs James **Kayhandall**, petition.

p. 159, William **Griffith**, assignee of David **Dunbar** vs John **Rion**, debt...attorney George **Johnstone**.

p. 159, William **Griffith**, assignee of William **Roberts** vs Jacob **Worthington**, Patrick **Matthews** & Thomas **Mcleduff**, debt.

p. 159, William **Griffith**, assignee of Rachel **Hood** vs Isaac **VanMetre**, debt.

p. 159, Mary **Ross** vs Robert **Edmistone**, petition.

p. 159, William **Kenner**, executor of Matthew **Kenner**, deceased vs Michael **Ryon**, petition.

p. 159, John **Neelens** vs Zeb. **Cantrell**, debt.

p. 159, Frederick **Ice** vs John **Collins**, debt.

p. 159, John **Hazor** vs John **Richardson**, assumption...security George **Johnstone**.

p. 160, William **McKay** vs John **Neelans**, assumption...security William **Russell**, gentleman, George **Johnstone**, John **Newport** & John **Quin**.

p. 160, John **Morgan** vs George **Ross**, petition.

p. 160, Thomas **Priest** vs Richard **Pollson**, petition.

p. 160, John **Collins** vs John **Nichols**, debt.

p. 160, John **Collins**, assignee of James **Silver** vs Walter **Drien**, debt.

p. 160, Thomas **Postgate** vs Thomas **Mcleduffe**, petition.

p. 161, Thomas **Postgate** vs Rachael **Hood**, petition.

p. 161, John **Buchanan** vs John **Miller**, debt.

p. 161, Lewis **Stephens** vs John **Linwell**, slander.

p. 161, George **White** vs Jacob **Beck**, security John **Quin**.

p. 161, Samuel **Dennis** vs George **Martin**.

p. 161, Richard **Poultney** vs James **Brown**, petition.

p. 161, Richard **Poultney** vs Richard **Lowder**, petition.

p. 161, Richard **Poultney**, assignee of Thomas **Baulet** vs Samuel **Isaacs**, petition.

p. 162, Richard **Poultney** vs Abraham **Penington**, assumption.

p. 162, John & Catherine **Fitzsimmons** vs James & Hannah **Gleen**, slander.

p. 162, Daniel **Duzgons** vs Michael **Ryan**, petition.

p. 162, Robert **Armstrong** vs John **Cuningham**, petition...attorney George **Johnstone**

p. 162, Patrick **Gallaspy** vs John **Quin**, George **Johnstone** & John **Newport**, debt.

p. 162, Robert **Worthington** vs Cornelius **Cormegers**, assumption.

p. 162, George **Martin** vs John **Brown**, debt.

p. 162, Thomas **Tanner** vs William **Fearnley**, attachment...belonged to Thomas **Branson** Jr.

p. 163, Thomas **Asford** vs Samuel **Grigg**, attachment...lands of John **Asford**.

p. 163, Solomon **Hedge**, gentleman vs George **Westfall**, attachment.

p. 163, Walter **Thornberry** vs Isaac **Johnson**, attachment.

p. 163, Nimrod **Holt** vs Thomas **Speak**, attachment ...land of James **Burn**.

p. 163, George **Martin** paid as witness for Richard **Poultney** vs Samuel **Isaacs**.

p. 163, Denis **McCarty** had servant boy Duncan **Ogullion** to run away...security John **Neelans**.

court adjourned

p. 164, 10 August 1744, present Morgan **Morgan**, Thomas **Chester**, David **Vance** & William **Mcmachen**.

p. 164, Israel **Robinson** made justice of peace.

p. 164, Adam **Cuningham** vs William **Miller**, attachment...lands of William **Hoge**.

p. 164, appraisal of estates of John **Hood**, Thomas **Turner**, George **Hume**, Benjamin **Borden**, gentleman, Patrick **McCaddin**, Con. **Connerly** & John **Simcocks** continued.

present Jacob **Hite**

p. 164, Thomas **Linsey** appointed constable in the room of Ralph **Craft**.

p. 164, Jonathan **Jaycocks** appointed constable in the room of Job

Curtis.

p. 165, John **Ashby**, constable summoned.

p. 165, Richard **Morgan** deed to Van. **Swearingham**.

p. 165, John **Asford**, Hugh **Ferguson** & William **McKee** report on road.

p. 165, Nimrod **Holt** vs Thomas **Speak**.

p. 165, John **Baily** vs Thomas **Speak**.

p. 165, John **Niswanger** & Robert **Warth** to overseer road.

p. 165, Joseph **Carrell** administrator of John **Hood**'s estate with widow Rachael.

p. 165, James **Bortens** to obtain John **Hood**'s will from Orange County.

p. 165, Thomas **Ashby** Jr.'s servant Robert **Airs** runaway.

p. 165, Frederick **Haws** vs Thomas **Rutherford**, petition.

p. 165, John **Neelans** vs Thomas **Postgate**, petition.

p. 166,

p. 167, James **Gill**, assignee of Alexander **Cumings** vs Tavolt **Garlick**, petition.

p. 167, John **Mitchell** vs John **Doones**, assumption.

p. 167, Patrick **Matthews** vs Jacob **Worthington**, debt.

p. 167, Hugh **Neale** vs George **Johnstone**, assumption.

p. 167, Hugh **Neale** vs George **Johnstone**, debt.

p. 167, Adam **Cuningham** power of attorney to Joseph **Tumbleston**.

p. 167, Robert **Eastham** vs Thomas **Wilson**, petition...attorney John **Newport**.

p. 167, Lewis **Thomas** vs Roger **Burham**, slander.

p. 167, Edmund **Gray** vs George **Johnstone**, administrator of George **Humes** estate, assumption.

p. 167, John **Wilcox** vs George **Humes**, debt.

p. 168, Thomas **Chester** vs Jacob **Funk**, petition...John **Wilcox** & Robert **Warth** to meet.

p. 168, Walter **Denny** vs Thomas **Mcquire**, debt...security Gabriel **Jones**, gentleman & John **Collins**.

p. 168, Thomas **Cressap** vs John **Wood**, debt...security John **Ryan**.

p. 168, Jeremiah **Jack** vs Thomas **Berwick**, trespass.

p. 168, Roger **Burham** vs John **Smith**, trespass.

p. 168, Christopher **Carsey** vs John **Kelly**, petition.

p. 168, William **Kersey** & Thomas **Wheatley** paid as witness for Christopher **Carsey**.

p. 169, Daniel **Donahue** vs Thomas **McKellduff**, slander.

p. 169, John **Doones** vs Samuel **Isaacs**, trespass.

absent
Thomas **Chester** & Israel **Robinson**, gentleman

p. 169, Robert **Buckles** vs Samuel **Taylor**, trespass.

p. 169, William **Griffith** vs Robert **Pusey**, petition.

p. 169, Thomas **Brown** vs Cornelius **Murley**, petition.

p. 169, Nicholas **Osborn** vs John **Doones**, petition.

p. 169, Richard **Poultney** vs Samuel **Dennis**, assumption.

p. 169, John **Collins** vs Henry **Dooling**, detinsee.

p.. 169, John **Jones** appointed constable.

court adjourned

p. 170, 11 August 1744, present Morgan **Morgan**, David **Vance**, William **McMachen**, Lewis **Neill**, Jacob **Hite** & Israel **Robinson**.

p. 170, Robert **McKay** Jr. overseer of road worked on by James **Bound**, Ralph **Weather**, William **Rentfree**, Charles **Baker**, Robert **McPherson**, John **Branson**, Thomas **Branson**, John **Duchworth**, Thomas **Thornton**, Christopher **Gibson**, William **Smith**, Bathany **Haines**, Spencer **Jones**, Thomas **Sharp**, Thomas **Hawkins**, Marmaduke **Necorp**, Robert **Denton**, Samuel **Poredon** & Thomas **Alexander**.

p. 170, James **Wood**, gentleman vs Thomas **Rutherford**, judgement.

p. 170, Thomas **Postgate** & John **Gregory** to view road.

p. 170, license to Thomas **Rutherford**.

p. 170, Israel **Friend** vs Joseph **Mounts**, assumption.

p. 170, Thomas **Cressap** reported accounts.

p. 170, Isaac **Baker** vs John **Neelans**, assumption.

p. 170, Robert **Louney** vs Peter **Heart**, debt.

p. 171, Garrot **Pendergrass** vs John **Lock**, assumption.

p. 171, Jacob **Hite** vs John **Shepperd**, assumption.

p. 171, William **Teaque** assignee of John **Baldwin** vs John **Sherrer** & James **Davis**, debt.

p. 171, John **Neill** vs Samuel **Brittan**, debt...witness Thomas **Rutherford**.

p. 171, John **Neill** vs James **McKee**, debt.

p. 171, Robert **Hutchins** vs Hugh **Rankins**, assumption.

p. 171, Jonathan **Simons**, by his father William **Mitchell** vs Jonah **Simons**, trespass.

p. 171, Hugh **Campbell** vs John **Neelands**, debt.

p. 172, John **Neelands** vs Samuel **Dennis**, assumption.

p. 172, Robert **Buckles** vs David **Dunbar**, attachment...lands of Joseph **Williams**, William **Loftin** & Thomas **Caton**.

p. 172, John **Bailey** vs Thomas **Speake**, attachment...witness James **Burns**.

p. 172, William **Mitchell** vs Enoch **Anderson**, attachment.

p. 172, Thomas **Rutherford**, gentleman vs Isaac **Perkins**, debt.

p. 172, Thomas **Waring**, gentleman and his son Thomas **Waring** vs Samuel **Scott** & John **Wilcock**, assumption.

p. 173, Nathaniel **Chapman**, gentleman vs Lewis **Neill**, gentleman, debt...jury Robert **Warth**, John **Hite**, Hugh **Gillenner**, Robert **Willson**, William **Runnill**, John **Asford**, Jeremiah **Jack**, John **Upton**, Lewis **Stephens**, Peter **McHugh** & James **Burns**.

p. 173, Morgan **Bryan** vs Joseph **Bryan**, debt.

absent Morgan **Morgan** & David **Vance**, gentleman

p. 173, license to Andrew **Caldwell**...security William **McMachen**.

p. 173, Thomas **Cressap** vs Joseph **Williams**, assumption.

p. 174, John **Evans** vs William **Miller**, debt...jury Robert **Warth**, John **Hite**, Hugh **Gillenner**, Robert **Willson**, William **Runnill**, John **Asford**, Jeremiah **Jack**, John **Upton**, Lewis **Stephens**, Peter **McHugh** & James **Burns**.

p. 174, Zacheus **Alexander** vs Patrick **Black**.

p. 174, Francis **Fowler** vs Leonard **Harper**, assumption.

p. 174, John **Littler** vs Jacob **Worthington**, Zeriah **Borden** & Benjamin **Borden**, executors of Benjamin **Borden**, deceased, debt... jury John **Madden**, Robert **Warth**, John **Hite**, Hugh **Gillenner**, Robert **Willson**, William **Runnill**, John **Asford**, Jeremiah **Jack**, John **Upton**, Lewis **Stephens**, Peter **McHugh** & James **Burns**.

p. 174, John Simon & Mary **Probie** vs Thomas **Butler**, trespass.

p. 174, Abel **Pearson** vs John **Neelands**, attachment.

p. 174, William **Fearnley**, assignee of John **Denn** vs Edward **Rogers**, jury Samuel **Earle**, John **Asford**, Robert **Worthington**, John **Wilcox**, Peter **Demoss**, Jonah **Seaman**, Thomas **Berwick**, Samuel **Morris**, Abel **Pearson**, Hugh **Rankins**, Edward **Thomas** & Thomas **Cherry**.

p. 175, John **Bauce** vs Thomas **Burks**, assumption.

p. 175, Samuel **Earle** vs John **Hardin**, assumption...jury William **Mitchell**, John **Mitchell**, John **Wilcox**, Jonah **Seaman**, Richard **Crunk**, John **Nation**, Peter **Woolf**, Thomas **Cherry**, Samuel **Morris**, Hugh **Rankins**, Peter **Demoss** & Abel **Pearson**.

p. 175, William **McMachen**'s servant maid Elizabeth **King** had bastard child.

p. 175, John **Hardin** vs Samuel **Earle**, slander.

p. 175, Adam **Sherril** vs James **Finla**, debt...jury William **Mitchell**, John **Mitchell**, John **Wilcox**, Jonah **Seaman**, Richard **Crunk**, John **Nation**, Peter **Woolf**, Thomas **Cherry**, Samuel **Morris**, Hugh **Rankins**, Peter **Demoss** & Abel **Pearson**.

p. 176, William **James**, of Orange Co., Va. witness for Adam **Sherrill**.

p. 176, Benjamin **Posey** vs John **Gregory**, assumption...witness William **Russell**, gentleman.

p. 176, John **Neill** servant John **Stephens** to serve time for running away.

p. 176, Robert **Green**, gentleman witness for Edward **Rogers**.

p. 176, David **Vance**, gentleman witness for William **Fearnley**.

p. 176, Thomas **Ashby** Jr. witness for Edward **Rogers**.

p. 176, Richard **Pearcefield** witness for Edward **Rogers**.

p. 176, Peter **Woolf** witness for Edward **Rogers**.

p. 176, Christian **Woolf** witness for Edward **Rogers**.

p. 177, John **Nation** witness for Edward **Rogers**.

p. 177, Bethia **Nation** witness for Edward **Rogers**.

p. 177, George **White** witness for Edward **Rogers**.

p. 177, James **Burn** witness for Edward **Rogers**.

p. 177, Robert **McCay** Jr. witness for Edward **Rogers**.

court adjourned

p. 177, 5 September 1744, present Morgan **Morgan**, Thomas **Chester**, David **Vance**, John **Linsey**, Jacob **Hite** & Thomas **Swearingham**.

p. 177, Leonard **Helms** made petition.

p. 177, Robert **Edge** produced certificate from John **Linsey** to take John **Neelans**'s negro Samson.

absent
John **Linsey**, present Lewis **Neill**, gentleman

p. 177, John **Linsey**, gentleman produced certificate from Lewis **Neill** for taking William **West**'s servant William **Chanalor**.

present Marquis **Calmees**, Meredith **Helms**
& John **Linsey**, gentleman

p. 178, William **Wilson** produced certificate from Lewis **Neill** to take mulatto Benjamin and Indian John **Sedom**.

court adjourned

p. 178, 14 September 1744, present Morgan **Morgan**, Meredith **Helms**, Marquis **Calmees**, John **White** & Solomon **Hedges**.

p. 178, John **Smith** vs Jacob **Brooks**, assumption.

p. 178, Arthur **Buchanan** vs Morgan **Bryan**, debt.

p. 178, James **Rutledge** vs William **Miller**, petition.

p. 178, Thomas **Rutherford** vs Charles **Hanagan**, trespass.

p. 178, Bernhard **Hubelle** vs John Simon **Probie**, petition.

p. 178, David **Potts** vs George **Johnstone**, assumption.

p. 179, Patrick **Gallesby** vs William **Miller**, debt.

p. 179, Thomas **Cressap** vs John **Johnstone**, debt.

p. 179, Robert **Worthington** vs Robert **Crafts** & Samuel **Morris**, petition.

p. 179, William **Williams** vs Robert **Worthington**, debt.

p. 179, William **Mitchell** vs David **Dunbar**, attachment.

p. 179, John **Fradan** vs Jacob **Worthington**, assumption.

p. 179, Thomas **Asford** vs Archibald **Craig** & David **Craig**, debt.

p. 179, John **Smith** vs Robert **Craft**, debt.

p. 179, James McKee vs Abel **Pearson**, assumption.

p. 179, George **Bowman** vs George **Johnstone**, petition.

p. 180, George **Homes** vs John **Neelans**, assumption.

p. 180, John Hopes vs Jacob **Cristman**, debt.

p. 180, John Hopes vs James **Finla**, debt.

p. 180, John Hopes vs John **Neelans**, debt.

p. 180, John **Wilton**, assignee of Owen **Thomas** vs George **Potts**, petition.

p. 180, William **Griffiths** vs Edward **Brown** & Andrew **Clemens**, debt...security Solomon **Hedges**.

p. 180, William **Griffiths** vs John **Nichols**, assumption...security Joseph **Mounts**.

p. 180, William **Griffiths** vs Walter **Drinen**, debt.

p. 180, William **Griffiths** vs David **Evans**, assumption.

p. 180, William **Griffiths** vs Rachael **Hood**, assumption.

p. 180, William **Griffiths** vs Enoch **Freeland**, petition.

p. 181, William **Griffiths**, assignee of Jacob **Kinsor** vs John **Thomas**, petition.

p. 181, William **Griffiths**, assignee of William **Roberts** vs Jacob **Worthington**, Catherine **Matthews** & Thomas **McDuff**, debt... witness Robert **Worthington** & Jeremiah **Jack**.

p. 181, William **Griffiths**, assignee of Rachael **Hood** vs Isaac **Vanmeter**, debt.

present David **Vance**, gentleman

p. 181, Morgan **Morgan**, Marquis **Calmees** Meredith **Helms** to view prison.

p. 181, Mary **Ross** vs Robert **Edmestone**, petition.

absent Marquis **Calmees** & Solomon **Hedges**

p. 181, Jonathan **Hazor** vs John **Richardson**, assumption.

p. 181, William **McKay** vs John **Neelands**, assumption.

p. 181, George **White** vs Jacob **Peck**.

p. 182, John **Collins**, assignee of James **Silver** vs Walter **Drinen**, debt.

present Jacob **Hite**

p. 182, Samuel **Dennis** vs George **Martin**, slander.

p. 182, John & Katherine **Fitz Simmons** vs James & Hannah **Gleen**, slander.

p. 182, Thomas **Fannin** vs William **Fearnley**, attachment...witness John **Newport**

absent
Morgan **Morgan**, John **White** & Israel **Robinson**

p. 182, Thomas **Alford** vs Samuel **Griggs**, attachment.

p. 182, Nimrod **Hott** vs Thomas **Speake**, attachment...witness James **Beer**.

present Marquis **Calmees**

p. 182, Benjamin **Rutherford** vs William **Mitchell**, assumption.

p. 183, John **Buchanan** vs John **Miller**, debt.

p. 183, John **Hindman** vs Thomas **Renich**, petition.

p. 183, Robert **Wilson** vs John **Neelans**, petition.

p. 183, Jeremiah **Smith** vs William **Miller**, assumption...security John **Neelans**.

p. 183, Thomas **Buck** vs Benjamin **Posey**, debt.

absent Thomas **Chester**

p. 183, Thomas **Law** vs Thomas **Rutherford**, petition.

p. 183, William **Kelly** vs Thomas **Wilson**, petition.

p. 183, John **Williams** vs Jonathan **Jaycock**, slander.

p. 183, Joseph **Williams** vs Jonathan **Jaycock**, slander.

p. 183, Abraham **Hollingsworth** vs Catherine **Rogers**, trespass.

p. 183, Joseph **Williams** vs Edmund **Chamber**, petition.

p. 184, Matthew **Seltzer** vs John **Nichols**, petition.

p. 184, Matthew **Seltzer**, assignee of Mical **Augler** vs Thomas **Rutherford**, gentleman, debt.

p. 184, George **Parish** vs Michael **Miers**, trespass.

p. 184, Walter **Thornberry** vs John **Evans**, debt.

p. 184, Josiah **Bellinger** deed to James **Weight**.

present Morgan **Morgan**, gentleman

p. 184, Aaron Price vs Roger **Burham**, petition.

p. 184, Aaron Price vs Adam **Sherrill**, petition.

p. 184, John **Smith** vs John **Reid**, slander.

p. 184, Morgan **Bryan** vs Arthur **Buchanan**, debt.

p. 185, John Smith Jr. vs George **Johnstone**, debt.

p. 185, John **Seebin** vs John **Gregory**, petition.

p. 185, James Newell vs Roger **Burham**, petition.

p. 185, Isaac **Perkins**, assignee of Thomas **Donethard** vs Robert **Pusey**, debt.

p. 185, Alexander **Falconer** vs Samuel **Isaacs**, assumption...witness George **Johnstone**.

p. 185, Isaac **Perkins** vs Richard **Crunk** & Robert **Warth**, debt.

p. 185, Isaac **Perkins** & Benjamin **Carter** vs Charles **Hanagan**, assumption.

p. 185, James **Cathy**, executor of John **Story**, deceased vs Thomas

McQuire & John **Callen**, debt.

p. 185, Jams Cathy vs Samuel **Taylor**, assumption.

p. 186, William **Halling** vs George **Williams**, debt.

p. 186, Patrick **Gillaspie**, vs John **Quin**, George **Johnstone** & John **Newport**, debt.

p. 186, Isaac Perkins vs John **Campbell**, attachment.

p. 186, Peter **McHugh** vs William **Fearnley**, attachment.

p. 186, Humphrey **Jones** vs Thomas **Cherry**, attachment...witness Thomas **Berwick**.

p. 186, Rachael **Hood**, widow of John **Hood** name executor replacing Joseph **Carrel**...security James **Davis** & Jeremiah **Jack**.

p. 186, Andrew **Campbell**, Thomas **Swearingham**, gentleman, Richard **Beason** & Robert **Davis** to appraise Hood estate.

p. 186, John Mitchell vs John **Pleace**, attachment.

p. 187, Nathaniel **Peak** vs John **Forrest**, attachment.

p. 187, Garrot **Pendergrass** vs Jacob **Kenser**, attachment...witness John **Walker**.

present Meredith **Helms**, gentleman

absent Thomas **Swearingham**, gentleman

p. 187, William **Mitchell** vs John **Doones**, assumption.

p. 187, Richard **Lowder** vs John **Place**, attachment.

p. 187, Thomas **Frytille**, assignee of James **McKee** vs John **Payforit**.

p. 187, Joseph Carrel, assignee of Edmond Weatherby, executor of Joseph Pledger, deceased vs John Mead, attachment.

p. 188, appraisal of the estates of John Hood, Thomas Turner, Benjamin Borden, Con Connerly & John Simcock returned.

present David Vance & John White

absent Marquis Calmees

p. 188, John Ashby named constable.

p. 188, Thomas Postgate to view road.

p. 188, John & Sarah Hite deed to Isaac Hite.

p. 188, Robert McKay to view road.

p. 188, Frederick Haws vs Thomas Rutherford, petition.

p. 188, John Neelans vs George Homes, assumption.

p. 188, John Neelans vs George Homes, debt.

p. 189, John Neelans vs Isaac Baker, assumption.

p. 189, William Mitchell vs William Hume, assumption.

p. 189, John Mitchell vs John Doones.

present Solomon Hedges, gentleman

p. 189, John Fradan vs Jacob Worthington, Benjamin Borden & Thomas Brantion, debt...jury William Mitchell, John Mitchell, James Carter, Leonard Helm, John Trout, Morgan Bryan, Robert Worthington, Jeremiah Jack, John Alford, Calbar Anderson, Robert Pewsey & Samuel Isaac.

absent

Morgan **Morgan**, David **Vance** & John **White**

present George **Hoge**, gentleman

p. 189, Hugh Neal vs George **Johnstone**, executor of George **Hume**, deceased, debt.

p. 189, Hugh Neal vs George **Johnstone**, executor of George **Hume**, deceased, assumption.

p. 189, Thomas **Chester** vs Jacob **Funk**, petition.

p. 190, Walter **Denney** vs Thomas **Mcquire**, debt.

p. 190, Jeremiah **Jack** vs Thomas **Berwick**, trespass.

court adjourned

p. 190, 15 September, 1744, present **Morgan**, John **White**, David **Vance**, Jacob **Hite** & Israel **Robinson**.

p. 190, license to Thomas **Dosler**.

p. 190, William **Patterson** appointed constable.

p. 190, William **Decredow**, debtor, discharged.

p. 191, William **Aldridge**, an orphan, indentured to William **Dobings**.

p. 191, Thomas **Cressap** vs Evan **Watkins**, petition.

p. 191, William **Mitchell** vs Joseph **Hatfield**, assumption.

p. 191, Morgan **Bryan** deed to Joseph **Bryan**.

p. 191, William **Richey** service to Hugh **Gillsland**, over.

p. 191, William **Russell** vs Joseph **Mounts**, attachment.

p. 191, John Smith vs Henry **Snicher**, debt…security John **Neelands**.

p. 191, David Coley vs Evan **Thomas**, petition.

p. 191, Isaac Hite vs John **Neelands**, assumption.

p. 191, Roger Burkham vs John **Smith**, trespass.

p. 191, Daniel **Donahue** vs Thomas **Mcleduff**, slander.

p. 191, John Doones vs Samuel **Isaacs**, trespass.

p. 192, Robert **Buckles** vs Samuel **Taylor**, trespass.

present Lewis **Neill** & George **Hoge**

absent John **White**

p. 192, John **Collins** vs Henry **Doolings**, detinsee…jury Joseph **Tomlinson**.

p. 192, Jeremiah **Jack** vs Thomas **Berwick**, trespass…jury George **Parish**.

p. 192, Jeremiah **Poor** witness for Jeremiah **Jack**.

p. 192, Morgan **Bryan**, of Augusta Co., VA witness Jeremiah **Jack**.

p. 192, Morgan **Morgan**'s mark recorded.

p. 192, Robert **Lowney** vs Peter **Hart**, debt.

p. 193, Garrot **Pendergrass** vs John **Cock**, assumption.

p. 193, Jacob **Hyte** vs John **Sheppard**, assumption.

p. 193, William **Teaque**, assignee of John **Baldwin** vs John **Sherer** & James **Davis**, debt.

p. 193, Jonathan **Simons**, an infant by William **Mitchell**, his father ...next friend...vs Jonah **Simons**, trespass.

absent Thomas **Swearingham** & George **Hoge**

p. 193, Hugh **Campbell** vs John **Neelans**, debt...jury Joseph **Tomlinson**.

p. 193, Lewis **Neill** records his mark.

p. 193, Thomas **Chester** records his mark.

p. 193, James **Wood**, records his mark.

p. 194, John Neelans vs Samuel **Dennis**, assumption...jury George **Home**, Abel Pearson, Robert **Worthington**, Thomas **Berwick**, Thomas **Mason**, John **Woodfin**, David **Kelley**, John **Gregory**, John **Wilcox**, John Hite, Robert **White** & Morgan **Bryan**.

p. 194, William **Mitchell** vs Enoch **Anderson**, attachment.

p. 194, Francis **Fowler** vs Leonard **Harper**, assumption.

absent David **Vance**

p. 194, John **Neill** records his mark.

p. 194, John Simon & Mary **Probie** vs Thomas **Butler**, trespass.

p. 194, Abel Pearson vs John **Neelans**, attachment.

p. 195, Isaac Baker vs John **Neelans**, assumption.

p. 195, Benjamin **Posey** vs John **Gregory**, assumption...jury George **Home**, John Hite, Thomas **Berwick**, Morgan **Bryan**, Robert **Worthington**, John **Woodfin**, Thomas **Mason**, John **Denton**, Abel **Pearson**, David Kelly, William **Mitchell** & Robert **White**.

p. 195, John Neelans vs Thomas **Postgate**, petition.

p. 195, John Neelans vs John **Counts**, petition.

p. 195, Edmund **Gray** vs George **Johnstone**, executor of George **Hume**, assumption.

p. 195, Josiah & Mary **Ballenger** deed to James **Wright**.

p. 195, Giles & Sarah **Chapman** deed to Ulrick **Rubles**.

p. 195, John **Wilcox** witness for Benjamin **Posey**.

p. 195, James **Welch** witness for Benjamin **Posey**.

p. 196, Jacob **Gibson**, John **Crowson**, Mary **Tidwell** witnesses for Benjamin **Posey**.

p. 196, Mary **Brooks**, Priscella **Slater**, Rosannah **Brooks**, Barbara **Rankins**, Grace **Harper** witness for Leonard **Harper**.

p. 196, Abraham **Crandal** witness for John **Gregory**.

p. 196, Hugh **Delany** witness for John **Collins**.

p. 196, Michael **Shaw** vs William **Miers**, trespass.

p. 196, Michael **Shaw** vs William **Miers**.

p. 197, Robert **Poultney** vs Abel **Pearson**, assumption.

p. 197, Casper **Wister** vs Thomas **Rutherford**, debt.

p. 197, Samuel **Holaday** vs William **Davis**, debt.

p. 197, Daniel **Burnett** vs James **Brown**, debt.

p. 197, Nathaniel **Thomas** vs George **Potts**, petition.

p. 197, John **Fradan** vs Joseph **Hayes**, petition.

p. 197, Christian **Egartar** vs John **Neelans**, petition.

p. 197, Henry **Vanmetre** to overseer road.

p. 197, Garret Oneal vs Cuthbert **Harrison**, petition...attorney James **Porteus**.

p. 198, John **Hite** & Jacob **Hite** to administer the estate of Josiah **Jones**.

p. 198, Thomas **Rutherford**, Patrick **Matthews**, John **Smith** & Lewis **Thomas** to appraise the estate of Josiah **Jones**.

p. 198, Cuthbert **Harrison** vs John **Miller**, petition.

p. 198, Robert **Worthington** vs Jacob **Worthington**, debt.

p. 198, Robert **Worthington** vs Peter **Poulson**, trespass.

p. 198, William **Mitchell** vs John **Doones**, assumption.

p. 198, John **Champ** vs James **Welsh**, petition.

p. 198, Mary **McDowell** vs Jacob **Hite**, gentleman, petition.

p. 198, John **Keyth** vs Adam **Sherrill**, debt.

p. 198, James **Welsh** vs Benjamin **Posey**, assumption.

p. 198, Bertand **Ewell** vs James **Welsh**, assumption.

p. 198, Charles **Buck** vs James **Bounds**, petition.

    present Thomas **Swearingham** & Solomon **Hedges**

p. 199, John **Neelans** vs George **Homes**, petition.

p. 199, Richard **Crunk** vs Henry **Donahue**, debt.

p. 199, Richard Crunk vs Henry **Donahue**, debt.

p. 199, Richard Crunk vs Henry **Donahue**, debt.

p. 199, Peter Robison vs Joseph **Robins**, petition.

p. 199, George Johnstone vs Thomas **Postgate**.

p. 199, John Rian vs Vincent **Williams**, slander.

p. 199, Owen **Thomas** overseer of road.

p. 199, Thomas **Wareingson** vs John **Crawson**, assumption.

p. 199, Thomas **Wareingson** vs Samuel **Timmons**, assumption.

p. 199, Thomas **Wareingson** vs Richard **Tidwell**, petition.

p. 199, Thomas **Wareingson** vs George **Bowns**, petition.

p. 200, Thomas **Wareingson** vs John **Kersey**, petition.

p. 200, Thomas **Wareingson** vs John **Wood**, petition.

p. 200, Thomas **Wareingson** vs Christopher **Kersey**, petition.

absent Solomon **Hedges**

p. 200, Humberton **Lyon** vs Enoch **Anderson**, attachment...jury George **Home**, James **Carter**, Samuel **Morris**, Thomas **Berwick**, John **Wilcox**, David **Kelly**, John **Alford**, Patrick **Matthews**, Patrick **Gallaspy**, William **Jolliff**, John **Hite** & John **Crowson**.

p. 200, Joseph **Tomlinson** witness for Enoch **Anderson**.

p. 200, William **Griffiths** vs Enoch **Anderson**, debt.

p. 200, William **Mitchell** gave accounts.

present David **Vance** & John **Linsey**

absent Thomas **Swearingham**

p. 200, Israel **Friend** vs Joseph **Mounts**, assumption...jury George **Home**.

p. 201, William **Blackbourn** appointed constable.

p. 201, William **Griffith** vs John **Neelans**, petition.

p. 201, William **Griffith** vs Robert **Posey**, petition.

p. 201, John **Hite** & Jacob **Hite**, assignee of Jost **Hite** vs William **Jay**, debt...witness William & Benjamin **Satterfield**.

p. 201, John **Hite** & Jacob **Hite**, assignee of Jost **Hite** vs John **Gregsare**, debt.

p. 201, John **Hite** & Jacob **Hite**, assignee of Jost **Hite** vs Daniel **Burnett**, petition.

p. 201, Jacob **Hite**, gentleman vs Samuel **Brittan**, petition.

p. 202, William **Mitchell**, assignee of David **Dunbar** vs John **Ryan**, debt.

p. 202, William **Hume** vs John **Campbell**, debt.

p. 202, John **Harris** vs Jacob **Worthington**, debt.

p. 202, John **Harris** vs Enoch **Anderson**, petition.

p. 202, William **Colvin** vs James **Fenla**, petition.

p. 202, John **Richardson**, assignee of Thomas **Morgan** vs Edward **Rogers** & Peter Woolf, debt.

p. 202, Patrick **Gilaspie** vs William **Hume** & Andrew **Hume**, debt.

p. 202, Nathaniel **Chapman** vs Joseph **Helms**, petition.

p. 202, John **Wilcox** vs Abraham **Crandall**, petition.

p. 202, Joseph **Williams** vs William **Williams**, trespass.

p. 202, Aaron **Price** vs Robert **Pewzey**, assumption...witness, James **Porteus**.

p. 203, Aaron **Price** vs Charles **Hyatt**, petition.

p. 203, Aaron **Price** vs Richard **Powell**, petition.

p. 203, Alexander **Ross** vs Samuel **Taylor**, debt.

p. 203, John Fitz **Simmons** vs Samuel **Patton**, trespass.

p. 203, John & Catherine **Fitz Simmons** vs William & Margaret **Lofton**, slander.

p. 203, John & Catherine **Fitz Simmons** vs James & Hannah **Gleen**, slander.

p. 203, John **Miller** vs Daniel **Burnett**, petition.

p. 203, John **McDowell** vs Abraham **Vanderpool**, petition.

p. 203, Henry **Harden** vs Christopher **Marre**, debt.

p. 203, John **Day** vs Garret **Oneal**, debt...security George **Johnstone**.

p. 204, Roger **Hunt** vs Daniel **Burnett**, debt.

p. 204, John **Mitchell** vs John **Miller**, petition.

p. 204, John **Maddin**, assignee of Hugh **Ferguson**, petition.

p. 204, Thomas **Buck** vs Jacob **Gibson**, petition.

p. 204, Thomas **Brown** vs Cornelius **Morley**, petition.

p. 204, John Gaymes & Grae **Willis**, executors of Henry **Willis**, gentleman, deceased vs John **Frost**, petition.

p. 204, John Gaymes & Grae **Willis**, executors of Henry **Willis**, gentleman, deceased vs Hugh **Parrel**, petition.

p. 204, Bryan Roark vs John **Alford**, slander.

p. 204, Zacheus **Alexander** vs Patrick **Black**, petition.

p. 205, William **Davis** vs John **Fradane**, petition.

p. 205, Samuel **Walker** vs Barnard **Lynsey**, assumption.

p. 205, Isaac Penington vs James **McKay**, slander.

p. 205, Hugh Ferguson vs Patrick **Quizley**, slander.

p. 205, John **Woodfin** vs John **Welton** Jr., slander.

p. 205, Thomas **Potts** vs Thomas **Mayberry**, debt...witness William **Craze**.

p. 205, Jacob Funk vs John **Gregory**, debt.

p. 205, Duncan **Ogullion** vs Michael & William **Myers**, attachment.

p. 205, John Alford paid as witness for Thomas **Postgate**.

p. 206, Arthur **Buchanan** vs William **Myers**, attachment.

p. 206, James McCrachen vs John **Price**, attachment.

p. 206, Thomas Waters vs Thomas **Fannen**, attachment...witness John **Quinn**.

p. 206, Charles **Peoke** vs John **Rippeth**, attachment.

p. 206, Robert Wilson vs William **Miller**, attachment.

p. 206, John **Hite** vs William **Miller**, attachment...witness Jacob **Hite** & Aaron **Price**.

p. 206, Hugh Rankins vs William **Tassey**, attachment.

p. 207, John Ryon vs Thomas **Rennick**, attachment.

p. 207, Richard Crunk vs Thomas **Rennick**, attachment.

p. 207, John **Hite** vs Joseph **Robins**, assumption.

p. 207, John Neelans vs Paul **Garren**, attachment.

court adjourned

p. 207, 12 October, 1744, present Morgan **Morgan**, Israel **Robinson**, David **Vance** & Solomon **Hedges**.

p. 207, Morgan & Catherine **Morgan** deed to Charles **Morgan**.

present Thomas **Chester**, gentleman

p. 207, levy to James **Wood**.

p. 208, appraisal of the estates of John **Hood**, Thomas **Turner**, Benjamin **Borden**, Con **Connerly**, John **Sincocks** & Josiah **Jones**.

p. 208, Thomas **Postgate**, Robert **McKay** & Morgan **Morgan** to view road.

p. 208, William **Patterson** appointed constable.

p. 208, Duncan **Ogullion** deed to Thomas **Berwick**.

p. 208, Elias **Catting** power of attorney to Lewis **Stephens**.

p. 208, John Smith vs Jacob **Brooks**, assumption.

p. 208, William **Blackburn** Jr. appointed constable.

p. 208, Arthur **Buchanan** vs Morgan **Bryan**, debt...witness Thomas **Berwick** & Joseph **Carrel**.

present Thomas **Swearingham**

absent David **Vance**

p. 208, Patrick **Gillaspy** vs William **Miller** & Audley George **Smith**, debt.

p. 209, Thomas **Cressap** vs Evan **Watkins**, petition.

p. 209, William **Richey** vs Hugh **Guilliland**, petition.

p. 209, Richard & Charity **Beeson** deed to John **Beeson**.

p. 209, Richard & Charity **Beeson** deed to William **Beeson**.

p. 209, Rene **Julian** is levy free.

p. 209, William **Williams** vs Robert **Worthington**, debt...jury John **Hardin**, John Hite, John **Madden**, John **Alford**, John **Upton**, Samuel **Morris**, Morgan Bryan, William **Jump**, Thomas **Doster**, Robert **Wilson**, George Martin & Hugh **Parrell**.

p. 209, Samuel **Brittan** witness for William **Williams**.

p. 210, George **Martin** records his mark.

p. 210, William **Mitchell** vs David **Dunbar**, attachment...John **Rion** garnishee.

p. 210, William **Russell** vs Joseph **Mounts**, attachment.

p. 210, John **Fradan** vs Jacob **Worthington**, assumption.

p. 210, James **McKee** vs Abel **Pearson**, assumption.

p. 210, Thomas Alford vs Archibald **Craig**, debt...jury John **Hardin**, John **Hite**, John Madden, John **Alford**, John **Upton**, Samuel **Morris**, Morgan **Bryan**, William **Jump**, Thomas **Doster**, Robert **Wilson**, George **Martin**, Hugh **Parrell** & Hugh **Rankin**.

p. 211, George Home vs John **Neelans**, assumption.

present Marquis **Calmes**

Morgan **Morgan** & Meredith **Helms**

p. 211, John Hopes vs Jacob **Christman**, debt...jury Jeremiah **Smith**, Edward **Mercer**, Hugh **Ferguson**, Thomas **Doster**, Thomas **Rennicks**, Jeremiah **Jack**, George **White**, Peter **Demoss**, George **Bounds**, George **Linch** & Evan **Watkins**.

p. 211, John Hopes vs James **Finla**, debt...jury Jeremiah **Smith**, Edward **Mercer**, Hugh **Ferguson**, Thomas **Doster**, Thomas **Rennicks**, Jeremiah **Jack**, George **White**, Peter **Demoss**, George **Bounds**, George **Linch** & Evan **Watkins**.

p. 211, John Hopes vs John **Neelans**, debt.

p. 211, John Vanmetre deed to Isaac **Vanmetre**, Henry **Vanmetre**, Abraham **Vanmetre**, Jacob **Vanmetre**, Mandlena, wife of Robert **Pawzey**, Solomon Hedges, Thomas **Shepard**, James **Davis** & Robert **Jones**.

p. 211, William **Griffith**, assignee of William **Roberts** vs Jacob **Worthington**, Patrick **Mathews** & Thomas **McLeduff**, debt.

p. 212, William **Griffiths** vs Edward **Brown** & Andrew **Clemens**, debt...jury John **Hardin**, John **Hite**, John **Madden**, John **Alford**, John **Upton**, Samuel **Morris**, Morgan **Bryan**, William **Jump**, Robert **Wilson**, George **Martin**, Hugh **Parrell** & Hugh **Rankin**.

p. 212, William **Griffiths** vs John **Nichols**, assumption...jury Edward **Mercer**, Evan Watkins, James **Hoge**, Jeremiah **Jack**, George **White**, George **Bound**, Thomas **Rennicks**, Thomas **Doster**, George **Linch**,

Peter **Demoss** & Hugh **Ferguson**.

p. 212, William **Griffiths** vs Rachael **Hood**, assumption...jury John **Hite**, John **Madden**, John **Alford**, John **Upton**, Samuel **Morris**, Morgan **Bryan**, William **Jump**, Robert **Wilson**, George **Martin**, Hugh **Parrel** & Hugh **Rankin**.

p. 213, examination of Thomas **Brown**, alias John **Wilson**, alias Jacob **Harris** for braking & entering the store house of David **McGaw**...present Morgan **Morgan**, Thomas **Chester**, Meredith **Helms**, Israel **Robinson** & Solomon **Hedges**...not guilty.

court adjourned

p. 213, 13 October, 1744, present Morgan **Morgan**, Thomas **Chester**, Meredith **Helms**, Israel **Robinson** & Solomon **Hedges**.

p. 213, sheriff to call a grand jury.

p. 213, William **Mitchell** vs Joseph **Hatfield**, assumption...witness Joseph **Standley**

present Thomas **Swearingham**

p. 213, Thomas **Cressap** vs John **Johnstone**, debt.

p. 213, John **Smith** vs Robert **Crafts**, debt.

p. 214, William **Griffith** assignee of Rachael **Hood** vs Isaac **Vanmetre**, debt.

p. 214, Jonathan **Hazor** vs John **Richardson**.

p. 214, William **McKay** vs John **Neelands**, assumption.

absent Marquis **Calmees**

present David **Vance**

p. 214, Samuel **Dennis** vs George **Martin**, slander…jury William **Mitchell**, Patrick **Matthews**, Joseph **Hoge**, Thomas **Cason**, Hugh **Parrell**, Hugh Rankin, Jeremiah **Smith**, Samuel **Walker**, Morgan **Bryan**, John Alford, Jeremiah **Jack** & Thomas **Cherry**.

present Thomas **Chester**

absent Solomon **Hedges**

p. 214, George White vs Jacob **Peck**…jury John **Maddin**, George **Martin**, John **Richardson**, Thomas **Wilson**, John **Miller**, Robert **Wilson**, Richard Lane, William **Blackburn**, John **Doones**, Thomas **Tanner**, John Jones & Samuel **Morris**.

p. 214, John & Catherine **Fitz Simmons** vs James & Hannah **Glenn**, slander…jury Patrick **Matthews**, Joseph **Bazes**, Thomas **Mason**, Hugh **Parrell**, Hugh **Rankin**, Jeremiah **Smith**, Samuel **Walker**, Lewis **Stephens**, John **Alford**, Jeremiah **Jacks** & Thomas **Cherry**.

p. 215, James Brown witness for Samuel **Dennis**.

p. 215, Thomas Fanner vs William **Fearnley**, attachment.

p. 215, Benjamin **Rutherford** vs William **Mitchell**, assumption.

p. 215, Thomas Alford vs Samuel **Grigg**, attachment.

p. 215, John **Hardin** witness for Jacob **Peck**.

p. 215, Lancelot **Westcott** witness for George **White**.

absent Morgan **Morgan**

p. 215, William **Mitchell** vs William **Humes**, assumption..

p. 215, Patrick **Fitzimmons**, servant boy of James **Wood**, gentleman is 10 years old.

p. 215, Nimrod **Hott** vs Thomas **Speak**, attachment.

p. 216, John Buchanan vs John **Miller**, debt...witness Hugh **Furguson**.

p. 216, Jeremiah Smith vs William **Miller**, assumption.

p. 216, Thomas Buck vs Benjamin **Posey**, debt.

p. 216, Abraham **Hollingsworth** vs Catherine **Rogers**, trespass.

p. 216, Joseph Williams vs Edmond **Chambers**, petition.

p. 216, Mattias Selzer assignee of Michael **Augler**, debt.

p. 216, George **Parish** vs William & Michael **Miers**, trespass.

p. 217, Walter **Thornberry** vs John **Evans**, debt.

p. 217, Morgan Bryan vs Arthur **Buchanan**, debt...witness Thomas **Berwick** & Joseph **Carrel**.

p. 217, John Smith Jr. vs George **Johnstone**, debt.

p. 217, James Newell vs Roger **Burcum**, petition.

p. 217, Alexander **Falconer** vs Samuel **Isaacs**, assumption...jury Patrick **Matthews**, Samuel **Walker**, Hugh **Rankin**, John **Doones**, John **Price**, Jeremiah **Smith**, Robert **White**, John **Jones**, William **Glover**, John Alford, Jonah **Seamon**, & William **Carsey**.

p. 217, James Cathy executor of John **Story**, deceased vs Thomas **McQuire** & John Callen, debt.

present Morgan **Morgan**

absent Meredith **Helms**

p. 217, Robert **Worthington** vs Robert **Crafts** & Samuel **Morris**, petition.

p. 217, James Cathy vs Samuel **Taylor**, assumption.

p. 218, Isaac **Perkins** vs John **Campbell**, attachment.

p. 218, Peter **McHugh** vs William **Fearnley**, attachment.

p. 218, Humphrey **Jones** vs Thomas **Cherry**, attachment.

p. 218, Garrot **Pendergrass** vs Jacob **Kinser**, attachment.

p. 218, William **Mitchell** vs John **Doones**, assumption.

present Marquis **Calmes** & William **McMachen**

absent Thomas **Swearingham**

p. 218, Jonathan **Simons** by William **Mitchell**, his father & next friend vs Jonah Simons, trespass...jury John **Hardin**, John **Hite**, John **Hampton**, John Alford, Patrick **Matthews**, Samuel **Morris**, John **Wilcox**, Samuel Walker, Charles **Buck**, Leonard **Helm**, Jeremiah **Smith** & Hugh **Parrell**.

p. 218, Richard **Lowder** vs John **Place**, attachment.

p. 218, Thomas **Trytitle** assignee of James **McKee** vs John **Payforit**.

p. 219, Joseph **Carrol** assignee of Edmond **Weatherby** executor of Joseph **Pledzer**, deceased vs John **Mead**, attachment.

p. 219, Thomas **Waring** & son vs George **Bowers**, petition.

p. 219, William **Blackwells**, of Prince William Co., VA witness for Thomas **Waring** & son.

p. 219, John **Neelans** vs George **Homes**, assumption.

p. 219, John **Neelans** vs George **Homes**, debt.

p. 219, John **Neelans** vs Isaac **Baker**, assumption.

p. 219, Thomas **Waring** & son vs John **Kersey**, petition.

p. 219, Henry **Dooling** vs William **Lee** & James **Winn**, attachment ...constable attached lands of John **Upton**, Henry **Dowland**, John **Ryan**, John **Wood**, Turrence **McMullin**, Samuel **Hayward**, Urbanus **Creamer**, Walter **McDaniel**, John **Colings** & James **Ross**.

p. 220, William **Blackwells**, of Prince William Co., VA witness for Thomas **Waring** & son.

p. 220, Morgan **Morgan** witness for Jonathan **Simons**.

p. 220, Colvert **Anderson** witness for Jonathan **Simons**.

p. 220, Thomas **Mason** witness for Jonathan **Simons**.

p. 220, Paul **Williams** witness for Jonathan **Simons**.

p. 220, John **Mitchell** witness for Jonathan **Simons**.

p. 220, John **Woodfin** witness for Jonathan **Simons**.

p. 220, William **Huntsman** witness for Jonathan **Simons**.

p. 220, Robert **Worthington** witness for Jonathan **Simons**.

p. 221, Roger **Rogers**, John **Denton**, Thomas **Low**, Robert **White**, Patrick **Ryley**, Jacob **Brooks** & William **McMachen** witnesses for Jonathan Simons.

court adjourned

p. 222, 19 Nov 1744, present Morgan **Morgan**, Andrew **Campbell**, Meredith **Helms**, Thomas **Chester**, Marquis **Calmes**, John **Linsey** & Thomas **Swearingham**.

p. 222, privy examination of Jane wife of Richard **Morgan**.

p. 222, Peter **Hart** deed to Thomas **Berwick**, witness Charles **Polke**

& Nicholas Johnstone.

p. 222, David Vance & William McMachen to lay off land for court house.

p. 222, certificate to Mary Sum, widow of Jonas Sum, security James Hill & John Neill.

p. 222, ordered appraisal of estate of Jonas Sum.

p. 222, license to Simon Lindner...security James Porteus.

p. 222, William Hoge power of attorney to William Hoge Jr.

p. 222, William Hoge deed to William Hoge Jr.

p. 222, petition of George Hobson for road from John Littler to William Gaddy.

absent Thomas Swearingham

present David Vance

p. 223, grand jury: Samuel Earle, John Hardin, John Hite, William Mitchell, Samuel Walker, Robert Allen, Peter Woolf, Edward Rogers, George Hobson, Samuel Morris, Thomas Cherry, Colvert Anderson, Hugh Parrel, David Logan, George Bowman, Jacob Brooks, Stephen Hutchenbill, Thomas Hawkins, Robert Worthington, Christopher Beeler & James Hoge.

Thomas Rutherford & Jeremiah Smith for breach of peace.

John Grymes, Robert Edge, William Frankum, Christopher Marr, Thomas Weekley, & John Wood by John Jones, constable.

Isaac Perkins for not repairing road.

present Israel Robinson

p. 223, petition of Thomas **Hawkins**, Peter **Woolf**, Edward **Corder**, Darby **Murphey**, Spencer **Jons**, Isaaclys of Richard **Peirceful**, John **Read**, Marmaduk **Vickory** & John **Nation** for road.

p. 223, William **Green** made sheriff.

p. 223, Joseph **Bryan** added to list of tithables.

p. 224, administration of estate of David **Kelly** granted to Andrew **Campbell**.

p. 224, appraisal of estate of David **Kelly** by Morgan **Morgan**, John **White**, Thomas **Swearingham** & Richard **Beason**.

p. 224, court said the county levy:

Secretary Nelson; James **Wood**; Thomas **Rutherford**, Isaac **Perkins**, Gabriel **Jones**, William **McMachen**, John **Bruce**, John **Harris**, James **Porteus** & Andrew **Campbell**.

court adjourned

p. 224, 10 Nov, 1744, present Morgan **Morgan**, David **Vance**, Marquis **Calmes**, Thomas **Chester**, Andrew **Campbell** & Meredith **Helms**.

p. 224, William **Patterson** appointed constable.

p. 225, county levy: James **Oneal**, John **Jones**, James **Wood** & George **Home**.

p. 225, Frederick Co., VA has 1283 Tithables.

p. 225, sheriff to collect from each tithable 59 nine pounds of tobacco.

p. 225, administration of the estate of Abel **Pearson** granted to his widow Elizabeth **Pearson**...witness William **Mitchell** & Samuel **Walker**.

p. 225, appraisal of the estate of Abel **Pearson** by William **Davis**, John **Quin**, John McCormick & John **Linsey**.

p. 225, John Denton security for estate of Jonathan **Seeman**...witness William **Mitchell**.

p. 225, John Constant service free.

absent
David **Vance**, Andrew **Campbell** & Israel **Robinson**

present John **Linsey**

p. 225, Marquis Calmees deed to Thomas **Rutherford**.

p. 226, motion of Samuel **Earle** for leave to clear road.

present David **Vance** & Andrew **Campbell**

absent Marquis **Calmes** & Meredith **Helms**

p. 226, Catherine **Demoss** gift deed to John **Demoss**, witness David **Vance**, John Smith & James **Crabtree**.

p. 226, Patrick **Matthews** charged with propagating the Romish Doctrine.

p. 226, John **Nation** to overseer road.

p. 226, John Neelens vs Samuel **Dennis**, attachment of the negro man Samuel **Dennis**'s estate.

court adjourned.

p. 227, 24 November, 1744, present Marquis **Calmees**, William **McMachen**, Meredith **Helms** & Lewis **Neill**.

p. 227, John **Wood** charged with stealing.

court adjourned.

p. 227, 4 December, 1744, present Morgan **Morgan**, David **Vance**, William **McMachen**, Lewis **Neill** & Thomas **Swearingham**.

p. 227, William **Mitchell** records his mark.

p. 228, John **Ramsey** bill of sale to William **Mitchell**, witness Thomas **Lowe** & John **Mitchell**.

present Marquis **Calmees** & John **Linsey**

absent David **Vance**

p. 228, John **Wood** found not guilty.

p. 228, Jost **Hite** deed to John **Seaman**, witness Jonah **Seaman**

p. 228, John **Seaman** deed to Nimrod **Holt**, witness Samuel **Earle**.

present Thomas **Chester** & David **Vance**

absent Lewis **Neill**

p. 228, Peter **Writtenhousen** deed to Lewis **Stephens**, witness John **Hite**, Frederick **Wesfell** & John **Funk** Jr.

p. 228, Jonathan **Simons**, infant by William **Mitchell** his father & next friend vs Jonah **Simons**, trespass.

p. 229, petition of John **Hardin** for a road.

p. 229, petition of Morgan **Morgan** for a road.

p. 229, Christopher **Chemney** proved his accounts of Joseph **Robins**, Benjamin **Possey**, Samuel **Kite** & Thomas **Wheat**.

p. 229, Thomas **Chester**, David **Vance** & Bathania **Haines** to view road.

court adjourned.

p. 229, 5 December, 1744, present Morgan **Morgan**, David **Vance**, Marquis **Calmees**, John **White** & Thomas **Swearingham**.

p. 229, John Mitchell vs John **Doones**, assumption.

p. 229, Patrick Matthews vs Jacob **Worthington**, Benjamin **Borden** & Thomas **Branson**, debt.

p. 230, Robert Buckles vs Samuel **Taylor**, trespass.

p. 230, Patrick Matthrews took oath.

p. 230, Garrot Pendergrass vs John **Cocks**, assumption.

p. 230, Hugh Neal vs George **Johnstone** administrator of George **Hume**, deceased, debt.

p. 230, Hugh Neal vs George **Johnstone** administrator of George **Hume**, deceased, assumption.

p. 230, Edmund **Gray** vs George **Johnstone** administrator of George **Hume**, deceased, assumption.

p. 230, Roger Burkham vs John **Smith**, trespass.

p. 230, Thomas & Anne **Hunt** deed to Samuel **Walker**, witness Patrick **Matthews**, John **Byshop** & William **Decrego**.

p. 230, Jacob Hite vs John **Shepard**, assumption.

p. 231, William Teaque, assignee of John **Baldwin** vs John **Sherrer** & James **Davis**, debt.

p. 231, Abel Pearson vs John **Neelens**, attachment.

p. 231, Isaac Baker vs John **Neelens**, assumption.

p. 231, Richard Poultney vs Abel **Pearson**, assumption.

p. 231, Casper Westar vs Thomas **Rutherford**, debt.

p. 231, Samuel Holady vs William **Davis**, debt.

p. 231, Daniel Burnett vs James **Brown**, debt.

p. 231, Robert Worthington vs Jacob **Worthington**, debt.

p. 231, Andrew Scott given license to trade.

p. 231, William Mitchell & company vs John **Doones**, assumption.

p. 231, John Keith vs Adam **Sherrill**, debt.

present John **Linsey**

absent John **White**

p. 232, Bertrand Ewell vs James **Welsh**, assumption.

p. 232, James Welsh vs Benjamin **Possey**, assumption.

p. 232, Charles Buck vs James **Bounds**, petition.

p. 232, John Neelands vs George **Home**, petition.

p. 232, John Rian vs Vincent **Williams**, slander.

p. 232, Thomas Waring & son vs John **Crowson**, assumption.

p. 232, Thomas Waring & son vs Samuel **Timmons**, assumption.

p. 232, Thomas Waring & son vs Christopher **Kersey**, petition.

p. 232, William Griffiths vs Enoch **Anderson**, debt.

p. 233, John **Hite** & Jacob **Hite** assignee of Jost **Hite** vs William **Jay**, debt...security William & Benjamin **Satterfield**.

present William **McMachen**

p. 233, William Mitchell assignee of David **Dunbar** vs John **Ryon**, debt.

p. 233, William Hume vs John **Campbell** & Andrew **Vance**, debt.

p. 233, John Harris vs Jacob **Worthington**, debt.

p. 233, John Richardson assignee of Thomas **Morgan** vs Edward **Rogers** & Peter Woolfe, debt.

p. 233, Joseph Williams vs William **Williams**, trespass.

p. 233, Aaron Price vs Robert **Pewzey**, assumption.

p. 233, Alexander Ross vs Samuel **Taylor**, debt.

p. 233, John Fitzsimmons vs Samuel **Patton**, trespass.

p. 234, John & Catherine **Fitzsimmons** vs William & Margaret **Loftin**, slander.

p. 234, John & Catherine **Fitzsimmons** vs James & Hannah **Glenn**, slander.

p. 234, John Miller vs Daniel **Burnett**, petition.

p. 234, Henry Hardin vs Christopher **Marr**, debt.

p. 234, Roger Hunt vs Daniel **Burnett**, debt.

p. 234, Thomas Buck vs Jacob **Gibson**, petition.

p. 234, Peter Stephens deed to Lewis **Stephens**.

p. 234, John Gaymes & Francis **Willis**, administrators of Henry

Willis, deceased vs John **Frost**, petition.

p. 234, John **Gaymes** & Francis **Willis**, administrators of Henry **Willis**, deceased vs Hugh **Parrell**, petition.

p. 234, agreement between Thomas **Mayberry**, William **Vestal**, John **Fradan**, Richard **Stevenson** & Daniel **Burnett**...witnesses Samuel **Walker**, John **Smith** & William **Davis**.

p. 235, Bryan **Roark** vs John **Alford**, slander.

present Lewis **Neill**

p. 235, Samuel **Walker** vs Barnard **Linsey**, assumption.

p. 235, Isaac **Penington** vs James **McKay**, slander.

p. 235, Hugh **Ferguson** vs Patrick **Quigley**, slander.

p. 235, John **Woodfin** vs John **Welton** Jr., slander.

p. 235, Thomas **Potts** vs Thomas **Mayberry**, debt...security William **Craze**.

p. 235, Jacob **Funk** vs John **Gregory**, debt.

p. 235, James **McCracken** vs John **Price**, attachment.

p. 235, Thomas **Waters** vs Thomas **Fannen**, attachment.

p. 235, Charles **Cooke** vs John **Rippith**, attachment.

p. 235, Robert **Wilson** vs William **Miller**, attachment.

p. 235, John **Hite** vs William **Miller**, attachment.

p. 235, Hugh **Rankin** vs William **Tassey**, attachment.

p. 235, John **Hite** vs Joseph **Robins**, assumption.

absent John **Linsey**

p. 236, Hugh **Gilliland** vs William **Richey**, slander.

p. 236, William **Richey** vs Hugh **Gilliland**, assumption.

p. 236, Dunkin **Ogullion** & others vs Thomas **Doster**, debt.

p. 236, Thomas **Houison** vs Edward **Megie**, petition.

p. 236, James **Brumigem** vs George **Bowman**, petition.

present Thomas **Chester**

absent Marquis **Calmees**

p. 236, Walter **Denny** vs Thomas **McQuier**, debt…William **Mitchell**, jury foreman.

p. 236, Jacob & Abigail **Worthington** deed to Thomas **Rutherford**… William **Russell** in behalf of Robert **Worthington** moved not to record deed.

p. 237, James **Rutlidge** vs William **Miller**, petition.

absent Thomas **Chester** & Lewis **Neill**

present
Morgan **Morgan**, Marquis **Calmees** & William **McMachen**

p. 237, Samuel **Brittan** bond to Thomas **Rutherford**.

p. 237, Gasham **Woodall** paid as witness for George **Bowman**.

p. 237, Henry **Fry** paid as witness for James **Brumigem**.

court adjourned

p. 237, 6 December, 1744, present Morgan **Morgan**, Thomas

117

Chester, Marquis **Calmees** & Thomas **Swearingen**.

p. 237, John **White** Jr. vs Hugh **Gilliland**, trespass.

p. 237, Charles **Cavenaugh** vs John **Quin**, slander.

p. 237, John **Doones** vs Samuel **Curtis**, trespass.

p. 237, Thomas **Waring** & son vs Richard **Tidwell**, petition.

p. 238, Thomas **Waring** & son vs John **Wood**, petition.

p. 238, John **Neelands** vs Bryan **Roark**, petition.

p. 238, John **Neelands** vs Hugh **Campbell**, agreement.

p. 238, John **Neelands** vs John **Miller**, debt...security John **Ross**.

p. 238, John **Neelands** vs Bryan **Roark**, assumption.

p. 238, John **Neelands** vs Hugh **Ferguson**, assumption.

p. 238, Mary **Ross** vs Robert **Edmistone**, petition.

p. 238, William **Griffiths** vs John **Thomas**, petition.

p. 238, George **Johnstone** vs Thomas **Postgate**, slander.

p. 238, David **Potts** vs George **Johnstone**, agreement.

p. 238, John **Fradan** vs Isaac & Jacob **Vanmetre**, detinsee

p. 238, John **Hindman** vs Thomas **Rennick**, petition.

p. 239, Aaron **Price** vs Richard **Powell**, petition.

p. 239, John **Welton** assignee of Owen **Thomas** vs George **Potts**, petition.

p. 239, Robert **Worthington** vs Cornelius **Cormeger**, assumption.

p. 239, Robert **Warth** vs Hugh **Parrell**, debt.

p. 239, Robert **Wilson** vs John **Neelands**, assumption.

p. 239, John **Harris** vs Enoch **Anderson**, petition.

p. 239, James **Carter** assignee of Peter **Robinson** vs Joseph **Robins**, petition....attorney George **Johnstone**.

p. 239, Josiah **Scott** vs William **Miller**, petition.

p. 239, John **Hite** & Jacob **Hite** assignee of William **Myers** assignee of Daniel **Cole** vs George **Williams**, debt.

p. 239, John **Quin** vs Gawin **Black**, trespass.

p. 240, John **Littler** vs Edward **Mercer**, petition.

p. 240, John **Littler** vs Robert **Worthington**, petition.

p. 240, Jesse **Pugh** vs Nicholas **Mercer**, trespass.

p. 240, Jesse **Pugh** vs Edward **Mercer**, trespass.

p. 240, Martin **Gryber** assignee of Conrad **Drippay** assignee of Jacob **Graft** vs John **Buriss**, petition.

p. 240, William **Kelly** vs Thomas **Wilson**, petition.

p. 240, Dunkin **Ogullion** & William **Caldwell** vs Ralph **Humphrey**, debt.

p. 240, William **Chetwynd** & company vs Barnard **Rhynault**, assumption.

p. 240, Nicholas **Coburn** vs John **Richardson**, petition.

p. 240, Nathaniel **Thomas** vs Samuel **Brittan**, petition.

p. 241, Frabzery **Summerford** vs John **Fradan**, debt.

p. 241, Daniel **Richardson** vs John **Rion**, assumption.

p. 241, Thomas **Cressap** vs John **Ellis**, petition.

p. 241, John **Smith** vs John **Miller**, petition.

present William **McMachen**

p. 241, Daniel **Stillwell** vs John **Duckworth**, debt.

p. 241, David **Kelly** vs Charles **Robinson**, debt.

p. 241, Jacob **Pratt** vs Richard **Crunk**.

p. 242, Daniel **Richardson** vs Enoch **Anderson**, attachment...called John **Rion**.

p. 242, Abseham **Job** vs George **Hiles**, attachment...called Barnet **McKensey**.

p. 242, William **Russell** vs William & Michael **Myers**, attachment... called Jonathan **Jaycocks**, Elizabeth **Dyer** & Joseph **Boggs**.

p. 242, James **Wood** vs Patrick **Mooring**.

p. 242, John **Jones** vs James **Brown**, attachment...called Richard **James**, Timothy **Haney**, Darby **Conely** & James **Cuningham**.

p. 242, Arthur **Buchanan** vs Robert **Dennin**, attachment...called James **Rutlidge**.

p. 242, Michael **Shaw** vs Michael & William **Myers**, attachment.

p. 242, Duncan **Ogullion** vs Michael & William **Myers**, attachment ...Jonathan **Jaycocks** attached estate...in hands of Peter **Hilton**,

Joseph **Boggs**, David **Myers** & Elizabeth **Dyer**.

p. 243, Neil **Ogullion** vs Robert **Black**, attachment...in hands of Joseph **Johnstone**, James **Arbuckle** & Jeremiah **Root**.

p. 243, appraisal of the estates of John **Hood**, Thomas **Turner**, Benjamin **Borden**, Con **Connerly**, John **Simcock** & Josiah **Jones**.

p. 243, Thomas **Postgate** to view road.

p. 243, Robert **McKay** to view road.

p. 243, Morgan **Morgan** to view road.

p. 243, Samuel **Brittan** paid as witness for William **Williams**.

p. 243, John **Smith** vs Jacob **Brooks**, assumption.

p. 243, Arthur **Buchanan** vs Morgan **Bryan**, debt.

p. 244, Patrick **Gillaspey** vs William **Miller** & Audley John **Smith**, debt.

p. 244, William **Mitchell** vs David **Dunbar**, attachment.

p. 244, John **Fradan** vs Jacob **Worthington**, assumption...security Robert **Worthington** & John **Smith**.

p. 244, George **Home** vs John **Neelans**, assumption.

p. 244, John **Hopes** vs John **Neelands**, debt.

p. 244, William **Griffiths** assignee of William **Roberts** vs Jacob **Worthington**, Patrick **Matthews** & Thomas **McLeduff**, debt.

p. 244, William **Mitchell** vs Joseph **Hatfield**, assumption.

p. 244, Thomas **Cressap** vs John **Johnstone**, debt.

p. 244, John **Smith** vs Robert **Crafts**, debt.

p. 244, William **Griffiths** assignee of Rachael **Hood** vs Isaac **Vanmetre**, debt.

p. 244, Jonathan **Hagor** vs John **Richardson**, assumption.

p. 245, William **McKay** vs John **Neelands**, assumption.

p. 245, Thomas **Tanner** vs William **Fearnley**, attachment.

p. 245, Thomas **Alford** vs Samuel **Grigg**, attachment.

p. 245, Nimrod **Hott** vs Thomas **Speeks**, attachment.

present Thomas **Swearingham**

p. 245, James **Burne** guilty of perjury.

p. 245, Jeremiah **Smith** vs William **Miller**, assumption.

p. 245, Thomas **Buck** vs Benjamin **Possey**, debt.

p. 245, Abraham **Hollingsworth** vs Catherine **Rogers**, trespass.

p. 245, Matthias **Silver** assignee of Mical **Cuigler** vs Thomas **Rutherford**, debt.

p. 245, George **Parish** vs Michael & William **Myers**, trespass.

p. 245, Walter **Thornberry** vs John **Evans**, debt.

absent Thomas **Swearingham**

p. 246, Morgan **Bryan** vs Arthur **Buchanan**, debt...settlement judged by Thomas **Swearingham**, Israel **Robinson** & Thomas **Berwick**.

p. 246, John **Smith** Jr. vs George **Johnstone**, debt.

p. 246, James **Newill** vs Roger **Burkham**, petition...security Duncan **Ogullion**.

p. 247, James **Cathy** administrator of John **Story**, deceased vs Thomas **Mcquire** & John **Caller**, debt.

p. 247, James **Cathy** vs Samuel **Taylor**, assumption.

p. 247, Isaac **Perkins** vs John **Campbell**, attachment.

p. 247, Peter **McHugh** vs William **Fearnley**, attachment.

p. 247, Humphrey **Jones** vs Thomas **Cherry**, attachment.

p. 247, William **Mitchell** vs John **Doones**, assumption.

p. 247, Richard **Lowder** vs John **Place**, attachment.

p. 247, Joseph **Carrol** assignee of Edward **Weatherby** assignee of Joseph **Pledger**, deceased vs John **Mead**, attachment.

p. 247, John **Neelans** vs George **Home**, assumption.

p. 247, John **Neelans** vs George **Home**, debt.

p. 247, John **Neelans** vs Isaac **Baker**, assumption.

p. 247, Henry **Dolan** vs William **Lee** & James **Winn**, attachment.

p. 248, Richard **Crunk** vs Thomas **Rennick**, debt...security John **Rion** & John **Upton**.

p. 248, Richard **Crunk** vs Thomas **Rennick**, debt.

p. 248, Richard **Crunk** vs Thomas **Rennick**, debt.

p. 248, Richard **Crunk** vs Thomas **Rennick**, petition.

p. 248, Richard **Crunk** assignee of John **Harris** vs John Peter **Salley**, petition.

p. 248, Thomas **Rennick** vs Jarvis **Hougham**, petition.

p. 248, John & Catherine **Fitzsimmons** vs James & Hannah **Glenn**, slander.

p. 248, James & Hannah **Glenn** vs John & Catherine **Fitzsimmons**, slander.

p. 248, Ralph **Falkner** & company vs Neil **Thompson**, assumption.

p. 248, Hugh **Ferguson** vs Peter **Cree**, petition.

p. 249, Hugh **Ferguson** vs Thomas **McLeduff**, petition.

p. 249, Edward **Williams** vs John **Walkiner**, petition.

p. 249, John **Neelans** vs John **Collins**, assumption.

p. 249, John **Collins** vs Peter **McHugh**, assumption.

p. 249, Peter **McHugh** vs Solomon **Hedges**, assumption.

p. 249, John **Walker** vs John **Cotange**, petition.

p. 249, John **Harris** vs Joseph **Cloud**, petition.

p. 249, Vincent **Lewis** vs William **Halley**, petition.

p. 249, Peter **Caforty** vs John **Crouch**, assumption.

p. 249, James **Cathy** assignee of James **Berry** vs John **Collins**, assumption.

p. 250, Patrick **Quigley** vs Thomas **Rennick**, assumption.

p. 250, Cathbert **Harrison** vs Michael **Ryan**, petition.

p. 250, Michael **Pike** vs John **Megay**, petition.

p. 250, John **Mitchell** John **Self**, debt.

p. 250, Thomas **Stuart** vs John **Wood**, assumption.

p. 250, Thomas **Chester** vs John **Self**, petition.

p. 250, Thomas **Hart** vs Barnet **Linsey**, petition.

p. 250, John **Mitchell** vs Garrot **Oneal**, petition.

p. 251, Lewis **Stephens** vs John **Bryan**, debt.

p. 251, John **Hardin** vs Samuel **Brittan**, debt...security Lewis **Thomas** & Robert **Worthington**.

p. 251, John **Hardin** vs John **Wilcox**, assumption.

p. 251, John **Hardin** vs Christopher **Gibson**, assumption.

p. 251, John **Hardin** vs Alexander **Steward**, petition.

p. 251, William **Mitchell** assignee of Patrick **Rylay** assignee of Thomas **Farmer** vs John **Anderson** & John **Demoss**, petition.

p. 251, John **Mitchell** assignee of John **Doones** vs Richard **Lowder**, petition.

p. 251, John **Hite** vs Samuel **Timmons**, debt.

p. 252, William **Williams** vs Robert **Worthington**, Lewis **Thomas** & Samuel **Brittan**, debt...security James **McCracken**.

p. 252, William **Williams** vs Robert **Worthington**, assumption... witness John **Smith**.

p. 252, William **Williams** vs Lewis **Thomas** & Robert **Worthington**, petition.

p. 252, Phillip **Bable** vs Thomas **Rutherford**, petition.

p. 252, John **Fradan** vs Samuel **Brittan**, petition.

p. 252, William **Pickett** vs Daniel **Burnett**, assumption.

p. 252, William **Pickett** vs Joseph **Robins**, assumption.

p. 252, Abraham **Penington** vs Joseph **Roberts**, assumption.

p. 252, James **McCracken** assignee of George **Potts** assignee of John **Edwards** vs John **Richardson**, petition.

p. 252, George **White** vs Jeremiah **Borden**, petition.

p. 253, John **Smith** vs Israel **Friend**, petition.

p. 253, Richard **James** vs John **Quin**, slander.

p. 253, Patrick **Matthews** vs Archibald **Craig**, slander.

p. 253, Elizabeth **Milburn** vs John **Neelans**, petition.

p. 253, Walter **Shirley** vs William **Jay**, petition.

p. 253, Robert **Worthington** vs John **Price** vs John **Midler**, petition.

p. 253, Robert **Worthington** vs Thomas **Rutherford**, assumption.

p. 253, **Zimerman** vs Thomas **Rutherford**, assumption.

p. 253, John **Neelans** vs George **Smith**, attachment...in hands of Robert **Edge**.

p. 253, Jacobus **Johnson** vs Thomas **Buttoner**, attachment.

p. 254, Bryan **Roark** vs William **Miller**, attachment...in hands of John **Neil** & Henry **Snichers**.

p. 254, William **Davis** vs William **Miller**, attachment...in hands of James **McCrachen**.

p. 254, John **Mitchell** vs William **Huntsman**, attachment...in hands of John **Poor** & John **Constant**.

p. 254, Patrick **Matthews** vs Michael **Atkinson**, attachment.

p. 254, appraisal of estates of David **Kelly** & Abel **Pearson**.

p. 254, grand jury vs Thomas **Rutherford**, breach of the peace.

p. 254, grand jury vs Jeremiah **Smith**.

p. 254, grand jury vs John **Gaymes**.

p. 254, grand jury vs Robert **Edge**.

p. 254, grand jury vs William **Frankum**.

p. 255, grand jury vs Christopher **Marr**.

p. 255, grand jury vs Thomas **Weekley**.

p. 255, grand jury vs John **Wood**.

p. 255, grand jury vs Isaac **Perkins**.

p. 255, James **McCracken** vs Henry **Berry**, debt...security Joseph **Carter**.

p. 255, Thomas **Rutherford** vs John **Dalton**, assumption.

p. 255, Hugh **Neal** vs John **Quin**, slander.

p. 255, Garrot **Oneal** vs **Osburn**, petition.

p. 255, Robert **Green**, gentleman vs John **Quin**, petition.

p. 255, Hugh **Parrell** vs Frederick **Gabbarth**, petition.

p. 255, Hugh **Ferguson** vs William **Grant**, slander.

p. 255, John **Neill** vs Richard **Crunk**, assumption.

p. 256, Deborah **Borden** vs Peter & Christean **Woolf**, battery.

p. 256 Deborah **Borden** vs Peter & Christean **Woolf**, slander.

p. 256, Patrick **Matthews** vs Michael **Atkinson**, petition.

p. 256, Joseph **Brun** vs John **Neelands**, petition.

p. 256, John **Caines** vs John **Hughes**, petition.

p. 256, William **Green** vs Archibald **Craig**, trespass.

p. 256, John **Hardin** vs John **Self**, debt...security Phillip **Self** & Robert **Beason**.

p. 256, John **Hardin** vs Thomas **Wilson**, petition.

p. 256, John **Hardin** vs George **Martin**, petition.

p. 256, James **McCracken** vs Evan **Morgan**, petition.

p. 256, James **McCracken** vs Thomas **Anderson**, debt.

p. 257, Barbara **Rankins** vs Peter **Williams**, slander...security John **Hampton**.

p. 257, Thomas **Hart** vs Samuel **Brittan**, petition.

p. 257, Thomas **Hart** vs Samuel **Darks**, petition.

p. 257, Thomas **Hart** vs Robert **Fap**, petition.

p. 257, Thomas **Hart** vs Joshua **Cart**, petition.

p. 257, William **Mitchell** vs John **Jones** & Samuel **Isaacs** Jr., trespass.

p. 257, Richard **Crunk** vs Abraham **Reele**, slander.

p. 257, Colvert **Anderson** assignee of Samuel **Holliday** vs Peter **Demoss** & John **Hampton**, petition.

p. 258, John **Osborne** vs John **Graham**, petition.

p. 258, John **Smith** vs John **Jones** & James **Brown**, petition.

p. 258, James **McKay** vs Darby **Morphey**, trespass.

p. 258, Christopher **Nation** vs Jeremiah **Borden**, debt...security Edward **Rogers**.

p. 258, Jacob **Hite** vs John **Haman**, petition.

p. 258, Jonathan **Curtis** vs Peter **Demoss**, petition.

p. 258, William **Mitchell** & company vs William **Jolliff**, petition.

p. 258, Peter **Beller** vs John **Simons** by William **Mitchell** his father's next friend..

p. 258, James **McKee** vs Elizabeth **Pearson** administrator of Abel **Pearson**, deceased.

p. 259, Johmael **Moody** vs John **Nelands**, assumption.

p. 259, Charles **Buck** vs Joseph **Green**, attachment.

p. 259, John **Hardin** vs John **Davis**, attachment...in house of Christopher **Marr**.

p. 259, John **Dalton** vs James **Bounds**, attachment.

p. 259, John **Hardin** vs James **Bounds**, attachment.

p. 260, James **Ross** vs David **Dunbar**, attachment...in hands of John **Ryan**, John **Beaver**, George **Potts** & John **Upton**.

p. 260, John **Hardin** vs John **Crawson**, attachment.

p. 260, John **Hite** vs James **Bounds**, attachment.

p. 260, James **McKee** vs Richard **Holden**, attachment...in hands of Abraham **Penington** & John **Maddin**.

p. 260, Thomas **Chester** vs James **Bounds**, attachment.

p. 260, Thomas **Chester** vs John **Crowson**, attachment.

    court adjourned.

p. 261, 5 January, 1744, present Thomas **Chester**, Marquis **Calmes**, Lewis **Neill**, David **Vance** & Thomas **Swearingham**.

p. 261, Arthur **Dolphin** charged with entering house of James **Cattlett**...witness George **Bounds**, Thomas **Postgate** & Thomas **Timmons**.

p. 261, 12 January, 1744, present Morgan **Morgan**, Andrew **Campbell**, Meredith **Helms**, Thomas **Chester**, Marquis **Calmes** & Solomon **Hedges**.

p. 262, Patrick **Mooring** & James **Fitzsimmons** a servant belonging to James **Wood** charged with stealing gunpowder...indebted Andrew **Caldwell**, David **Monroe** & Mary **Aldridge**...indebted Dunkin & Ann **Ogullion**.

p. 262, 15 February, 1744, present Morgan **Morgan**, Marquis **Calmes**, Lewis **Neill**, Thomas **Chester** & William **McMachen**.

p. 262, James **McCronals** charged with felony...witness James **Hogeland**, Samuel **Williamson**, Richard **Hogeland** & James **Johnson**.

p. 263, 5 March, 1744, present Morgan **Morgan**, Andrew **Campbell**, Lewis **Neill**, John **White**, Thomas **Chester**, Marquis **Calmes**, William **McMachen** & John **Lindsey**.

p. 263, Hugh **Randall** charged with felony.

p. 263, Colvert **Anderson** deed to James **Anderson**.

p. 263, George & Elizabeth **Hobson** deed to George **Hobson** Jr.

p. 263, George & Hannah **Hobson** Jr. deed to George & Elizabeth **Hobson**.

p. 263, John **Branson** & Thomas **Branson** administrators of will of Thomas **Branson**.

p. 264, Robert **McCay** Jr., Bathany **Haines**, John **Painter** & Charles **Baker** to appraise the estate of Thomas **Branson**.

p. 264, Thomas **Armstrong** servant boy of Andrew **Campbell** is seven years old.

p. 264, Thomas **Chester**, David **Vance** & Andrew **Campbell** recommended for office of sheriff.

p. 264, Administration of estate of Samuel **Williams** granted to Jacob **Penington**...security by John **Linsey** & Thomas **Branson**.

p. 264, Thomas **Chester**, Samuel **Earle**, Charles **Baker** & George **Bounds** to appraise the estate of Samuel **Williams**.

p. 264, Jacob **Coser** granted license.

p. 264, Francis **Fowler** appointed constable.

p. 264, George **Homes** surveys county.

p. 264, Joseph **Carter** appointed constable.

p. 264, John **Baker** appointed constable.

p. 264, Evan **Watkins** granted license...security John **Settler** & Peter **McHugh**.

p. 265, Richard **Lane** appointed constable.

p. 265, Robert **McCoy** Jr. appointed constable.

p. 265, John **Funk** deed to Matthew **Funk**.

p. 265, John **Funk** deed to Jacob **Funk**.

p. 265, John **Funk** deed to Martin **Funk**.

p. 265, John **Funk** deed to Adam **Funk**.

p. 265, John **Funk** deed to John **Funk** Jr.

p. 265, John **Funk** deed to Henry **Funk**.

present Thomas **Swearingham**

absent Thomas **Chester** & John **White**

p. 265, Samuel **Earle** to petition Prince William Co., Va. for road to meet at Manasses Run.

p. 265, Robert **Green** & John **Newport** to petition Orange Co., Va. for road to meet at Woods River.

court adjourned

p. 265, 6 March, 1744, present Andrew **Campbell**, William **McMachen**, John **White**, John **Linsey** & Thomas **Swearingham**.

p. 265, William **Crisp** deed to Ralph **Wither**.

present

Thomas **Chester**, Marquis **Calmees**, Lewis **Neil** & Meredith **Helms**

absent Andrew **Campbell**

p. 266, set whiskey rates.

p. 266, Jacob **Chrisman** appointed constable.

p. 266, James **Wright** Jr. appointed constable...Thomas **Bable** order to sheriff.

p. 266, Richard **Dowdle** servant man of Andrew **Campbell** to serve six years.

present George **Hoge**

p. 266, Gabriel **Jones** ordered road viewed by John **Linsey**, Isaac **Penington** & Samuel **Morris**.

present Morgan **Morgan**

absent William **McMachen** & George **Hoge**

p. 267, Hugh **Randals** & James **McConals** found guilty of stealing.

p. 267, Robert **Green** vs John **Quin**, petition.

p. 267, Walter **Denny** vs Thomas **McQuier**, debt.

p. 267, William **Mitchell** & Samuel **Walker** securities of estate of Abel **Pearson**...Elizabeth **Pearson** summoned.

p. 267, Thomas **Ashby** Jr. deed to John **Ashby**.

p. 267, William **Sheppard** & John **Baldwin** guilty of hiding Ute **Perkins**.

p.267, William **Sheppard**, William **Mitchell** & Jeremiah **Jack** in debt.

p. 268, James **Newell** account to Roger **Burkham**.

p. 268, Zereiah **Borden** power of attorney to Benjamin **Borden**.

court adjourned

p. 268, 7 March, 1744, present Marquis **Calmes**, John **Linsey**, William **McMachen**, Thomas **Swearingham** & Meredith **Helms**.

p. 268, Francis **Funk** against her husband Jacob **Funk**.

p. 268, Jacob **Funk** & Robert **Warth** in debt.

present Andrew **Campbell** & John **White**

p. 268, James **Rutledge** petition.

p. 268, John **Doones** vs Michael **Shaw**, slander.

p. 268, George **Bowman** vs Samuel **Brumigem**, assumption.

p. 268, John **Stevenson** vs George **Johnstone**, petition.

p. 269, James **Porteus** vs Thomas **McQuire**, petition.

p. 269, Christopher **Chemney** vs Thomas **Wheatley**, petition.

p. 269, Christopher **Chemney** vs Samuel **Kite**, petition.

p. 269, Christopher **Chemney** vs Joseph **Robins**, assumption.

p. 269, Christopher **Chemney** vs Joseph **Robins**, debt.

p. 269, Christopher **Chemney** vs Benjamin **Posey**, assumption.

p. 269, John **Doones** vs Garrot **Oneal**, slander.

p. 269, Ralph **Falkner** vs John **Rain**, petition.

p. 269, Ralph **Falkner** vs John **Collins**, petition.

p. 270, Ralph **Falkner** vs Richard **Crunk**, petition.

p. 270, Ralph **Falkner** vs Walter **Denning**, assumption.

p. 270, Ralph **Falkner** vs Solomon **Hedges**, petition.

p. 270, William **Mitchell** witness for Ralph **Falkner**.

p. 270, William **Williams** vs Samuel **Brittan**, case.

p. 270, William **Williams** vs Samuel **Brittan**, debt.

p. 270, David **Potts** vs George **Johnstone**, case.

p. 270, John **Newport** vs Edward **Rogers**, petition.

p. 271, John **Newport** vs Elizabeth **Pearson** administrator of Abel **Pearson**, deceased, petition.

p. 271, John **Newport** vs Benjamin **Posey**, petition.

p. 271, Robert **Hayes** vs John **Quin**, debt.

p. 271, James **Porteus** vs John **Quin**, slander.

p. 271, John **Allen** vs Patrick **Morring**, debt.

p. 271, James **Rutledge** vs William **Miller**, petition.

p. 271, Michael **Pike** vs John **Megay**, petition.

p. 271, John **Harris** vs Joseph **Cloud**, petition.

p. 271, John **Harris** vs Enoch **Anderson**, petition.

p. 271, John **Quin** vs James **Porteus**, trespass.

p. 271, John **Quin** vs James **Porteus**, trespass.

p. 272, John **Waker** vs John **Colang**, petition.

p. 272, Andrew **Scott** vs Benjamin **Posey**, judgement.

p. 272, Andrew **Ross** vs John **Frost**, petition.

p. 272, Thomas **Rutherford** vs John **Woodfin**, case.

p. 272, John **Hardin** vs Samuel **Earle**, case.

p. 272, John **Hardin** vs Thomas **Wilson**, petition.

p. 272, Christopher **Zimerman** vs Lewis **Thomas**, petition... attorney John **Newport**.

p. 272, Edward **Spencer** vs George **Rose**, petition.

p. 273, Arthur **Buchanan** bill of sale to Edward **Smout** & Andrew **Campbell**.

p. 273, Isaac **Baker** vs John **Neelands**, assumption...jury William **Mitchell**, James **McCracken**, Thomas **Ashley**, Thomas **Berewick**, John **Madden**, John **Collins**, David **Wilson**, Arthur **Buchanan**, Jeremiah **Jack**, Thomas **Mayberry**, Peter **Hedges** & Thomas **Orsburne**.

p. 273, William **Johnson** vs John **McCullen**, petition.

p. 273, Lewis **Stephens** vs George **Potts**, debt.

p. 273, Charles **Cavenaugh** vs John **Quin**, slander.

p. 273, John **Cains** vs John **Hughes**, petition.

p. 273, John **Hindman** vs Thomas **Rennick**, petition.

p. 273, Jael **Watts** vs George **Johnstone**, petition.

p. 274, William **Burk** vs George **White**, petition.

p. 274, Reuben **Paxton**, administrator of John **Simcocks**, deceased vs James **Davis**, chancey.

p. 274, Mary **Ross** vs Thomas **Eadmestone**, petition.

p. 274, Hugh **Parrell** vs Frederick **Gabbath**, petition.

p.274, William **Griffiths**, assignee of Jacob **Kinsor** vs John **Thomas**, petition.

p. 274, Josiah **Scott** vs William **Miller**, petition.

p. 274, Thomas **Rennick** vs Jarvis **Hougham**, petition.

p. 274, Michael **Shaw** vs John **Smith**, slander.

p. 274, Jeremiah **Jack** vs Thomas **Berwick**, trespass.

p. 274, John **Hardin** vs Thomas **Caine**, attachment...in hands of William **Hoge** Jr.

p. 275, Solomon **Knight** vs Samuel **Huff**, attachment.

p. 275, Daniel **Burnett** vs William **Rouse**, attachment.

p. 275, John **Collins** vs William **Miller**, attachment.

p. 275, appraisal of the estate of Benjamin **Borden**, Con **Connerly**, John **Simcock**, Josiah **Jones**, Jonas **Lum** & Abel **Pearson**.

p. 275, Marquis **Calmees**, John **Linsey** & John **Hardin** view road... road points: John **Hamon**, Thomas **Hamon**, Jonathan **Walker** & Robert **Hayes**.

p. 276, Zereiah **Borden** & Benjamin **Borden**, executors of estate of Benjamin **Borden** deed to Arthur **Barratt**.

p. 276, William **McMachen** to view road.

p. 276, Thomas **Chester** & Bethony **Haines** view road...road points: Thomas **Branson**.

p. 276, Thomas **Postgate** to view road.

p. 276, John **Mitchell** vs John **Doones**, assumption.

p. 276, Patrick **Matthews** vs Jacob **Worthington**, Benjamin **Borden** & Thomas **Branson**, debt...jury William **Mitchell**, Isaac **Hite**, John **Jones**, Lewis **Thomas**, Thomas **Berwick**, John **Upton**, David **Craig**, Thomas **Mayberry**, Job **Curtis**, Robert **Buckles**, Samuel **Devinny** & Thomas **Rennick**.

p. 277, Garrot **Pendergrass** vs John **Cock**, assumption.

p. 277, Hugh **Neal** vs George **Johnstone**, assumption.

p. 277, Hugh **Neal** vs George **Johnstone**, debt.

p. 277, Edward **Gray** vs George **Johnstone**, assumption.

p. 277, Jacob **Hite** vs John **Sheppard**, assumption.

p. 277, Casper **Wester** vs Thomas **Rutherford**, debt.

p. 277, Daniel **Burnett** vs James **Brown**, debt.

p. 277, William **Mitchell** & company vs John **Doones**, assumption.

p. 277, James **Welsh** vs Benjamin **Posey**, assumption.

p. 277, John **Neelands** vs George **Home**, petition.

p. 278, John **Rion** vs Vincent **Williams**, slander.

p. 278, Thomas **Waring** & son vs John **Crawson**...attorney William **Russell**.

p. 278, Thomas **Waring** & son vs Samuel **Timmons**, assumption, jury, William **Mitchell**, Isaac **Hite**, John **Jones**, John **Smith**, Thomas **Berwick**, John **Upton**, David **Craig**, Thomas **Mayberry**, Job **Curtis**, Robert **Buckles**, Samuel **Devinny** & Thomas **Rennick**.

p. 278, Samuel **Holady** vs William **Davis**, debt, jury, William **Mitchell**, Isaac **Hite**, John **Jones**, John **Smith**, Thomas **Berwick**, John **Upton**, David **Craig**, Thomas **Mayberry**, Job **Curtis**, Robert **Buckles**, Samuel **Devinny** & Thomas **Rennick**.

p. 278, William **Griffiths** vs Enoch **Anderson**, debt.

p. 278, John **Hite**, Jacob **Hite**, assignees of Jost **Hite** vs William **Jay**, debt, jury, George **Home**, James **McCracken**, John **Maddin**, Robert **Worthington**, Walter **Shurley**, Aaron **Price**, William **Fearnley**, David **Kelly**, Richard **Crunk**, John **Self**, David **Wilson** & Samuel **Isaacs**.

court adjourned

p. 279, 8 March, 1744, present, Morgan **Morgan**, Marquis **Calmees**, Meredith **Helms** & Thomas **Swearingham**.

P. 279, William **Mitchell**, assignee of David **Dunbar** vs John **Ryan**, debt, jury George **Home**, Joseph **Bozzo**, John **Madden**, Thomas **Berwick**, Aaron **Price**, John **Jones**, Francis **Tidwell**, Samuel **Isaacs**, Richard **Crunk**, John **Self**, Walter **Sherley** & Thomas **Rennick**.

p. 279, William **Hume** vs John **Campbell** & Andrew **Vance**, debt.

p. 279, John **Richardson** assignee of Thomas **Morgan** vs Edward **Rogers** & Peter **Woolf**, debt.

p. 280, Joseph **Williams** vs William **Williams**, trespass.

p. 280, Alexander **Ross** vs Samuel **Taylor**, debt.

p. 280, Henry **Hardin** vs Christopher **Marr**, debt.

p. 280, Thomas **Bucks** vs Joseph **Gilson**, petition.

p. 280, Charles **Bucks** witness for Thomas **Bucks**.

p. 280, Bayan **Roark** vs John **Asford**, slander.

p. 280, Samuel **Walker** vs Barnett **Linsey**, assumption.

p. 280, Isaac **Pennington** vs James **McKey**, slander.

present Thomas **Chester**

absent Meredith **Helms**

p. 280, Thomas **Potts** vs Thomas **Mayberry**, debt, jury, John **Hardin**, John **Hite**, Charles **Buck**, David **Wilson**, John **Collins**, John **Beaver**, Abraham **Dagert**, Hans **Hornback**, Robert **Buckles**, James **Arbuckle**, David **Kelly** & Jonathan **Hagor**.

p. 281, James **McCracken** vs John **Price**, attachment.

p. 281, Thomas **Waters** vs Thomas **Tanner**, attachment, jury John **Hardin**, John **Hite**, Charles **Buck**, David **Wilson**, John **Beaver**, Abraham **Dagert**, Hans **Hornback**, Robert **Buckles**, James **Arbuckle**, David **Kelly**, Jonathan **Hazor** & Joseph **Williams**.

p. 281, John **Hite**, Jacob **Hite**, assignees of Jost **Hite** vs William **Jay**, debt.

p. 281, John **Hite** vs William **Miller**, attachment.

p. 281, Hugh **Rankins** vs William **Tassey**, attachment.

p. 282, John **Hite** vs Joseph **Robins**, assumption, jury William **Mitchell**, John **Smith**, Arthur **Buchanan**, Thomas **Berwick**, Francis **Tidwell**, Thomas **Mayberry**, Joseph **Bazzo**, David **Craig**, Lawrence **Stephens**, William **Davis**, Hugh **Ferguson** & Robert **Buckles**.

p. 282, Hugh **Gilliland** vs William **Richey**, slander.

p. 282, William **Richey** vs Hugh **Gilliland**, assumption.

p. 282, Dunkin **Ogullion** vs Thomas **Doster**, debt.

p. 282, John **Doones** vs Samuel **Curtis**, trespass.

p. 282, John **Neelands** vs Bryan **Roark**, petition.

p. 282, John **Neelands** vs John **Miller**, debt.

p. 282, John **Neelands** vs Bryan **Roark**, assumption.

p. 282, William **Griffiths** vs Enoch **Anderson**, debt, jury, George **Homes**, James **McCracken**, John **Maddin**, Robert **Worthington**, Walter **Sherley**, Aaron **Price**, William **Fearnely**, David **Kelly**, Richard **Crunk**, John **Self**, Samuel **Isaacs** & John **Beaver**.

absent Meredith **Helms** & Thomas **Swearingham**

present Lewis **Neill**

p. 283, license to Elizabeth **Dyer**.

p. 283, William **Williams** vs Lewis **Thomas** & Robert **Worthington**, petition.

p. 283, Richard **Crunk** petition for road.

p. 283, Aaron **Price** vs Robert **Pewzey**, assumption, jury, George **Homes**, James **McCracken**, John **Maddin**, Robert **Worthington**, Walter **Sherley**, Aaron **Price**, William **Fearnely**, David **Kelly**, Richard **Crunk**, John **Self**, Samuel **Isaacs**, John **Beaver** & Thomas **Rennick**.

p. 283, George **Johnstone** vs Thomas **Postgate**, slander.

p. 283, John **Fradan** vs Jacob **Vanmetre**, detinsee.

p. 283, Robert **Wilson** vs John **Neelans**, assumption.

p. 284, John **Hite** to pay James **Burn** for witness against Joseph **Robins**.

p. 284, John **Hite** to pay Jost **Hite** for witness against Joseph **Robins**.

p. 284, William **Teaque** assignee of John **Baldwin** vs John **Shearer** & James **Davis**, debt...jury William **Mitchell**, John **Smith**, Arthur **Buchanan**, Thomas **Berwick**, Francis **Tidwell**, Thomas **Mayberry**, Joseph **Boggs**, David **Craig**, Lawrence **Stephens**, William **Davis**, Hugh **Ferguson** & Robert **Buckles**.

p. 284, Robert **Buckles** vs Samuel **Taylor**, trespass.

p. 284, Thomas **Morgan** vs John **Neelans**, petition.

p. 284, John **Quin** vs Gawin **Black**, trespass.

p. 284, John **Littler** vs Edward **Mercer**, petition.

p. 284, Jesse **Pugh** vs Nicholas **Mercer**, trespass.

p. 285, Martin **Gayter** assignee of ?? vs John **Burris**, petition.

p. 285, Dunkin **Aqullion** & Andrew **Caldwell** vs Ralph **Humfrey**, debt.

p. 285, William **Chetwynd** & company vs Barnard **Rhynault**, assumption.

p. 285, Nicholas **Osburn** vs John **Richardson**, petition.

p. 285, Jeffrey **Summerford** vs John **Fradan**, debt.

p. 285, Daniel **Richardson** vs John **Rion**, debt.

absent Thomas **Chester** & Marquis **Calmees**

p. 285, Daniel **Stillwell** vs John **Duckworth**, debt.

p. 285, John **Fradan** vs Jacob **Worthington**, assumption…jury William **Mitchell**, John **Smith**, John **Hite**, Thomas **Berwick**, Francis **Tidwell**, Thomas **Mayberry**, Joseph **Boggs**, David **Craig**, Lawrence **Stephens**, William **Davis**, Hugh **Ferguson**, Robert **Worthington** & Robert **Buckles**.

p. 285, William **Griffith** vs Jacob **Worthinton**, debt…jury, John **Hardin**, William **Mitchell**, John **Hite**, Thomas **Berwick**, Francis **Tidwell**, Thomas **Mayberry**, Joseph **Boggs**, David **Craig**, Lawrence **Stephens**, William **Davis**, & Robert **Buckles**.

p. 286, Jacob **Worthington**, Patrick **Matthews** & Thomas **McDuff** to pay John **Smith**, Robert **Worthington** & Jost **Hite** for witness against William **Griffith**.

p. 286, David **Kelly** vs Charles **Robinson**, debt.

p. 286, William **Griffith** assignee of Rachael **Hood** vs Isaac **Vanmetre**, debt…jury John **Hite**, John **Smith**, William **Mitchell**, David **Craig**, Hugh **Ferguson**, Lawrence **Stephens**, Joseph **Boggs**, Thomas **Berwick**, William **Davis**, Thomas **Mayberry** & Robert **Buckles**.

p. 286, Jonathan **Hazon** vs John **Richardson**…jury, John **Hardin**, Thomas **Ashby**, John **Hite**, John **Jones**, James **McCracken**, Robert **Allan**, Robert **Worthington**, Robert **Wilson** & Hugh **Ferguson**, David **Craig**, Lawrence **Stephens** & William **Davis**.

p. 287, John **Smith** vs Robert **Crafts**, debt.

p. 287, William **McKay** vs John **Neelans**, assumption.

p. 287, John **Smith** to pay Benjamin **Rutherford** as witness.

p. 287, Thomas **Fannen** vs William **Fearnleys**, attachment.

p. 287, Jeremiah **Smith** vs William **Miller**, assumption.

p. 287, Thomas **Bucks** vs Benjamin **Possey**, debt.

p. 287, Matthias **Selzer** assignee of Mical **Augler** vs Thomas **Rutherford**, debt.

p. 287, Walter **Thornberry** vs John **Evans**, debt.

p. 287, John **Smith** Jr. vs George **Johnstone**, debt.

p. 287, James **Cathy** vs Thomas **McQuire**, debt.

p. 288, James **Cathy** vs Samuel **Taylor**, assumption.

p. 288, Humphrey **Jones** vs Thomas **Cherry**, attachment.

p. 288, John **Neelans** vs Isaac **Baker**, assumption.

p. 288, Jacob **Pratt** vs Richard **Crunk**, debt.

p. 288, Daniel **Richardson** vs Enoch **Anderson**, attachment.

p. 288, Abraham **Job** vs George **Hite**, attachment.

p. 288, Dunkin **Ogullion** vs Michael & William **Myers**, attachment.

p. 289, William **Russell** vs Michael & William **Myers**, attachment... Joseph **Boggs** & Elizabeth **Dyer** discharged of attachment.

p. 289, John **Jones** vs James **Brown**, attachment.

p. 289, John **Rion**, Hornus **Hornback** & Abraham **Tegarden** witnesses for Jonathan **Hazor**.

p. 289, Abraham **Buchanan** vs Robert **Dennis**, attachment.

p. 289, Michael **Shaw** vs Michael & William **Myers**, attachment.

p. 289, Neill **Ogullion** vs Robert **Black**, attachment...Joseph **Johnson**, James **Arbuckle** & Jeremiah **Poor** witnesses.

p. 290, John **Smith** vs Jacob **Brooks**, assumption.

p. 290, Patrick **Gillaspie** vs William **Miller** & George **Smith**, debt.

p. 290, William **Mitchell** vs David **Dunbars**, attachment.

p. 290, George **Home** vs John **Neelans**, assumption.

p. 290, Thomas **Cressap** vs George **Johnstone**, debt.

court adjourned

p. 290, 9 March, 1744, present Morgan **Morgan**, Thomas **Chester**, Marquis **Calmees** & Meredith **Helms**.

p. 290, George **Johnstone** to oversee road.

p. 290, John **Harris** vs Jacob **Worthington**, debt.

p. 291, Thomas **Alford** vs Samuel **Greggs**, attachment.

p. 291, Nimrod **Holt** vs Thomas **Speaks**, attachment.

p. 291, Abraham **Hollingsworth** vs Catherine **Rogers**, trespass.

p. 291, James **Newell** vs Roger **Burcum**, petition.

p. 291, Richard **Lowther** vs John **Place**, attachment.

p. 291, Henry **Dolan** vs James **Weirs** & William **Lee**, attachment... witnesses John **Wood** & Walter **McDaniel**.

p. 291, John **Neelans** vs George **Homes**, assumption.

p. 291, John **Neelans** vs George **Homes**, debt.

p. 291, Richard **Crunk** vs Thomas **Rennick**, debt.

p. 291, Richard **Crunk** vs Thomas **Rennick**, debt.

p. 292, Richard **Crunk** vs Thomas **Rennick**, debt.

p. 292, Richard **Crunk** vs Thomas **Rennick**, petition.

p. 292, Ralph **Falkner** vs Neill **Thompson**, assumption... witness John **Rion** & Richard **Crunk**.

p. 292, Edward **Williams** vs John **Walkins**, petition.

p. 292, John **Neelans** vs John **Collins**, assumption.

p. 292, John **Collins** vs Peter **McHugh**, assumption.

p. 292, Peter **McHugh** vs Solomon **Hedges**, gentleman, assumption.

p. 292, Peter **Caforty** vs John **Crouch**, assumption.

p. 293, James **Cathy**, assignee of James **Berry** vs John **Collins**, assumption.

p. 293, Patrick **Quizley** vs Thomas **Rennick**, assumption.

p. 293, John **Mitchell** vs John **Self**, debt.

p. 293, Thomas **Stuart** vs John **Wood**, assumption.

p. 293, Lewis **Stephens** vs John **Bayan**, debt.

p. 293, John **Hardin** vs Samuel **Brittan**, debt... witness Lewis **Thomas** & Robert **Worthington**.

p. 293, John **Hardin** vs John **Wilcox**, assumption.

p. 293, John **Hardin** vs **Gilson**, assumption...security Thomas **Sharp**.

p. 293, John **Hite** vs Samuel **Timmons**, debt.

p. 293, William **Williams** vs Robert **Worthington**, Lewis **Thomas** & Samuel **Brittan**, debt...security James **McCracken**.

p. 294, William **Williams** vs Robert **Worthington**, assumption.

p. 294, Phillip **Babb** vs Thomas **Rutherford**, petition.

p. 294, John **Fradan** vs Samuel **Brittan**, petition.

p. 294, William **Peckett** vs Daniel **Burnett**, assumption.

p. 294, William **Peckett** vs Joseph **Robins**, assumption.

p. 294, Abraham **Penington** vs Joseph **Roberts**, assumption.

p. 294, George **White** vs Zeruiah **Borden**, petition.

p. 294, Walter **Thurley** vs William **Jay**, petition.

p. 294, Robert **Worthington** vs Thomas **Rutherford**, assumption.

p. 294, Christopher **Zimerman** vs Thomas **Rutherford**, assumption.

p. 294, John **Neelans** vs George **Smith**, attachment.

p. 295, Bryan **Roark** vs William **Miller**, attachment.

p. 295, William **Davis** vs William **Miller**, attachment.

p. 295, Patrick **Matthews** vs Michael **Atkinson**, attachment.

p. 295, Grand jury vs Jeremiah **Smith**.

p. 295, James **McCracken** vs Henry **Berry**, debt.

p. 295, Hugh **Neal** vs John **Quin**, slander.

p. 295, Hugh **Fergerson** vs William **Grant**, slander.

p. 295, John **Neill** vs Richard **Crunk**, assumption.

p. 296, John **Hardin** vs John **Self**, debt…security Philip **Self**

& Robert Breson.

p. 296, Barbara **Rankin** vs Peter **Williams**, slander.

p. 296, William **Mitchell** vs John **Jones** & Samuel **Isaacs** Jr., trespass.

p. 296, Richard **Crunk** vs Abraham **Reele**, assumption.

p. 296, John **Osborne** vs John **Graham**, petition.

p. 296, James **McKay** vs Darby **Murphey**, trespass.

p. 296, Christopher **Nation** vs Zeruiah **Borden**, debt.

p. 296, Peter **Beller** vs Jonathan **Seamon**, by William **Mitchell**, chancery.

p. 296, Johmael **Moody** vs John **Neelands**, assumption.

p. 296, John **Dalton** vs James **Bounds**, attachment.

p. 297, James **Ross** vs David **Dunbar**, attachment...witness John **Rion** & John **Beaver**.

p. 297, John **Hardin** vs James **Bounds**, attachment...witness Lawrence **Stephens** & George **Bounds**.

p. 297, John **Hardin** vs John **Crawson**, attachment...witness Lawrence **Stephens** & George **Bounds**.

p. 297, John **Hite** vs James **Bounds**, attachment...witness Robert **McCoy** Jr. & Lawrence **Stephens**.

p. 297, James **McKee** vs Richard **Holden**, attachment...witness John **Maddin** & Abraham **Pennington**.

absent Thomas **Chester**, present Lewis **Neill**

p. 298, Thomas **Chester**, gentleman vs James **Bounds**, attachment.

p. 298, Thomas **Chester**, gentleman vs John **Crowson**, attachment.

p. 298, John **Littler** to oversee road.

p. 298, James **Porteu** vs John **Nichols**, petition.

p. 298, Marquis **Calmes** vs Garrot **Oneal**, attachment...witness, Major **Bressley**, John **Hammond** & John **Hardin**.

p. 299, James **Porteu** vs Garrot **Pendergrass**, petition.

p. 299, John **Newport** vs Garrot **Pendergrass**, petition.

p. 299, George **Rose** vs William **Middleton**, debt.

p. 299, Evan **Wathins** vs Thomas **Cressap**.

p. 299, Thomas **Stevenson** vs David **Johnstone**, assumption.

p. 299, Aaron **Price** vs Richard **Powell**, petition.

p. 299, George **Chapman** vs Lewis **Thomas**, petition.

p. 299, Richard **Crunk** vs John **Collins**, petition.

p. 299, Richard **Crunk** vs James **Rutledge**, debt.

p. 299, Jeremiah Cloud vs Benjamin **Matthews**, assumption.

p. 299, James **Wood**, gentleman vs Richard **Crunk**, debt.

p. 299, William **Dobin** vs Patrick **Quizley**, petition.

p. 300, Peter **McHugh** vs John **Collins**, petition.

p. 300, Ralph **Falkner**, assignee of John **Rion** vs Stephen **Osborne**, petition.

p. 300, John **House** vs Israel **Friend**, assumption.

p. 300, William **Gardner** vs Samuel **Devinney**, trespass.

p. 300, Lawrence **Snape**, assignee of Isaac **Hite** vs Richard **Crunk**, debt.

p. 300, Robert **Worthington** vs Cornelius **Cornegers**, assumption.

p. 300, John **Mitchell** vs John **Doones**, assumption.

p. 300, Andrew **Campbell** vs John **Burras**, attachment.

p. 300, John **Grayham** vs Charles **Heat**, attachment.

p. 300, John **Fredan** vs Thomas **Mayberry**, debt.

p. 301, John **Neelens** vs John **Fredan**, assumption.

p. 301, John **Neill** vs Thomas **Provan** & Hugh **Parrel**, debt.

p. 301, Andrew **Campbell** vs Elizabeth **Dryer**, debt.

p. 301, Andrew **Campbell** vs Elizabeth **Dryer**, case.

p. 301, Andrew **Campbell** vs Jole **Curtis**, debt.

p. 301, Andrew **Campbell** vs Richard **Stevenson**, assumption.

p. 301, Andrew **Campbell** vs Patrick **Matthews**, debt.

p. 301, John **Littler** vs Jacob **Stanley**, petition.

p. 301, Hugh **Thompson** vs Thomas **Rennick**, petition.

p. 301, Robert **Kilkenson** vs Thomas **Rennick**, assumption.

p. 301, Andrew **Reed** vs Hugh **Ferguson**, debt.

p. 301, William **Blackburn** assignee of William **Miller** vs James **McCracken**, debt.

p. 301, George **Johnstone** vs Andrew **Campbell**, slander.

p. 302, George **Johnstone** vs Andrew **Campbell**, assumption.

p. 302, Andrew **Campbell** assignee of Henry **Chambers** vs Edward **Mercer**, petition.

p. 302, John **Carson** vs Andrew **Clemens**, petition.

p. 302, William **Sheppard** vs John **Ball**, detinsee.

p. 302, John **Gordon** vs John **Neelans**, assumption.

p. 302, Jacobus **Johnson** vs Abraham **Faisbe** & Daniel **Ross**, debt.

p. 302, Jeremiah **Borden**, Benjamin **Borden** & William **Fearnley** for Benjamin **Borden**, deceased vs Benjamin **Gorman**, debt.

p. 302, John **Linsey** vs John **Jones**, assumption.

p. 302, Robert **Warth** assignee of Gawin **Black** vs William **Blackburne**, petition.

p. 302, William & Sopties **Hughes** vs John **Quin**, petition.

p. 303, William **Renolds** vs James **McClellen**.

p. 303, Solomon **Hedges**, gentleman vs Simion **Jeishman**, assumption.

p. 303, Stephen **Osborne** vs Peter **Casse**, trespass.

p. 303, Simon **Linder** assignee of Peter **Beller** vs John **Burris**, petition.

p. 303, Jonathan **Curtis** vs Peter **Demoss**, petition.

p. 303, Daniel **Wilson** vs Thomas **Rennick**, assumption.

p. 303, John **Sweet** vs William **Frampcom**.

p. 303, John **Smith** vs George **Pemberton**.

p. 303, Arthur **Buchanan** vs Ute **Perkins**, attachment.

p. 303, Robert **Benhanan** vs John **Wilson**, attachment.

p. 303, William **Davis** vs William **Miller**, attachment.

p. 304, Thomas **Chester** vs William **Jones**, attachment, witness James **Byran**.

p. 304, James **Rutledge** vs William **Miller**, attachment.

p. 304, George **Johnstone** vs Garrot **Oneal**, attachment.

p. 304, John **Smith** vs Thomas **Hunt**, attachment.

p. 304, Walter **McDaniel** vs Edward **Brisko**, attachment.

p. 304, Edward **Brisko** vs John **Jones**, attachment.

p. 304, John **Harden** to pay Anne **Bounds** for witness against James **Bounds**.

p. 304, Jacob **Brooks** appointed constable.

court adjourned

p. 305, present David **Vance**, Lewis **Neill**, Marques **Calmes** & William **McMachen**.

p. 305, sheriff to call a grand jury.

p. 305, John **Hopes** granted license.

p. 305, David **Monroe** to be released as servant to Dunken **Ogullion**.

p. 305, John **Quin** claim against estate of Abel **Peerson**.

p. 305, Patrick **Berry** fined for beating William **Suitter**, fine paid by John **Ashby**.

p. 305, James **Cablet** to oversee road.

p. 305, John **Hite** & Jacob **Hite** assignee of Jost **Hite** vs Joseph **Robins**, debt.

p. 305, John **Hite** & Jacob **Hite** assignee of Jost **Hite** vs Hugh **Warren**, petition.

p. 306, John **Hite** & Jacob **Hite** assignee of Jost **Hite** vs William **Chester**, petition.

p. 306, John **Hite** vs George **Potts**, assumption.

p. 306, John **Hite** vs Samuel **Taylor**, debt...security Joseph **Williams**.

p. 306, Morgan **Bryan** vs John **Poer**, debt.

p. 306, Morgan **Bryan** vs Enoch **Freeland**, debt.

p. 306, Morgan **Bryan** vs Evan **Watkins**, debt.

p. 306, Morgan **Bryan** vs James **Davis** & Robert **Davis**, debt.

p. 306, Robert **Warth** assignee of Hugh **Devinny** vs Frederick **Gabard**, debt.

p. 306, Henry **Cramphin** Jr. vs Andrew **Marling**, petition.

p. 306, William **Johnson** petition to bind James & Rawley **Pritchett**.

p. 307, James **Hoges** vs Lewis **Demoss** & Peter **Demoss**, debt.

p. 307, James **Hoges** vs John **Neelands**, debt...security John **Madden**

p. 307, Anthony **Turner** vs William **Loften**, debt.

p. 307, Anthony **Turner** vs Robert **Worthington**, petition.

p. 307 Jacobus **Johnson** vs Abraham **Fresbee** & Daniel **Rober**, debt.

p. 307, William **Laycock** vs James **McCracken**, assumption.

p. 307, Thomas **Morgan** vs John **Brown**, slander.

p. 307, Robert **Sheddin**, merchant vs Edward **Thomas**, debt.

p. 307, Robert **Sheddin**, merchant vs Richard **Crunks**, debt...security John **Collins**.

p. 307, Robert **Sheddin**, merchant, vs Jacob **Funk**, debt.

p. 307, Robert **Sheddin**, merchant vs Francis **Fowler**, debt.

p. 308, Robert **Sheddin**, merchant vs Benjamin **Posey**, debt.

p. 308, Robert **Sheddin**, merchant vs Samuel **Timmons**, assumption.

p. 308, Daniel **Campbell** vs Richard **Crunks**, debt...security John **Collins**.

p. 308, Rebecca **Edgell**, assignee of Simon **Edgell**, deceased vs John **Pickings**, debt.

p. 308, George **Johnstone** vs Providence **Williams**, debt.

p. 308, George **Johnstone** vs John **Nicholas**, petition.

p. 308, George **Johnstone** vs Roger **Burkham**, petition.

p. 308, George **Johnstone** vs Daniel **Donahoe**, petition.

p. 308, George **Johnstone** vs David **Johnstone**, petition.

p. 308, William **Griffith** vs Richard **Robins**, assumption.

p. 309, William **Griffith** vs Robert **Pewsey**, assumption.

p. 309, Jeremiah **Williams** vs Thomas **Provin**, trespass.

p. 309, Adam **Reed**, merchant vs William **Stone**, petition.

p. 309, Adam **Reed**, merchant vs Phillip **Self**, assumption.

p. 309, Gilbert **Guilder** vs Ralph **Humpfrey**, petition.

p. 309, Samuel **Earle** vs John **Hardin**, slander.

p. 309, Jonathan **Seaman** an infant by William **Mitchell**, his father's friend vs Jonah **Seaman**, trespass.

p. 309, Lewis **Hoge** vs Hugh **Oneal**, case.

p. 309, Robert & Thomas **Dunlop** vs Benjamin **Posey**, debt.

p. 309, Aaron **Price** vs John **Ellis**, assumption.

p. 309, Aaron **Price** vs Richard **Powell**, petition.

p. 309, Michael **Pike** vs John **Megay**, petition.

p. 309, Andrew **Ross**, merchant vs John **Frost**, petition.

p. 310, James **McCracken** vs Evan & John **Thomas**, debt.

p. 310, James **McCracken** vs Thomas **Postgate**, debt...security Thomas **Chester**.

p. 310, John **Mitchell** assignee of Robert **Cuningham** vs Thomas **Rennick**, debt.

p. 310, Robert **Glen**, merchant vs John **Alford**, petition.

p. 310, Robert **Glen** vs James **Cuningham**, petition.

p. 310, Robert **Glen** vs Thomas **Branson**, petition.

p. 310, Richard **James** vs Benjamin **Posey**, debt.

p. 310, Richard **James** vs John **Maddin**, debt.

present Meredith **Helms**

absent Lewis **Neal**

p. 310, Edmund **Pendleton** vs Jeremiah **Borden**, Benjamin **Borden** & William **Fearnley**, assignee of Benjamin **Borden**, deceased, assumption.

p. 310, William **Suitter** vs Thomas **Ashby**, trespass.

p. 310, John **Hardin** vs Peter **Woolf**, trespass.

p. 311, Thomas **McLediefs** vs William **Laycock**, petition.

p. 311, Thomas **McLediefs** vs William **Laycock**, petition.

p. 311, John **Ashby** vs William **Suitter**, trespass.

p. 311, William **Wilson** vs Alexander **Ewell**, trespass.

p. 311, Nathaniel **Chapman** vs Joshua **Job**, petition.

p. 311, John **Brown** vs John **Neelands**, detinsee.

p. 311, Aaron **Price** vs John **White**, debt.

p. 311, William **Mitchell** vs John **Ryon**, debt.

p. 311, David **Potts** vs John **Neelands**, chancery.

p. 311, James **Porteus** vs John **Nichols**, petition.

p. 311, James **Porteus** vs Garrot **Pendergrass**, petition.

p. 311, John **Newport** vs Garrot **Pendergrass**, petition.

p. 312, William **Russell** vs William **Griffith**, assumption.

p. 312, William **Pickett** vs Dunkin **Ogullion** & Benjamin **Possey**, debt...Samuel **Earle** security.

p. 312, John **Smith** vs James **Coddip**, debt.

p. 312, John **Smith** vs John **Ellis**, petition.

p. 312, John **Sweet** vs Henry **Sneekers**, petition.

p. 312, John **Quin** vs Arthur **Buchanan**, petition.

p. 312, John **Neill** vs Robert **Hutchins**, debt...William **Neill** security.

p. 312, William **Hoge** Jr. vs John **Rian**, assumption.

p. 312, Robert **Worthington** attorney for William **Laycock** vs Thomas **McLediefs**, debt...William **Williams** security.

present John **Linsey**

p. 312, Thomas **Hart** deed of mortgage to Lewis **Neill**.

p. 313, Patrick **Gillaspie** vs Thomas **Robinson** & William **Mitchell**, debt...witness John **Sturman** & John **Newport**.

p. 313, John **Harris** vs Joseph **Cloud**, petition.

p. 313, John **Harris** vs Enoch **Anderson**, petition.

p. 313, Josiah **Scott** vs William **Miller**, petition.

p. 313, John **Neelands** vs Samuel **Fulton**, debt...Robert **Smith**

p. 313, John **Neelans** vs James **Porteus**, debt.

p. 313, Thomas **Gray** assignee of John **Denton** vs Benjamin **Blackburn**, debt...Archibald **Blackburn** security.

p. 313, George **Thurston** assignee of Simon **Linder** vs John **Burras**, petition.

p. 313, Christopher **Rhodium** vs John **Neelans**, petition.

p. 314, John **Ashby** vs George **Home**, petition.

p. 314, John **Fradan** vs Dunkin **Ogullion**, debt.

p. 314, John **Fradan** vs Samuel **Brittan**, debt.

p. 314, Hugh **Randals** vs Patrick **Ryley**, detinsee.

p. 314, James **McCronalds** vs Patrick **Ryley**, detinsee.

p. 314, Robert **Pewsey** vs Jacob **Vanmeter**, trespass.

p. 314, Arthur **Barrat** vs **Borden**, debt.

p. 314, Benjamin **Smith** vs William **Jones**, attachment.

p. 314, William **Davis** vs William **Miller**, attachment...witness Lewis **Thomas**.

p. 314, John **Hardin** vs Garrot **Oneal**, attachment...witness Christopher **Osbourn**.

p. 315, John **Doones** vs Garrot **Oneal**, attachment.

p. 315, James **McCaounalds** to serve James **Rutledge**.

p. 315, John **Smith** vs Thomas **Hunt**, attachment...witness Thomas

Postgate.

p. 315, Thomas **Postgate** vs James **Seaborn**, attachment.

p. 315, William **Griffith** vs Walter **Dearing**, attachment.

p. 315, appraisal of the estates of Benjamin **Borden**, Samuel **Williams**, Con **Connerly**, John **Simcocks**, Josiah **Jones** & Abel **Pearson**.

p. 315, William **McMachen** to view road.

present Thomas **Chester**

p. 316, Petition of Thomas **Branson**, Thomas **Thorntown**, Thomas **Sharp** Jr., John **Downton**, Edward **Churchman**, John **Branson**, Robert **McKay** Jr., Thomas **Sharp** Sr., Thomas **Hawkins**, Joseph **Harkin**, Mermaduke **Vickory**, Spencer **Jones**, William **Smith**, Bathany **Harris**, William **Ramor**, John **Duckworth**, John **Painter**, Thomas **Postgate**, William **Fearnley**, Hugh **Caneday**, John **Arledgo**, James **Saden**, Thomas **Alexander**, Edward **Cordis**, John **Gregory**, Abraham **Brandon**, Robert **Catlett**, William **Remey**, James **Kemper**, Benjamin **Gregory**, Christopher **Nations**, John **Nations** for a road. Overseer Samuel **Earle**

p. 316, Order of Thomas **Postgate** continued.

p. 316, John **Baker** made constable at home of Jonathan **Jaycocks**.

p. 316, Joseph **Carter** made constable of Marques **Calmees**'s precinct.

p. 316, Jacob **Brooks** made constable at home of Robert **Worthington**.

p. 316, James **Ross** made constable at home John **Upton**.

p. 316, Francis **Fowler** made constable.

p. 316, Richard **Lane** Jr. made constable

p. 316, Robert **McKay**, Jacob **Christman** & James **Wright** Jr. made constables.

p. 317, Elizabeth **Pearson**, administrator of the estate of Abel **Pearson** to provide security to William **Mitchell** & Samuel **Walker**.

p. 317, John **Doones** vs Michael **Shaw**, slander.

p. 317, Christopher **Chemmey** vs Joseph **Robins**, debt.

p. 317, Christopher **Chemmey** vs Joseph **Robins**, assumption.

p. 317, Christopher **Chemmey** vs Benjamin **Posey**, assumption.

p. 317, William **Williams** vs Samuel **Brittan**.

p. 317, John **Allan** vs Catharine **Moore**, debt.

p. 317, John **Harden** vs Samuel **Earle**.

p. 317, Thomas **Morgan** vs John **Neelans**, petition.

p. 317, Lewis **Stephens** vs George **Potts**, debt.

p. 317, Reuben **Paxton**, administrator of John **Simcock**, deceased vs James **Davis**, chancery.

p. 317, Michael **Shaw** vs John **Smith**, slander.

p. 318, Jeremiah **Jack** vs Thomas **Berwick**, trespass.

p. 318, John **Harden** vs Thomas **Cain**, attachment.

p. 318, Daniel **Burnett** vs William **Rousere**, attachment.

p. 318, John **Collins** vs William **Miller**, attachment...witness James **Coddy**.

p. 318, John **Mitchell** vs John **Doones**, assumption.

p. 318, Robert **Buckles** vs Samuel **Taylor**, trespass.

p. 318, Garrot **Pendergrass** vs John **Cock**, assumption.

p. 318, Hugh **Neal** vs George **Johnstone**, administrator of George **Hume**, deceased, debt.

p. 318, Edmund **Gray** vs George **Johnstone**, administrator of George **Hume**, deceased, assumption.

p. 318, Jacob **Hite**, gentleman vs John **Sheppard**, assumption.

p. 318, Isaac **Baker** vs John **Neelans**, assumption.

p. 319, Peter **Stephens** deed to Lawrence **Stephens**.

absent Thomas **Chester**

p. 319, Casper **Wister** vs Thomas **Rutherford**, gentleman, debt...jury John **Harden**, John **Hite**, William **Mitchell**, John **Mitchell**, Robert **Wilson**, James **Rutledge**, George **Bounds**, Samuel **Moore**, Henry **Snickers**, Samuel **Walker**, Lawrence **Stephens** & Jeremiah **Smith**...William **Russell** attorney.

p. 319, Samuel **Holaday** vs William **Davis**, debt.

p. 319, Daniel **Burnett** vs James **Brown**, debt.

p. 319, William **Mitchell** vs John **Doones**, assumption.

p. 319, James **Welsh** vs Benjamin **Posey**, assumption.

p. 319, William **Hume** vs John **Campbell**, debt.

p. 320, John **Neelands** vs George **Home**, petition.

p. 320, John **Richardson** assignee of Thomas **Morgan** vs Edward

Rogers & Peter **Woolf**, debt...jury Lewis **Stephens**, George **Algent**, William **Glover**, Thomas **Perry**, Thomas **Babbs**, Edward **Thomas**, Robert **White**, Thomas **Mason**, Isaac **Vanmetre**, David **Johnson**, Niell **Thomson** & Job **Curtis**.

p. 320, Alexander **Ross** vs Samuel **Taylor**, debt...security Joseph **Williams**.

p. 320, William **Hughes** vs James **Porteus**, petition.

present
Thomas **Chester**, Meredith **Helms** & John **Linsey**

absent William **McMachen**, gentleman

p. 320, Joseph **Williams** vs William **Williams**, trespass.

p. 320, Henry **Hardin** vs Christopher **Marr**, assumption...witness John **Hardin**.

p. 321, Samuel **Walker** vs Barnet **Linsey**, assumption.

p. 321, Isaac **Penington** vs James **Miller**, slander...jury John **Hardin**, William **Mitchell**, Robert **Wilson**, Samuel **Walker**, Robert **Worthington**, Isaac **Vanmetre**, Jeremiah **Smith**, Owen **Thomas**, Joseph **Williams**, Peter **Hedges**, Thomas **Mason** & Job **Curtis**.

p. 321, Thomas **Potts** vs Thomas **Mayberry**, debt.

p. 321, James **McCracken** vs John **Price**, attachment.

p. 321, Dunkin **Ogullion** vs Thomas **Dosber**, debt.

p. 321, John **Fradan** vs Isaac **Vanmetre**...jury James **Rutledge**, Jacob **Penington**, George **Bounds**, Edward **Mercer**, Lawrence **Stevens**, Jonathan **Curtis**, Nicholas **Mercer**, Hugh **Ferguson**, Ralph **Withers**, William **Blackburn**, John **Jones** & Thomas **Robinson**.

p. 321, Martin **Gayter**, assignee of Conrad **Dupay**, assignee of Jacob

Graft vs John **Burras**, petition.

p. 321, John **Quin** vs Gawin **Black**, trespass.

p. 322, John **Doones** vs Samuel **Curtis**, trespass.

p. 322, Robert **Wilson** vs John **Neelans**, assumption.

p. 322, Jesse **Pugh** vs Nicholas **Mercer**, trespass...jury John **Hardin**, William **Mitchell**, Robert **Wilson**, Samuel **Walker**, Thomas **Law**, Jeremiah **Smith**, James **Carter**, Joseph **Williams**, Remembrance **Williams**, Thomas **Mason**, Peter **Hedges** & Job **Curtis**.

p. 322, Jeffery **Summerford** vs John **Fradan**, debt.

P. 322, Dunkin **Ogullion** & Andrew **Caldwell** vs Ralph **Humfrey**,debt...jury James **Rutledge**, John **Mitchell**, Samuel **Devenny**, Thomas **Robinson**, George **Bounds**, Ralph **Withers**, John **Jones**, Jacob **Penington**, William **Blackburn**, Jonathan **Curtis**, Hugh **Ferguson** & Lawrence **Stephens**.

p. 322, William **Williams** vs Robert **Worthington**, Lewis **Thomas** & Samuel **Brittan**, debt.

p. 323, witnesses John **Fitzsimmons**, Catharine **Fitzsimmons**, Robert **Worthington** & Richard **James**, paid by John **Fradan** vs Isaac & Jacob **Vanmetre**.

p. 323, David **Kelly** vs Charles **Robinson**, debt...jury John **Hardin**, William **Mitchell**, Robert **Wilson**, Samuel **Walker**, Thomas **Law**, Jeremiah **Smith**, James **Carter**, Joseph **Williams**, Remembrance **Williams**, Thomas **Mason**, Peter **Hedges** & Job **Curtis**.

p. 323, John **Linsey**, Isaac **Penington** & Samuel **Morris** laid out road...Joseph **Wilkenson**, Francis **Carney**, Thomas **Colson**, William **Jumps**.

p. 324, William **Mitchell** appointed guardian of Jonathan **Seamon**, John **Seamon**, Pheabe **Seamon** & Elizabeth **Seamon** orphans of

Jonathan **Seamon**.

p. 324, Jonathan **Smith** vs William **Miller**, assumption...jury James **Rutledge**, John **Mitchell**, Samuel **Devenny**, Thomas **Walkins**, George **Bounds**, Ralph **Withers**, John **Jones**, Owen **Thomas**, William **Blackburn**, Jonathan **Curtis**, Hugh **Ferguson** & Lawrence **Stephens**.

p. 324, Abraham **Hollingworth** vs Catherine **Rogers**, trespass...jury John **Hardin**, William **Mitchell**, Robert **Wilson**, Isaac **Vanmetre**, Thomas **Law**, Jeremiah **Smith**, Daniel **Oneal**, Joseph **Williams**, Remembrance **Williams**, Thomas **Mason**, Peter **Hedges** & Job **Curtis**.

p. 324, Humphrey **Jones** vs Thomas **Cherry**, attachment...jury James **Rutledge**, John **Mitchell**, George **Bounds**, Thomas **Robinson**, Lawrence **Stephens**, Robert **Worthington**, James **Carter**, Owen **Thomas**, Hugh **Furguson**, Ralph **Withers**, Jonathan **Curtis** & Samuel **Walker**.

p. 325, Mathias **Seltzer** assignee of Micent **Lugler** vs Thomas **Rutherford**, debt...jury James **Rutledge**, Samuel **Walker**, Jonathan **Curtis**, Robert **Worthington**, Thomas **Robinson**, Hugh **Ferguson**, John **Jones**, Owen **Thomas**, Lawrence **Stephens**, George **Bounds**, Ralph **Withers** & James **McKee**.

p. 325, Waller **Thornberry** vs John **Evans**, debt.

p. 325, James **Cathy** vs Samuel **Taylor**, assumption.

p. 325, John **Neelans** vs Isaac **Baker**, assumption...jury Jonathan **Curtis**, George **Bounds**, Jeremiah **Smith**, Joseph **Williams**, Remembrance **Williams**, Peter **Hedges**, Isaac **Vanmetre**, Jacob **Penington**, Samuel **Morris**, Jacob **Brooks**, Job **Curtis** & James **McKee**.

p. 325, William **Chebwynd** vs Barnard **Rhynaulb**, assumption.

p. 326, Daniel **Richardson** vs Enoch **Anderson**, attachment.

p. 326, Abraham **Job** vs George **Hiles**, attachment.

p. 326, William **Russell** vs Michael & William **Myers**, attachment.

p. 326, John **Jones** vs James **Brown**, debt owed Richard **James** & James **Cuningham**.

p. 326, John **Hite** vs James **Bounds**, attachment.

p. 326, Thomas **Chester** vs William **Jones**, attachment.

p. 327, Arthur **Buchanan** vs Robert **Duncan**, attachment.

p. 327, Michael **Shaw** vs Michael & William **Myers**, attachment.

p. 327, Neil **Ogullion** vs Robert **Black**, attachment.

p. 327, John **Smith** vs Jacob **Brooks**, assumption.

p. 327, Patrick **Gillaspy** vs William **Miller** & Audley George **Smith**, debt.

p. 327, George **Home** vs John **Neelands**, assumption.

p. 327, Thomas **Caessap** vs John **Johnstone**, debt.

p. 327, Thomas **Alford** vs Samuel **Grigg**, attachment.

p. 327, Nimrod **Holt** vs Thomas **Speak**, attachment.

p. 327, Henry **Deling** vs William **Lee** & James **Winne**, attachment.

p. 327, John **Neelans** vs George **Home**, assumption.

p. 327, John **Neelans** vs George **Home**, debt.

p. 328, Ralph **Falkner** vs Neil **Thompson**, assumption.

p. 328, Edward **Williams** vs John **Walkins**, petition.

p. 328, James **Cathy** vs John **Collans**, assumption.

p. 328, Patrick **Quigley** vs Thomas **Rennick**.

p. 328, John **Mitchell** vs John **Self**, debt.

p. 328, Thomas **Stuart** vs John **Wood**, assumption...jury Jonathan **Curtis**, George **Bound**, Robert **Worthington**, John **McMachen**, Jacob **Penington**, Jeremiah **Smith**, Joseph **Williams**, Remembrance **Williams**, Thomas **Mason**, James **McKee**, Isaac **Vanmetre** & Job **Curtis**.

p. 328, John **Hardin** vs Samuel **Brittan**, debt...jury, James **Rutledge**, James **Coddy**, Humfrey **Jones**, Samuel **Mooris**, John **Hope**, Lewis **Stephens**, Darby **Morphey**, John **Jones**, John **Self**, William **Rankin**, Hugh **Neal** & William **Mitchell**...security Robert **Worthington**.

p. 329, Meredeth **Helms** vs John **Neelans**, petition.

p. 329, John **Hardin** vs John **Wilcox**, assumption.

p. 329, John **Hardin** vs Christopher **Gibson**, assumption...security Thomas **Sharp**.

p. 329, William **Williams** vs Robert **Worthington**, assumption...jury James **Rutledge**, James **Coddy**, Humfrey **Jones**, Samuel **Mooris**, John **Hope**, Lewis **Stephens**, Darby **Morphey**, John **Jones**, John **Self**, William **Rankin**, Hugh **Neal** & William **Mitchell**.

p. 329, Phillip **Bable** vs Thomas **Rutherford**, petition.

p. 329, Jacob **Penington** vs Joseph **Roberts**, assumption.

p. 330, John **Hardin** vs John **Self**, debt...jury, jury Jonathan **Curtis**, George **Bound**, Robert **Worthington**, John **McMachen**, Jacob **Penington**, Jeremiah **Smith**, Joseph **Williams**, Remembrance **Williams**, Thomas **Mason**, James **McKee**, Isaac **Vanmetre** & Job **Curtis**.

p. 330, Barbara **Rankins** vs Peter **Williams**, slander.

p. 330, James **McKee** vs Darby **Morphey**, trespass.

p. 330, Johmael **Moody** vs John **Neelands**, assumption.

p. 330, George **White** vs Jeremiah **Borden**, petition.

p. 330, Robert **Worthington** vs Thomas **Rutherford**, sheriff, assumption.

p. 330, Christopher **Zimerman** vs Thomas **Rutherford**, assumption.

p. 330, Hugh **Ferguson** vs William **Grand**, slander.

p. 331, Grand Jury vs. Jeremiah **Smith**.

p. 331, William **Mitchell** vs John **Jones** & Samuel **Isaacs** Jr., trespass.

p. 331, John **Osborne** vs John **Graham**, petition.

p. 331, Peter **Biller** vs Jonathan **Seamon**, by William **Mitchell**, chancery.

p. 331, John **Dalton** vs James **Bounds**, attachment...attorney John **Sturman**.

p. 331, John **Hardin** vs James **Bounder**, attachment.

p. 331, John **Neelans** made account of estate of Robert **Craig**.

p. 331, Thomas **Chester** attachment of estate of James **Bounds**.

p. 332, John **Hardin** vs John **Crowson**, attachment.

p. 332, Thomas **Perry**, Elizabeth **Perry**, George **Johnstone**, Lewis **Stephens**, John **Smith**, Jacob **Penington** & William **Williams** bond to William **Mitchell** & Samuel **Walker**.

p. 332, James **McKee** vs Richard **Holdin**, attachment.

p. 332, Thomas **Chester** vs James **Bounds**, attachment.

p. 332, Evan **Watkins** vs Thomas **Cressap**.

p. 332, Thomas **Stevenson** vs David **Johnstone**, assumption.

p. 332, John **Hause** vs Isreal **Friend**, assumption.

p. 332, John **Mitchell** vs John **Doones**, assumption.

p. 332, Andrew **Campbell** vs John **Burras**, attachment.

p. 333, John **Fredan** vs Thomas **Mayberry** & William **Westfal**, debt.

p. 333, John **Neelans** vs John **Fredan**, assumption.

p. 333, Andrew **Campbell** vs Elizabeth **Deyer**, debt.

p. 333, Andrew **Campbell** vs Elizabeth **Deyer**.

p. 333, Andrew **Campbell** vs Job **Curtis**, debt.

p. 333, Robert **Kelkerson** vs Thomas **Rennick**, assumption.

p. 333, Andrew **Reed** vs Hugh **Ferguson**, debt.

p. 333, William **Blackburn**, assignee of William **Miller** vs James **McCracken**, debt.

p. 333, Andrew **Campbell**, attorney for Henry **Chambers** vs Edward **Mercer**, petition.

p. 333, Jeremiah **Borden**, Benjamin **Borden** & William **Fearnley**, for estate of Benjamin **Borden** vs Benjamin **Gorman**, debt.

p. 333, John **Linsey**, gentleman vs John **Jones**, assumption.

p. 333, Stephen **Osbourn** vs Peter **Ceissac**, trespass & battery.

p. 334, Jonathan **Curtis** vs Peter **Demoss**, petition.

p. 334, John **Sweet** vs William **Frampcom**.

p. 334, John **Smith** vs George **Pemberton**, trespass.

p. 334, Marquis **Calmees** vs Garrot **Oneal**, attachment.

p. 334, Arthur **Buchanan** vs Ute **Perkins**, attachment.

p. 334, Robert **Benhanan** vs John **Wilson**, attachment.

p. 334, Marquis **Calmees**, Lewis **Neil**, Meredith **Helms** & John **Linsey** to appraise the estate of Samuel **Williams**.

p. 334, William **Mitchell** vs John **Ryans**.

court adjourned

p. 334, 7 May, 1745, present David **Vance**, Morgan **Morgan**, Andrew **Campbell**, William **McMachen**, Meredith **Helms**, John **White**, Thomas **Swearingham** & Israel **Robinson**.

p. 334, Lewis **Stephens** deed to Peter **Stephens**.

p. 335, James **Wood**, gentleman appointed surveyor.

p. 335, John **Ashley** vs Thomas **Timmons**, trespass.

p. 335, Gasham **Wooddall** vs William **Huns** & Jeremiah **Smith**, debt...security Owen **Thomas**.

p. 335, William **King** vs Robert **Brason**, petition.

p. 335, Adam **Reed** vs William **Stone**, petition.

p. 335, Andrew **Ross** vs John **Frost**, petition.

p. 335, Patrick **Ryley** vs Thomas **Rutherford**, trespass.

p. 335, William **Gardner** vs Samuel **Devinny**, trespass.

p. 335, Thomas **Buckner** vs Samuel **Devinny**, petition.

p. 336, Thomas **Buckner** vs Sarah **Bahan**, petition.

p. 336, James **Porteus** vs Garrot **Pendergrass**, petition.

p. 336, John **Newport** vs Garrot **Pendergrass**, petition.

p. 336, Reece **Price** vs Nicholas **Mercer**, trespass.

p. 336, Jacob **Penington** vs Joseph **Roberts**.

p. 336, Robert **Glenn** vs James **Cuningham**, petition.

p. 336, Robert **Glenn** vs Thomas **Branson**, petition.

p. 336, Nathaniel **Chapman** vs Abraham **Job**, petition.

p. 336, William **Williams** vs Robert **Worthington**, debt.

p. 337, Elnor **Frazier** vs John **Neelands**, assumption.

p. 337, Thomas **McDuff** vs William **Laycock**, petition.

p. 337, Lewis **Stephens** vs Jacob **Penington**, administrator of estate of Samuel **Williams**, petition.

p. 337, John **Neelans** vs John **Miller**, debt.

p. 337, Evan **Morgan** vs Joseph **Horsey**, debt.

p. 337, James **Porteus** vs John **Fradan**, assumption.

p. 337, William **Hoge** Jr. vs David **Stapler**, debt.

p. 337, John **Fradan**, assignee of Daniel **Stillwell** vs Jacob **Worthington**, petition.

p. 337, Nicholas **Mercer** vs Jeremiah **Smith**, petition.

p. 337, Gabriel **Meredith** vs Jacob **Penington**, debt.

p. 338, John **Neill** vs Hugh **Ferguson**, debt.

p. 338, George **Johnstone** vs John **Nicholas**, petition.

p. 338, George **Johnstone** vs Providence **Williams**, petition.

p. 338, George **Johnstone** vs Roger **Burkham**, petition.

p. 338, George **Johnstone** Daniel **Donahoe**, petition.

p. 338, Richard **Lane** Jr. appointed constable in the room of Cornelius **Newkirk**.

p. 338, Francis **Fowler** appointed constable in the room of John **Hampton**.

p. 338, Robert **McCay** Jr. appointed constable in the room of James **Beerer**.

p. 339, Jacob **Christman** appointed constable in the room of Stephen **Hotzenbella**.

p. 339, John **Hardin** vs Patrick **Matthews**, assumption.

p. 339, John **Hardin** vs John **Hammon**, assumption.

p. 339, John **Hardin** vs William **Smith**, assumption.

p. 339, John **Hardin** vs William **Carsey**, petition.

p. 339, John **Hardin** vs Daniel **Burnett**, petition.

p. 339, John **Hardin** vs Jacob **Standley**, petition.

p. 339, John **Hardin** vs William **Johnson**, petition.

p. 339, John **Hardin** vs James **Scott**, petition.

present John **White**

absent
Thomas **Chester**, Meredith **Helms**, Israel **Robinson**

p. 340, John **Hardin** vs William **Fearnley**, petition.

p. 340, John **Smith** vs John **Ellis**, petition.

p. 340, John **Harris** vs Joseph **Claud**, petition.

p. 340, Lewis **Neile**, gentleman vs Samuel **Brittan** & John **Fradan**, debt.

p. 340, Lewis **Neill**, gentleman, assignee of Thomas **Farmer** vs John **Fradan** & James **Davis**, debt....witness Robert **Worthington**.

p. 341, Richard **James** vs James **McKee**, slander.

p. 341, Aaron **Price** vs Richard **Powell**, petition.

p. 341, Robert **Brattan** vs Thomas **Cherry**, petition.

p. 341, Robert **Brattan** vs John **Madden**, petition.

p. 341, Johannes **Huykendall** vs Hugh **Ferguson**, petition.

p. 341, Hugh **Caldwell** vs Robert **Waller**, petition.

p. 341, John **Hite** & Jacob **Hite**, assignees of Jost **Hite** vs Hugh **Warren**, petition.

present Israel **Robinson**

absent John **White**

p. 341, Robert **Pewsey** vs Jacob **Vanmetre**, petition.

p. 341, Hugh **Caldwell** to pay John **Phillips** as witness.

p. 342, Samuel **Morris** vs Robert **Worthington**, petition.

p. 342, Charles **McDowell** deed to John **McDowell**.

P. 342, William **Chapman** granted license.

p. 342, John **Mitchell** vs Samuel **Brittan**, petition.

p. 342, Stephen **Hutzenbella** vs Samuel **Beason**, trespass.

p. 342, John **Champe** vs Isaacker **Willcocks**, attachment...witness Thomas **Alexander**.

p. 343, Richard **Crunk** appointed constable in the room of Neal **Hampton**.

p. 343, Grand Jury of Samuel **Earle**, John **Hardin**, William **Mitchell**, Edward **Rogers**, Peter **Woolf**, Charles **Baker**, Ralph **Weathers**, James **Davis**, Samuel **Walker**, John **McCormack**, Robert **Worthington**, Isaac **Penington**, Jacob **Penington**, Isaac **Hite**, Patrick **Gillampie**, Daniel **Burnett**, John **Funks**, Samuel **Morris**, Thomas **Hankins**, Jacob **Newanger**, Thomas **Cherry**, Thomas **Ashley**, Lewis **Stevenson** & Charles **McDowell** handed down cases against: Jonathan **Curtis**, William **Williams**, Robert **McCay** Jr., Jacob **Brooks**, Robert **Wilson**, George **Johnstone**, Isaac **Perkins**, Thomas **Mayberry**, Catherine **McDonald**, Elinor **Blackburn**, Mary **Duncan**, Jacob **Crisman**, Garfham **Woodal**, Abraham **Wiseman**, John **Huson**, Margret **Foster**.

p. 343, case against James **Burns** dismissed.

p. 344, case against John **Poulston** continued.

p. 344, case against Patrick **Mooring**...attorney Gabriel **Jones**.

p. 344, case against John **Miller**.

p. 344, Robert **Waller** vs Hugh **Caldwell**, attachment.

p. 344, estate of Samuel **Williams** appraised.

p. 344, oaths made by Hugh **Mitchell**, Benjamin **Posie**, Lewis **Tackett**, Hugh **Montgomery** & Richard **Folly**.

p. 344, William **Johnson** & William **Kersey** security for Catherine **McDaniels**.

present Lewis **Neil** & Israel **Robinson**

absent Marquis **Calmees** & William **McMachen**

p. 344, license to Samuel **Harris**.

p. 344, William **Mitchell** motion to have house of Thomas **Robinson**, deceased...by John **Hopes**.

p. 344, Caspar **Westar** vs Thomas **Rutherford**, debt...attorney George **Johnstone**.

p. 345, license to William **Snadan**...security Hugh **Parrell**.

court adjourned

p. 345, 8 May 1745, present Morgan **Morgan**, Andrew **Campbell**, Marquis **Calmees**, John **White**, Thomas **Swearingham** & Israel **Robinson**.

p. 345, Thomas **Little** appointed judge.

p. 345, Thomas **Chester**, David **Vance**, Thomas **Little**, Soloman **Hedges** & George **Hoge**, John **White**, Israel **Robinson**, Morgan **Morgan**, William **McMacken**, Lewis **Neill**, Meredith **Helms**, John

Linsey & Thomas **Swearingham** appointed to list of tithables.

p. 346, Marques **Calmes** vs Garrot **Oneal**, attachment.

p. 346, John **Dalton** vs George **Bounds**, attachment...attorney Gabriel **Jones** for Thomas **Chester** & John **Hite**.

present
Thomas **Chester**, William **McMacken**, Meredith **Helms** & John **Linsey**.

p. 346, indictment of John **Miller**...attorney Gabriel **Jones**...jury Thomas **Berwick**, Thomas **Morgan**, Ralph **Crafts**, James **Carter**, George **Thurston**, Jonathan **Jayces**, Thomas **Rennick**, Robert **Smith**, Robert **Wilson**, John **Richardson**, Lewis **Hoge** & Edward **Garrett**.

present Lewis **Neill**

absent
Andrew **Campbell**, Marquis **Calmes**
& Israel **Robinson**

p. 347, indictment of Patrick **Mooring**...jury John **Wilcocks**, James **Hill**, Enoch **Freeland**, Benjamin **Forman**, Hugh **Neal**, William **Blackburn**, James **Bruce**, Abraham **Wiseman**, Thomas **Lads**, Samuel **Holloday** & Hugh **O'Neal**.

p. 347, John **Hammon** deed to John **Hardin**.

p. 347, Thomas **Anderson** deed to Jonathan **Seamon**.

p. 347, license to Lyon **Sypmon**.

p. 347, John **Branson** & Jacob **Penington** for estate of Samuel **Williams**.

p. 347, Jonathan **Curtis** to stocks.

absent Meredith **Helms**

p. 347, Christopher **Oliver** is a vagrant

p. 347, John **Miller** in debt to Abraham **Wiseman**.

p. 348, Christopher **Oliver**, James **Bruce** & Duncan **Ogullion** in debt.

p. 348, Matthew **Wallace** & John **Harrison** make oath that they saw Neill **Ogullion** sign.

p. 348, Morgan **Bryan** vs Evan **Watkins**, debt.

p. 348, Morgan **Bryan** vs Enoch **Freeland**, debt.

p. 348, Jonathan **Curtis** fined.

p. 348, order James **Wood** take estate of Thomas **Robinson** now in hands of John **Hopes**.

p. 349, James **Bruce** appointed surveyor.

court adjourned

p. 349, 9 May 1745, present Morgan **Morgan**, Andrew **Campbell**, Marquis **Calmees**, John **White**, Thomas **Swearingham**, Thomas **Chester**, William **McMacken** & Israel **Robinson**.

p. 349, appraisement of estates of Thomas **Branson**, Con **Connerly**, John **Simcocks**, Josiah **Jones** & Abel **Pearson** returned.

p. 349, William **McMachen** & Thomas **Postgate** to view road.

p. 349, James **Ross** appointed constable in the room of John **Upton**.

p. 349, James **Wright** Jr. appointed constable.

p. 349, Richard **Polston** appointed constable.

p. 349, David **Monroe** vs Dunkin **Ogullion**, petition.

p. 349, church warden to bind Rosannah **Jackson**, daughter of William **Jackson** to Richard **Lowder**.

p. 350, John **Quin** vs Arthur **Buchanan**, petition.

absent Thomas **Chester**

p. 350, Thomas **Chester** vs John **Crawson**, attachment...attorney William **Russell**...to pay Lawrence **Stephens**.

p. 350, John **Hite**, Jacob **Hite** assignee of Jost **Hite** vs Joseph **Robins**, debt.

p. 350, John **Hite** vs George **Potts**, assumption.

p. 350, John **Hite** vs Samuel **Taylor**, debt.

p. 350, Morgan **Bryan** vs John **Poer**, debt.

p. 350, Morgan **Bryan** vs Samuel **Davis** & Robert **Davis**, debt...security James **Harlem**.

p. 351, Robert **Warth** assignee of Hugh **Devinny** vs Fredrick **Gabard**, debt.

p. 351, Michael **Shaw** vs Michael & William **Myers**, attachment...witness Jonathan **Jaycocks**.

court adjourned.

p. 351, 10 May 1745, present Morgan **Morgan**, Andrew **Campbell**, Marquis **Calmees**, John **White**, Thomas **Swearingham**, John **Linsey**, David **Vance**, William **McMachen** & Israel **Robinson**.

p. 351, Ralph **Crafts** found guilty.

p. 351, Hugh **West**, Thomas **Morgan**, James **McKee** & Elizabeth **McDaniel** owe fine.

court adjourned

p. 352, 10 May 1745, present Morgan **Morgan**, Marquis **Calmees**, John **White** & Israel **Robinson**.

P. 352, James **Hoge** vs Lewis & Peter **Demos**, debt.

p. 352, James **Hoge** vs John **Neelands**, debt....security John **Maddin**.

p. 352, Anthony **Turner** vs William **Loften**, debt.

p. 352, Jacobus **Johnson** vs Daniel **Rose**, debt.

p. 353, William **Laycocks** vs James **McCacken**, assumption.

present Andrew **Campbell** & Thomas Swearingham

p. 353, Thomas **Morgan** vs John **Brown**, slander.

p. 353, Robert **Sheddin**, merchant vs Edward **Thomas**, debt.

p. 353, Robert **Sheddin** vs Richard **Crunk**, debt.

p. 353, Robert **Sheddin** vs Jacob **Funks**, debt.

p. 353, Robert **Sheddin** vs Francis **Fowler**, debt.

p. 353, Robert **Sheddin** vs Benjamin **Posey**, debt.

p. 353, Robert **Sheddin** vs Samuel **Timmons**, assumption.

p. 353, Daniel **Campbell** vs Richard **Crunk**, debt.

p. 353, Rebecca **Edgell**, executor of Simon **Edgell**, deceased vs John **Pickings**, debt.

p. 353, William **Griffiths** vs Richard **Robins**, assumption.

p. 353, William **Griffiths** vs Robert **Pewsey**, assumption.

p. 354, Jeremiah **Williams** vs John **Provin**, trespass.

p. 354, Adam **Reid**, merchant vs Phillip **Self**, assumption.

p. 354, Gilbert **Gilder** vs Ralph **Humphries**, petition.

p. 354, Samuel **Earle** vs John **Hardin**, slander.

p. 354, Jonathan **Seaman**, infant by William **Mitchell**, his father's next friend vs Jonah **Seaman**, trespass.

p. 354, Lewis **Hoge** vs Hugh **O'Neal**, slander.

p. 354, Mason, Robert & Thomas **Dunlap** vs Benjamin **Posey**, debt.

p. 354, Aaron **Price** vs John **Ellis**, assumption...security Joseph **Morgan**.

p. 354, James **McCracken** vs Evan & John **Thomas**, debt...security Thomas **Doster**.

> present William **McMacken**
> absent Marquis **Calmees** & Meredith **Helm**

p. 355, James **McCracken** vs Thomas **Postgate**, debt...security John **Newport**.

p. 355, John **Mitchell**, assignee of Robert **Cuningham** vs Thomas **Rennicks**, debt...security John **Newport**.

p. 355, Robert **Glen** vs John **Allford**, petition.

p. 355, John **Burris** bill of sale to Andrew **Campbell**.

p. 355, Richard **James** vs Benjamin **Posey**, debt.

p. 355, Richard **James** vs John **Madden**, assumption.

p. 355, Edmund **Pendleton** vs Jeremiah **Borden**, Benjamin **Borden**,

William **Fearnley** executors of estate of Benjamin **Borden**, assumption.

p. 355, John **Hardin** vs Peter **Woolf**, trespass.

p. 355, William **Wilson** vs Alexander **Ewell** & John **Houston**, trespass.

p. 356, John **Brown** vs John **Neelands**, detinsee.

p. 356, Aaron **Price** vs John **White**, debt.

p. 356, William **Mitchell** vs John **Rion**, debt.

present John **White**

p. 356, David **Potts** vs John **Neelands**, chancery.

p. 356, William **Russell** vs William **Griffith**, assumption.

p. 356, William **Pickett** vs Dunkin **Ogullion** & Benjamin **Posey**, debt.

p. 356, John **Sweet** vs Henry **Sneekers**, petition.

p. 356, John **Neill** vs Robert **Hutchins**, debt.

p. 356, William **Hoge** Jr. vs John **Rion**, assumption.

p. 356, Robert **Worthington** assignee of William **Laycock** vs Thomas **McLeduff**, debt...security William **Williams**.

p. 356, John **Neelans** vs Samuel **Fulton**, debt.

p. 357, Patrick **Gillaspy** vs Thomas **Robinson** & William **Mitchell**, debt.

p. 357, John **Neelans** vs James **Porteus**, debt.

p. 357, John **Quin** vs Gawin **Black**, trespass...jury Thomas **Berwick**, James **McCracken**, Robert **Denner**, George **Thurston**, Richard **Morgan**, Thomas **Morgan**, Robert **Worthington**, John **Jones**, Peter **Case**, James **McKee**, Thomas **Cherry** & Job **Curtis**.

p. 357, Thomas **Gray** assignee of John **Denton** vs Benjamin **Blackburn**, debt.

p. 357, Christopher **Rhodum** vs John **Neelands**, petition.

p. 357, Duncan **Ogullian** to erect a building.

p. 358, Gawin **Black** to pay William **Vance** as witness.

p. 358, John **Quin** to pay Thomas **Eades** & John **Daves** as witness.

p. 358, John **Fredan** vs Duncan **Ogullion**, debt.

p. 358, John **Fradan** vs Samuel **Brittan**, debt.

p. 358, William **Davis** vs William **Miller**, attachment...witness Lewis **Thomas**.

p. 358, John **Smith** vs Thomas **Hunter**, attachment...witness Thomas **Postgate** & Samuel **Walker**.

p. 358, Thomas **Postgate** vs James **Seaborne**, attachment...witness George **Johnstone** & John **Steerman**.

p. 358, John **Doones** vs Michael **Shaw**, slander.

p. 359, Christopher **Chamney** vs Joseph **Robins**, debt.

p. 359, Christopher **Chamney** vs Joseph **Robins**, assumption.

p. 359, Christopher **Chamney** vs Benjamin **Pozie**, assumption.

p. 359, William **Williams** vs Samuel **Brittan**.

p. 359, John **Hardin** vs Samuel **Earle**.

p. 359, Thomas **Morgan** vs John **Neelans**, petition.

p. 359, Lewis **Stephens** vs George **Potts**, debt.

p. 359, Reuben **Paxton** administrator of estate of John **Simcock** vs James **Davis**, chancery.

p. 359, Michael **Shaw** vs John **Smith**, slander.

p. 359, Jeremiah **Jack** vs Thomas **Berwick**, trespass.

p. 359, John **Hardin** vs Thomas **Cain**, attachment.

p. 359, Daniel **Burnett** vs William **Rouse**, attachment.

p. 359, John **Collins** vs William **Miller**, attachment.

p. 359, John **Mitchell** vs John **Doones**, assumption.

p. 359, Robert **Buckles** vs Samuel **Taylor**, trespass.

p. 360, Hugh **Neale** vs George **Johnstone** administrator of estate of George **Hume**, assumption.

p. 360, Hugh **Neale** vs George **Johnstone** administrator of estate of George **Hume**, debt.

p. 360, Daniel **Burnett** vs James **Brown**, debt.

p. 360, William **Mitchell** vs John **Doones**, assumption.

p. 360, James **Welsh** vs Benjamin **Posey**, assumption.

p. 360, William **Hume** vs John **Campbell**, debt...jury William **Mitchell**, Peter **Cassey**, William **Jolliff**, John **Jones**, James **McCracken**, Robert **Denner**, Robert **Buckles**, Samuel **Walker**, Robert **Worthington**, James **McKee**, John **Mitchell** & Hugh **Neil**.

p. 360, Joseph **Williams** vs William **Williams**, trespass.

p. 360, Alexander **Ross** vs Samuel **Taylor**, debt.

p. 360, Henry **Hardin** vs Christopher **Marr**, debt...jury William **Mitchell**, Peter **Cassey**, William **Jolliff**, John **Jones**, James **McCracken**, Robert **Denner**, Robert **Buckles**, Samuel **Walker**, Robert **Worthington**, James **McKee**, John **Mitchell** & Hugh **Neil**.

p. 361, Samuel **Walker** vs Barnard **Linsey**, assumption...jury William **Mitchell**, Peter **Cassey**, John **Jones**, James **McCracken**, Robert **Denner**, Robert **Buckles**, Robert **Worthington**, John **Mitchell**, John **McCormack**, Thomas **Cherry**, Stephen **Osbourne** & Hugh **Neil**.

p. 361, James **McCracken** vs John **Price**, attachment.

p. 361, William **Chelwynd** Esq. & Company vs Barnard **Rhynault**, assumption.

p. 361, Dunkin **Ogullion**, John **Hopes**, John **Neeland** & Andrew **Caldwell** vs Thomas **Doster**, debt...jury Thomas **Berwick**, Robert **Black**, John **Harris**, William **McKee**, Aaron **Price**, George **Thurston**, Thomas **Rennick**, Thomas **Cherry**, John **Burris**, Job **Curtis**, John **Ramsey** and Thomas **Eades**.

p. 362, John **Doones** vs Samuel **Curtis**, trespass.

p. 362, Jeffrey **Summerford** vs John **Fredan**, debt...jury William **Mitchell**, James **McCracken**, John **McCormick**, John **Mitchell**, Hugh **Neal**, Robert **Buckles**, Robert **Denning**, Robert **Worthington**, Peter **Casey**, Stephen **Osbourne**, James **McKee** & John **Jones**.

p. 362, Neil **Ogullion** vs Robert **Black**, attachment.

p. 362, James **Cathy** vs Samuel **Taylor**, assumption.

p. 362, James **Cathy** vs John **Collins**, assumption.

p. 362, Patrick **Quizley** vs Thomas **Rennick**, assumption.

p. 362, John **Hardin** vs Christopher **Gibson**, assumption.

p. 363, Barbara **Rankins** vs Peter **Williams**, slander.

p. 363, James **McKay** vs Darby **Morphey**, trespass.

p. 363, Andrew **Campbell** vs Elizabeth **Dyer**.

p. 363, Andrew **Campbell**, gentleman vs Job **Curtis**, assumption.

p. 363, William **Blackburn** assignee of William **Miller** vs James **McCracken**, debt...jury William **Mitchell**, John **Mitchell**, Thomas **Cherry**, John **Jones**, Samuel **Walker**, Robert **Dennin**, James **McKee**, Peter **Casey**, Stephen **Osbourne**, Hugh **Neal**, Robert **Buckles** & John **McCormack**.

p. 363, John **Smith** vs George **Pemberton**, trespass.

p. 364, Daniel **Richardson** vs Enoch **Anderson**, attachment.

p. 364, Abraham **Job** vs George **Hites**, attachment.

p. 364, John **Jones** vs James **Brown**, attachment.

p. 364, Arthur **Buchanan** vs Robert **Dennin**, attachment.

p. 364, John **Smith** vs Jacob **Brooks**, assumption.

p. 364, Patrick **Gallaspay** vs William **Miller** & George **Smith**, debt.

p. 364, William **Russell** vs Michael & William **Myers**, attachment.

p. 364, Thomas **Cressap** vs John **Johnstone**, debt.

p. 364, Thomas **Alford** vs Samuel **Griggs**, attachment.

p. 364, Nimrod **Holt** vs Thomas **Speaks**, attachment.

p. 364, Henry **Doland** vs James **Wenn** & William **Lee**, attachment.

p. 365, Matthias **Selser** assignee of Mical **Augler** vs Thomas **Rutherford**, debt.

p. 365, Edward **Williams** vs John **Walkin**, petition.

p. 365, John **Mitchell** vs John **Self**, debt.

p. 365, John **Hardin** vs John **Wilcox**, assumption.

p. 365, Phillip **Babb** vs Thomas **Rutherford**, petition.

p. 365, Robert **Worthington** vs Thomas **Rutherford**, assumption.

p. 365, Christopher **Zimmerman** vs Thomas **Rutherford**, assumption.

p. 365, Hugh **Ferguson** vs William **Grant**, assumption.

p. 365, William **Mitchell** vs John **Jones** & Samuel **Isaacs** Jr., trespass.

p. 365, Peter **Beller** vs Jonathan **Seaman**, infant by William **Mitchell**, his father's best friend, chancery.

p. 365, John **Hardin** vs George **Bound**, attachment.

p. 365, John **Hardin** vs John **Crawson**, attachment.

p. 366, John **Smith** pay witnesses George **Thurston**, Robert **Worthington**, John **Ramsey**, John **McCormack** & James **McCracken**.

p. 366, James **McKee** vs Richard **Holden**, attachment...witnesses Abraham **Penington** & John **Maddin**.

p. 366, Evan **Watkins** vs Thomas **Cressap**, assumption.

p. 366, Andrew **Campbell** attorney for Henry **Chambers** vs Edward **Mercer**, petition.

p. 366, Thomas **Stevenson** vs David **Johnstone**, assumption.

p. 366, John **House** vs Israel **Friend**, assumption.

p. 367, Andrew **Campbell** vs John **Burras**, attachment.

p. 367, John **Fradan** & **Campbell** vs Thomas **Mayberry** & William estate, debt.

p. 367, John **Neelan** vs John **Fradan**, assumption.

p. 367, Robert **Kithenson** vs Thomas **Rennick**.

p. 367, Andrew **Reid** vs Hugh **Ferguson**, debt.

p. 367, Jeremiah **Borden**, Benjamin **Borden**, William **Fearnley** executors of estate of Benjamin **Borden** vs Benjamin **Foreman**, debt.

p. 367, John **Linsey**, gentleman vs John **Jones**, assumption.

p. 367, Stephen **Osbourn** vs Peter **Cassa**, trespass.

p. 367, John **Sweet** vs William **Frampcom**.

p. 368, Marquis **Calmes** vs Garrot **Oneal**, attachment.

p. 368, Arthur **Buchanan** vs Ute **Perkins**, attachment.

p. 368, Robert **Benhanan** vs John **Wilson**, attachment.

court adjourned

p. 368, 4 Jun 1745, present Morgan **Morgan**, Meredith **Helms**, William **McMachen**, John **Linsey** & Israel **Robinson**.

p. 368, last will of Arthur **Barrett** presented by Lydia **Barrett**...

witnesses James **Wright** Sr., Josiah **Ballenger** & Thomas **Wright**... security Isaac **Perkins** & John **Littler**.

p. 368, William **McMachen**, James **Wright**, Josiah **Ballenger** & John **Littler** to appraise **Barrett** estate.

p. 369, certificate for obtaining letters of administration of estate of Thomas **Robinson** granted to William **Mitchell**...securities William **Davis** & John **Smith**.

p. 369, Morgan **Morgan**, John **Hampton**, John **Smith** & Robert **Worthington** to appraise estate of Thomas **Robinson**.

p. 369, William **Williams** took oath.

p. 369, John **Herron** & William **Davis** to oversee road.

p. 369, John **Littler** & John **Sheppard** to oversee road.

p. 369, appraisal of estates of Thomas **Branson**, Con **Connerly**, John **Simcock**, Josiah **Jones**.

p. 369, Thomas **Postgate** to view road.

      present George **Hoge**

p. 369, William **Zeene** appointed constable.

p. 369, John & Sarah **Hite** deed to Gersham **Keys**.

   present Thomas **Chester**, David **Vance**
 & Marquis **Calmes**

p. 369, Grandjury vs Jonathan **Curtis**.

p. 370, Grandjury vs William **Williams**.

p. 370, Grandjury vs Robert **McKay**.

p. 370, Grandjury vs Jacob **Brooks**.

p. 370, Grandjury vs Robert **Wilson**.

p. 370, Grandjury vs Isaac **Perkins**.

p. 370, Grandjury vs George **Johnstone**.

p. 370, Grandjury vs Thomas **Mayberry**.

p. 370, Grandjury vs Catharine **McDaniel**.

p. 370, Grandjury vs Elizabeth **Blackburn**...child out of wedlock... security Gabriel **Jones**.

p. 370, Grandjury vs Mary **Duncan**...security John **Kersey**.

p. 371, Grandjury vs Jacob **Christman**.

p. 371, Grandjury vs Gersham **Woodall** & Abraham **Wiseman**.

p. 371, Grandjury vs John **Wilson**.

p. 371, Grandjury vs Margrett **Foster**.

p. 371, Rep. vs John **Poulston**.

p. 371, John **Ashley** vs Thomas **Timmons**, trespass.

p. 371, Gersham **Woodall** vs William **Huns** & Jeremiah **Smith**, debt.

p. 371, Patrick **Ryley** vs Thomas **Rutherford**, trespass.

p. 371, Giles & Sarah **Chapman** deed to James **Cromley**.

p. 371, Jacob **Hite** deed to Joseph **Hite**.

p. 372, William **Gardner** vs Samuel **Deviney**, trespass.

p. 372, Reese **Price** vs Nicholas **Price**, trespass.

p. 372, Jacob **Penington** vs Joseph **Roberts**, assumption.

p. 372, William **Williams** vs Robert **Worthington**, debt.

p. 372, Eenoi **Frezier** vs John **Neeland**, assumption.

p. 372, Lewis **Stephens** vs Jacob **Penington**, petition.

p. 372, John **Neelans** vs John **Miller**, debt.

p. 372, Evan **Morgan** vs Joseph **Horsey**, debt.

p. 372, James **Porteus** vs John **Fraden**, assumption.

p. 373, William **Hoge** Jr. vs David **Stapler**, petition.

p. 373, Gabriel **Meredith** vs Jacob **Penington**, debt.

p. 373, John **Neal** vs Hugh **Ferguson**, debt.

p. 373, John **Hardin** vs Patrick **Matthews**, assumption.

p. 373, John **Hardin** vs John **Hammon**, assumption.

p. 373, John **Hardin** vs William **Smith**, assumption.

p. 373, Lewis **Neill**, gentleman vs Samuel **Brittan** & John **Fradan**, debt.

p. 373, Lewis **Neill**, gentleman assignee of Thomas **Farmer** vs John **Fradan** & James **Davis**, debt.

p. 373, John **Peyton** vs Phillip **Pritchett**, attachment.

p. 374, Richard **James** vs James **McKey**, slander.

p. 374, Aaron **Price** vs Richard **Powell**, petition.

Court adjourned

p. 374, Wednesday, June 5, 1745, present Morgan **Morgan**, Andrew **Campbell**, William **McMachen**, Marquis **Calmes** & Israel **Robinson**.

p. 374, Cobus **Hogeland** to oversee road.

p. 374, Isaac & Mary **Perkins** deed of gift to Isaac **Malin**.

p. 374, Robert **Pewzey** vs Jacob **Vanmetre**, petition.

p. 375, Samuel **Morris** vs Robert **Worthington**, petition.

p. 375, John **Hite**, Jacob **Hite**, assignees of Jost **Hite** vs Joseph **Robins**, debt.

p. 375, John **Hite** vs George **Potts**, debt.

p. 375, Samuel **Timmons** vs John **Canaid**, attachment.

p. 375, Morgan **Bryan** vs John **Poer**, debt.

p. 375, Morgan **Bryan** vs James **Davis** & Robert **Davis**, debt.

p. 375, Robert **Warth** assignee of Hugh **Devinney** vs Frederick **Gabard**, debt.

p. 375, James **Hoge** vs Lewis **Demoss** & Peter **Demoss**, debt.

p. 375, James **Hoge** vs John **Neelands**, debt.

p. 375, William **Laycock** vs James **McCracken**, debt.

p. 376, Anthony **Turner** vs William **Loftin**, debt.

p. 376, Jacobus **Johnson** vs Abraham **Fresbie**, debt...witness Jeremiah **Jacks**.

p. 376, Robert **Shedden**, merchant vs Edward **Thomas**, debt.

p. 376, Robert **Shedden**, merchant vs Richard **Crunk**, debt...jury John **Madden**, Peter **Woolf**, Thomas **Buttler**, David **Kelly**, Hugh **Neal**, William **Bennett**, Jacobus **Johnson**, Matthew **Evans**, Richard **Paulson**, John **Brown**, John **Provance** & Jarvis **Doughty**.

present David **Vance**

p. 376, Robert **Shedden**, merchant vs Benjamin **Posie**, debt.

p. 377, Robert **Shedden**, merchant vs Francis **Fowler**, debt... surrender to William **Mitchell**.

p. 377, Robert **Shedden** vs Samuel **Timmons**, assumption.

p. 377, Rebecca **Edgell**, executor of Simon **Edgell**, deceased vs John **Pickings**, debt...jury John **Hardin**, Thomas **Berwick**, Peter **Case**, John **Jones**, William **Rennells**, James **Carter**, Robert **Warth**, Christopher **Marr**, Hugh **Parrell**, John **Collins**, James **Ross** & Thomas **Perry**.

p. 377, Daniel **Campbell** vs Richard **Crunk**, debt.

p. 377, William **Griffiths** vs Robert **Pewzey**, assumption.

p. 377, Adam **Reed**, merchant vs Phillip **Self**.

p. 377, William **Griffiths** vs Richard **Robins**, assumption.

p, 378, Jeremiah **Williams** vs John **Provin**, trespass.

p. 378, John **Hardin** vs Samuel **Earle**.

p. 378, Thomas & Robert **Dunlap** vs Benjamin **Posey**, debt.

p. 378, John **Mitchell** assignee of Robert **Cuningham** vs Thomas **Rennick**, debt...attorney John **Newport**.

p. 378, Richard **James** vs Benjamin **Posey**, debt.

p. 378, William **Mitchell** vs John **Rain**, debt.

p. 378, William **Russell** vs William **Griffiths**, assumption.

p. 378, Aaron **Price** vs John **Ellis**, assumption.

absent Morgan **Morgan**, Andrew **Campbell** & Marquis **Calmes**

p. 379, John **Brown** vs John **Neelands**, detinsee…jury John **Hardin**, Thomas **Berwick**, Peter **Case**, John **Jones**, William **Rennalls**, James **Carter**, Robert **Warth**, Christopher **Marr**, Hugh **Parrell**, James **Ross**, Thomas **Perry**, Daniel **Sutherlin**, William **Mitchell**, John **Mitchell**, Robert **Buckles**, Thomas **Ashley**, Edward **Thomas**, Lewis **Thomas**, Thomas **Butner**, James **Cuningham**, William **McKee**, John **Bruce**, Owen **Thomas** & Jacobus **Johnson**.

p. 379, James **McCracken** vs Evan **Thomas** & John **Thomas**, debt.

p. 379, James **McCracken** vs Thomas **Postgate**, debt.

p. 379, Richard **James** vs John **Maddin**, assumption.

p. 379, Edmund **Pendleton** vs Zeremiah **Borden**, Benjamin **Borden** & William **Fearnley** executors of the estate of Benjamin **Borden**, assumption.

p. 380, John **Hardin** vs Peter **Woolf**, trespass.

p. 380, William **Wilson** vs Alexander **Ewell** & John **Houston**, trespass.

p. 380, Aaron **Price** vs John **White**, debt.

p. 380, David **Potts** vs John **Neelans**, chancery.

p. 380, William **Pickett** vs Dunkin **Oqullion** & Benjamin **Posey**, debt.

p. 380, John **Sweet** vs Henry **Sneekers**, petition.

p. 380, John **Neill** vs Robert **Hutchins**, debt.

p. 380, William **Hoge** Jr. vs John **Rain**, assumption.

p. 381, John **Neelans** to pay **Merrefield** for witness.

p. 381, Dunkin **Ogullion** & James **Wood**, gentleman acknowledge their bond.

p. 381, Power of attorney from William **Saycock** to Robert **Worthington**.

p. 381, Robert **Worthington**, attorney for William **Saycock** vs Thomas **McCluff**...jury John **Madden**, Enoch **Freeland**, Thomas **Cherry**, Thomas **Barwick**, John **Jones**, Walter **Thorley**, John **Brown**, & James **Harrow**.

p. 381, Andrew **Reid** vs Hugh **Ferguson**, debt...witnesses Peter **Casea**, Thomas **Doster** & James **Resounder**.

p. 381, Robert **Allen** vs Hugh **Ferguson** & William **McKee**, debt.

court adjourned

p. 382, 6 June 1745, present Morgan **Morgan**, Andrew **Campbell**, Marquis **Calmes**, Meredith **Helms**, John **White** & Israel **Robinson**.

p. 382, John **Fradan** vs Dunkin **Ogullion**, debt.

p. 382, John **Fradan** vs Samuel **Brittan**, debt.

p. 382, William **Davis** vs William **Miller**, attachment.

p. 382, Thomas **Postgate** vs James **Seabin**, attachment.

p. 382, Christopher **Chamney** vs Joseph **Robins**, debt...witness George **Johnstone**.

p. 382, Christopher **Chamney** vs Joseph **Robins**, assumption.

p. 382, Christopher **Chamney** vs Benjamin **Posie**, assumption.

p. 383, Thomas **Morgan** vs John **Brown**, slander.

p. 383, Thomas **Gray**, assignee of John **Denton** vs Benjamin **Blackburn**, debt.

p. 383, Michael **Shaw** vs John **Smith**, slander.

p. 383, Jeremiah **Jack** vs Thomas **Berwick**, trespass.

p. 383, Robert **Buckles** vs Samuel **Taylor**, trespass.

p. 383, James **Porteus** fined.

p. 383, John **Quin** fined.

p. 383, Hugh **Neal** vs George **Johnstone**, assignee of George **Hume**, deceased, assumption.

p. 383, Hugh **Neal** vs George **Johnstone**, assignee of George **Hume**, deceased, debt.

p. 384, James **Bruce** to oversee road.

p. 384, Joseph **Williams** vs William **Williams**, trespass.

p. 384, Alexander **Ross** vs Samuel **Taylor**, debt.

p. 384, James **Cathy** vs Samuel **Taylor**, assumption.

p. 384, Hugh **Ferguson** vs William **Grant**, assumption.

p. 384, guardians to give account of their guardianship in August court.

p. 385, John & Elizabeth **White** Jr. to account for the estate belonging to the orphans of Bryant **McNamee**.

p. 385, Matthias **Selser**, assignee of Michael **Angler** vs Thomas **Rutherford**, debt...jury Andrew **Cook**, Darby **Morphey**, Patrick **Doughaty**, William **McKenny**, Daniel **Ross**, John **Collins**, William **Jollesse**, Robert **Cuningham**, James **Ross**, Matthew **Evans**, James **Cuningham** & James **Cathy**.

p. 385, John **Mitchell** vs John **Self**, debt...jury John **Madden**, Enoch **Freeland**, Thomas **Cherry**, Thomas **Barwick**, John **Jones**, Walter **Thorley**, John **Brown**, Thomas **Buckner**, William **Bennett**, James **Bruce**, John **Provin** & James **Harrow**.

p. 385, John **Feilder** indentured to Isaac **Perkins**.

p. 385, Thomas **Chester** fined.

p. 386, James **Cathy** vs John **Collins**, assumption.

p. 386, James **McKay** vs Darby **Morphey**, trespass.

p. 386, James **McKee** vs Richard **Holden**, attachment...jury Thomas **Barwick**, Thomas **Cherry**, James **Cuningham**, James **Bruce**, Patrick **Doughaty**, Jeremiah **Poor**, John **Brown**, John **Provin**, Darby **Morphey**, Thomas **Buckner**, William **Bennett** & Enoch **Freeland**.

p. 386, Andrew **Campbell** vs Elizabeth **Dyer**, debt.

p. 386, Andrew **Campbell** vs Job **Curtis**, debt.

p. 387, 7 June 1745, present Morgan **Morgan**, John **White**, Thomas **Chester**, and Israel **Robinson**.

p. 387, Samuel **Earle** vs John **Hardin**, slander.

p. 387, Lewis **Stephens** vs George **Potts**, debt.

p. 387, Reuben **Paxton**, administrator of John **Simcocks**, deceased vs James **Davis**, chancey.

p. 387, John **Hardin** vs Thomas **Cain**, attachment.

absent John **White** & Israel **Robinson**

p. 387, Daniel **Burnett** vs William **Rouse**, attachment.

P. 387, John **Collins** vs William **Miller**, attachment...James **Codey**.

p. 387, John **Doones** vs Samuel **Curtis**, trespass.

p. 387, sheriff to call William & Sarah **Stone** to answer to Samuel & Hantis **Giles**.

p. 387, William **Russell** vs Michael & William **Meyers**, attachment.

p. 388, John **Jones** vs James **Brown**, attachment.

p. 388, John **Smith** vs Jacob **Brooks**, assumption.

p. 388, Patrick **Gillaspie** vs William **Miller** George **Smith**, debt.

p. 388, Thomas **Alford** vs Samuel **Grigg**, attachment.
p. 388, Nimrod **Holt** vs Thomas **Speak**, attachment...attorney James **Burn**.

p. 388, Henry **Doland** vs William **Lee** & James **Winne**, attachment.

P. 388, John **Hardin** vs John **Wilcox**, assumption.

p. 388, Robert **Worthington** vs Thomas **Rutherford**, sheriff, assumption.

p. 389, Andrew **Linerman** vs Thomas **Rutherford**, assumption.

p. 389, Robert **Worthington** deed of mortgage & bond to Rebecca **Edgell** of Simon **Edgell** on the recommendation of Edward **Smout**.

p. 389, Andrew **Pitts** chose guardians Andrew **Campbell**, Ralph **Humfrey** & Thomas **Cherry**.

present John **White**

p. 389, William **Mitchell** vs John **Jones** & Samuel **Isaacs** Jr., trespass.

p. 389, Peter **Beller** vs Jonathan **Seaman**, infant by William **Mitchell**, his father's best friend, chancery.

p. 389, John **Hardin** vs James **Bound**, attachment.

p. 389, John **Hardin** vs John **Crawson**, attachment.

p. 389, Evan **Watkins** vs Thomas **Cressap**.

p. 389, Thomas **Stevenson** vs David **Johnston**, assumption.

p. 389, John **Hause** vs Israel **Friend**, assumption.

p. 390, John **Fraden**, Richard **Stevenson** & Daniel **Burretts** vs Thomas **Mayberry** & William **Vestal**, debt.

p. 390, John **Neelans** vs John **Fraden**, assumption.

p. 390, Robert **Kilkenson** vs Thomas **Rennick**, slander.

p. 390, Jeremiah **Borden**, Benjamin **Borden** & William **Fearnley**, of Benjamin **Borden** vs Benjamin **Foreman**, debt.

p. 390, Stephen **Osburne** vs Peter **Casea**, trespass.

p. 390, John **Smith** vs George **Pemberton**, trespass.

p. 390, Marquis **Calmes** vs Garrot **Oneal**, attachment.

p. 390, Arthur **Buchanan** vs Ute **Perkins**, attachment.

p. 390, Robert **Benhanan** vs John **Wilson**, attachment.

p. 390, letters of estate of Elener **Phipps** to William **Hoge** Jr…Joseph

Edwards, Jeremiah **Smith**, Darby **McKever** & James **Coddip** to appraise.

p. 391, William **Beaky** vs John **Hardin**, trespass.

p. 391, Arthur **Buchanan** vs Robert **Deming**, trespass.

p. 391, James **Porteus** vs Bayan **Roark**, covenant breaker.

p. 391, James **Porteus** vs William **Richey**, petition.

p. 391, James **Porteus** vs Robert **Peresey**, petition.

p. 391, James **Porteus** vs Edward **Tauze**, petition.

p. 391, James **Porteus** vs Garrot **Pendergrass**, petition.

p. 391, James **Porteus** vs John **Fitzimmons**, petition.

p. 392, John **Neeland** vs John **Bayant**, assumption.

p. 392, John **Neeland** vs John **Hewson**, debt.

p. 392, John **Neeland** vs John **Madden**, petition.

p. 392, Bayan **Roark** vs John **Madden**, petition.

p. 392, Sarah **Shepherd** vs John **Burras**, petition.

p. 392, Roger **Hunt** vs Jacob **Funk**, debt.

p. 392, Neil **Ogullion** vs Robert **Black**.

p. 392, Thomas **Buckner** vs Sarah **Batran**, petition.

p. 392, William **Johnson** vs Hugh **Ferguson**, petition.

p. 392, Lewis **Stephens** vs Henry **Snickers**, petition.

p. 393, Edward **Williams** vs John **Walkins**, petition.

p. 393, Robert **Johnstone**, administrator of John **Brown**, deceased vs William **Fearnley**, debt.

p. 393, William **McKay** vs Hugh **Ferguson**, debt.

p. 393, Michael **Stump**, Linnerd **Neafe** vs Richard **Crunk**. debt.

p. 393, Hugh **Mitchell** vs Richard **Folley**, petition.

p. 393, Hugh **Mitchell** vs Lewis **Tackett** Jr., assumption.

p. 393, Hugh **Mitchell** vs Benjamin **Posse**, assumption.

p. 393, George **Cawin**, assignee of Andrew **Mitchell** vs Dennis **McGines**, petition.

p. 393, John **Fredan** vs Hugh **Ferguson**, petition.

p. 393, Thomas **Cawin**, assignee of Joseph **Carter** vs Robert **Buckles**, petition.

p. 394, Martin **Garder** vs Patrick **Black**, petition.

p. 394, Willis **Mitchell** vs John **Ryan**, debt.

absent John **White** & Andrew **Campbell**

p. 394, Dunkin **Ogullion**, William **Machem** & Andrew **Campbell** bond.

p. 394, William **Mitchell** vs John **Russell** & Robert **Worthington**, debt...security Samuel **Walker**

p. 394, Temperance **Grant**, Patrick **Grant**, of Sereton **Grant**, deceased, assignees of Hugh **Davison** vs John **Neelans**, debt.

p. 394, Gashum **Wooddall** vs Thomas **Chester** & William

Blackburn.

p. 394, John **Hite**, Jacob **Hite**, assignees of Jost **Hite** vs Peter **Woolf**, debt.

p. 394, Walter **Thornberry**, assignee of Thomas **Seybaun**, petition.

p. 394, Lewis **Stephens** vs Edward **Rogers**, petition.

p. 394, George **Johnstone** vs Providence **Williams**, petition.

p. 395, George **Johnstone** vs John **Nicholas**, petition.

p. 395, John **Newport** vs Garrot **Pendergrass**, petition.

p. 395, Christopher **Neale** vs John **Neelan**, debt.

p. 395, John **Hite** vs John **Hardin**, debt.

p. 395, Thomas **Swearingham** vs John **Glain**, Lewis **Thomas**, William **Mitchell** & Robert **Worthington**, petition.

p. 396, Isaac **Hite** vs Hugh **Ferguson**, debt.

p. 396, Andrew **Ross** vs John **Frost**, petition.

p. 396, Robert **Allen** vs Hugh **Ferguson**, petition.

p. 396, James **Porteus** fined.

p. 396, Thomas **Gray** vs John **Provans**, petition.

p. 396, Robert **Allen** vs Hugh **Ferguson** & William **McKee**, debt.

p. 396, Francis **Fowler** vs Noah **Hampton**, debt.

p. 396, Robert **Shedden**, merchant vs Jacob **Funk**, debt.

p. 396, Nimrod **Holt** vs Benjamin **Posee**, debt.

p. 396, William **Neill** vs Lewis **Thomas**, petition.

p. 397, John **Venton** vs Lewis **Thomas**, petition.

p. 397, William **Grost**, assignee of William **Dillon** vs David **Jacocks**, petition.

p. 397, William **Cressup** vs Thomas **Bullocks**, debt.

p. 397, William **Picketts** vs James **Porteu**, debt.

p. 397, Richard **Poultney** vs Thomas & Elizabeth **Perry**, administrator of Abel **Pearson**, deceased, assumption.

p. 397, James **Cuningham** vs Edward **Boyd**, petition.

p. 397, James **Cuningham** vs Peter **Cockingdan**, petition.

p. 397, James **Cuningham** vs Thomas **McQuire** & James **Rutlidge**, debt.

p. 397, John **Piggott** vs Joseph **Bryan**, assumption.

p. 397, Joseph **Hawkins** vs John **Nelens**.

p. 398, Andrew **Campbell** vs David **Kelly**...witnesses John **Bosker**, Peter **Husky** & Henry **Howard**.

p. 398, Andrew **Campbell** vs Dunkin **Oqullion**, assumption.

p. 398, William **Roberts** & Andrew **Campbell** vs Dunkin **Oqullion** & Roger **Turner**, debt.

p. 398, Isaac **Perkins** vs Dunkin **Oqullion**, assumption...witness William **Mitchell**.

p. 398, Andrew **Campbell** vs Thomas **McLeduff**, petition.

p. 398, John **Campbell** vs John **Underwood**, petition.

p. 398, Enoch **Freeland** vs Elizabeth **Dyer**, debt.

p, 399, Andrew **Caldwell**, assignee of William **Caldwell** vs James, Robert & John **Cuningham**, debt.

p. 399, Robert **Buckles** vs John **Burroughs**, assumption.

p. 399, Thomas **Morgan** & James **McKee** vs Ralph **Crafts**, attachment.

p. 399, James **Bause** vs Christopher **Oliver**, attachment....witness Catherine **Fitzsimmons**.

p. 399, John **Doones** vs David **McKnight** & William **Rouse**, attachment.

p. 399, John **Hite** vs Samuel **Beason**, attachment.

court adjourned

6 August 1745

present Marquis **Calmes**, William **McMachen**, Meredith **Helms**, Jacob **Hite** & Solomon **Hedges**

p, 399, license to Ralph **Humfrey**.

p. 400, license to Arthur **Barrel**.

p. 400, James **Bruce** is overseer.

p. 400, Thomas **Colson** appointed constable in the room of Thomas **Linsey**.

p. 400, Richard **Arnold** appointed constable.

p. 400, Samuel & Hantis **Giles** vs William & Sarah **Stone**, petition.

p. 400, John **Counts** deed to Lewis **Stephens**.

p. 400, Thomas **Branson** estate appraised.

   present Morgan **Morgan**, David **Vance**, Israel **Robinson** & Thomas **Little**

p. 400, Samuel **Walker** vs Ralph **Thompson**, complaint.

p. 400, Andrew **Campbell** vs Dennis **McGinnis**, complaint.

p. 400, Appraisal of estates of Thomas **Robinson**, Con **Connerly**, John **Simcocks**, Josiah **Jones**, & Elenor **Phipps**.

p. 400, Jacob **Funk** deed to George **Dougharty**.

p. 401, Mary **Knight**...security John **Chemowith** & Abraham **Knight**.

p. 401, Morgan **Morgan**, Alexander **Ross**, John **Ross** & William **Clinoweth** to appraise estate of Solomon **Knight**.

p. 401, Jacob **Funk** deed to William **Dougharty**.

p. 401, Samuel **Earle** appointed overseer...with Thomas **Postgate**, Robert **Halfpenny**, James **Burn**, John **Painter**, John **Gregory** & Thomas **Alexander**.

p. 401, Grandjury vs Jonathan **Curtis**, William **Williams**, Jacob **Brooks**, Robert **Wilson**, Jacob **Christman**.

p. 402, Grandjury vs Thomas **Mayberry**, living with Elizabeth **Edwards**...jury John **Mitchell**, John **Hite**, John **Hampton** Sr., John **Hampton** Jr., John **Bruce**, Thomas **Berwick**, Thomas **Ashby**, Patrick **Matthews**, James **McKee**, Matthew **Brooks** & James **Hill**.

p. 402, Grandjury vs Margaret **Foster**.

p. 402, John **McClure** license as peddler.

p. 402, John **Ashby** vs Thomas **Timmons**, trespass.

p. 402, Jacob **Penington** vs Joseph **Roberts**, slander.

p. 402, William **Williams** vs Robert **Worthington**, debt.

p. 402, Elenor **Frazier** vs John **Nealand**, assumption.

p. 402, John **Neelans** vs John **Miller**, debt.

p. 402, Gabriel **Maifetts**, assignee of Joseph **Roberts** vs Jacob **Penington**, debt.

p. 402, John **Hardin** vs Patrick **Matthews**, assumption.

p. 403, John **Hardin** vs William **Smith**, assumption.

p. 403, William **Gardner** vs Samuel **Devinny**, trespass...jury John **Mitchell**, John **Hite**, John **Hampton** Sr., John **Hampton** Jr., John **Bruce**, Thomas **Berwick**, Robert **Wilson**, Thomas **Ashby**, Patrick **Matthews**, James **McKee**, Matthew **Brooks** and James **Hill**.

p. 403, James **Porteus** vs John **Fredan**, assumption...jury, Samuel **Timmons**, James **Davis**, John **Evans**, Thomas **Colson**, James **Boyle**, William **Francom**, Thomas **Timmons**, William **Stinson**, David **Wilson**, Christopher **Nation**, William **Richey** & John **Falconbourough**.

p. 403, Morgan **Bayan** vs John **Peer**, debt.

p. 403, Morgan **Bayan** vs James **Davis** & Robert **Davis**, debt.

p. 404, James **Hoges** vs Lewis **Demose**, debt...jury John **Mitchell**, John **Hampton** Sr., John **Hampton** Jr., John **Bruce**, Thomas **Law**, Thomas **Berwick**, Robert **Worthington**, Thomas **Ashby**, Patrick **Riley**, William **Blackburn**, Jeremiah **Williams** & James **McKee**.

p. 404, Lewis **Neill** vs Samuel **Brittan** & John **Fradan**, debt...jury John **Mitchell**, John **Hampton** Sr., John **Hampton** Jr., John **Bruce**, Thomas **Law**, Thomas **Berwick**, Robert **Worthington**, Thomas **Ashby**, Robert **Wilson**, Patrick **Riley**, William **Blackburn**, & James

McKee.

p. 404, Lewis **Neill** vs John **Fradan** & James **Davis**, debt.

p. 405, Robert **Pewsey** vs Jacob **Vanmeter**, petition.

p. 405, Samuel **Brittan** bill of sale to John **Littler**.

court adjourned

p. 405, Wednesday, 7 August 1745, present, Morgan **Morgan**, Lewis **Neill**, Meredith **Helms**, Thomas **Little** & Thomas **Swearingham**.

p. 405, Jacob **Funk** deed to Henry **Funk**, upon on motion of Jacob **Funk** Jr.

p. 405, Jacob **Funk** deed to Jacob **Funk** Jr.

p. 405, Jacob **Hite**, servant Richard **Mapen**, absent.

p. 406, Gersham **Heyshaw** has child with Margaret **Foster**.

p. 406, Benjamin **Borden**, deceased ordered.

p. 406, William **Mitchell**, guardian of orphans of Jonathan **Seaman**.

p. 406, John **White** Jr., over estate of Bayant **McNamse**.

p. 406, Robert **Bungardner** vs Frederick **Haws**, attachment.

p. 406, William **Kersey** to appear for petition of Joseph **Edwards**.

present Marques **Calmees**, John **White**, Israel **Robinson**

p. 406, Samuel **Morris** vs Robert **Worthington**, petition.

p. 406, James **Wood** pay John **Hardin** for building court house.

p. 406, James **Porteus**, William **Russell**, John **Quin**, Richard **Sprigg**,

George **Johnston**, John **Steerman**, John **Newport**, Edward **Roger** appointed.

p. 406, William **Russell** to Mr. **Parks** lodged with John **Gordan**.

p. 407, John **Hite** & Israel **Hite**, assignee of Jacob **Hite** vs Joseph **Robins**, debt.

p. 407, Samuel **Timmons** vs John **Canaid**, attachment.

p. 407, William **Laycock** vs James **McCeacken**, debt.

p. 407, Thomas **Morgan** vs John **Brown**, slander...jury John **Hardin**, John **Hite**, John **Mitchell**, William **Mitchell**, John **Wilcox**, Patrick **Riley**, Samuel **Timmons**, Samuel **Morris**, Robert **Worthington**, Walter **Shurley**, James **McKee** & Jeremiah **Poor**.

p. 407, Robert **Sheelden**, merchant vs Benjamin **Posie**, debt.

p. 407, John **Brown** pay Elizabeth **Candifts** for witness.

p. 407, Anthony **Turner** vs William **Loftin**, debt.

p. 408, Jacobus **Johnson** vs Abraham **Frinbys**, debt.

p. 408, Robert **Sheddin**, merchant vs Francis **Fowler**, debt.

p. 408, Rebecca **Edgell**, assignee of Simon **Edgell**, deceased vs John **Pickings**, debt.

p. 408, Jonathan **Cobourn** made oath to Abraham **Tegard**.

p. 408, William **Griffiths** vs Richard **Robins**, assumption.

p. 408, James **Hoge** vs John **Neelans**, assumption.

p. 408, William **Griffiths** vs Robert **Pewsey**, assumption.

p. 408, Aaron **Price** vs John **Ellis**, assumption...jury William

Mitchell, Thomas **Ashby**, Daniel **Southerland**, Samuel **Morris**, James **McKee**, Robert **Brittan**, William **Richey**, Jeremiah **Jack**, John **Connell**, Thomas **Hart**, Robert **Worthington**, & Thomas **Bulhner**.

court adjourned.

p. 409, Thursday, 5 August, 1745, present Morgan **Morgan**, Andrew **Campbell**, John **White** & Israel **Robinson**.

p. 409, John **Peyton** vs Phillip **Pritchett**, attachment.

p. 409, Morgan **Morgan** to take under his care, an idiot, Samuel **Hardin**.

p. 409, Jeremiah **Williams** vs John **Provin**, trespass.

p. 409, John **Hardin** vs Samuel **Earle**.

p. 409, Samuel **Earle** vs John **Hardin**, slander.

p. 409, James **McCracker** vs Evan **Thomas** & John **Thomas**, debt.

p. 409, James **McCracker** vs Thomas **Postgate**, debt.

p. 409, Richard **James** vs John **Maddin**, assumption.

p. 409, John **Hardin** vs Peter **Woolf**, trespass..

p. 410, William **Wilson** vs Alexander **Swamp** & John **Hougton**, trespass.

p. 410, Aaron **Price** vs John **White**, debt.

p. 410, William **Mitchell** vs John **Rain**, debt.

p. 410, David **Potts** vs John **Neelans**, chancery.

p. 410, William **Russell** vs William **Griffiths**, assumption...jury Thomas **Berwick**, Patrick **Matthews**, William **Bennett**, Morgan

Bryan, John **White** Jr., Walter **Shirley**, Richard **Stevenson**, Hugh **Ferguson**, Patrick **Black**, James **Bayles**, Remembrance **Williams** & Alex **Thomas**.

p. 410, John **Sweet** vs Henry **Snickers**, petition.

p. 410, John **Fradan** vs Dunkin **Ogullion**, debt...jury, John **Maddin**, David **Kelly**, James **Carter**, Thomas **Ashby**, Thomas **Postgate**, Lewis **Thomas**, Joseph **Williams**, Henry **Snickers**, Thomas **Rennick**, Richard **Lane**, Richard **Coulson** & James **Black**.

p. 411, John **Fradan** vs Samuel **Brittan**, debt...jury Thomas **Postgate**, David **Kelly**, James **Carter**, Thomas **Ashby**, Lewis **Thomas**, Joseph **Williams**, Henry **Sneakers**, Thomas **Renrick**, Richard **Lane**, Richard **Poulson**, James **Black** & John **Maddin**.

p. 411, Jeremiah **Jack** vs Thomas **Berwick**, trespass...jury James **Rutlidge**, Patrick **Matthews**, Richard **Stevenson**, William **Davis**, John **Lynn**, Jonathan **Colbaure**, Walter **Shirley**, John **Fradan**, William **Bennett**, John **Jones**, Thomas **Gray** & Hugh **Ferguson**.

p. 411, John **Sweet** pay William **Frampion** for witness.

p. 412, Aaron **Price** vs John **Ellis**, assumption.

p. 412, Joseph **Williams** vs William **Williams**, trespass...jury John **Maddin**, Joseph **Carter**, Robert **Wilson**, William **Rennalds**, David **Kelly**, Thomas **Morgan**, Francis **Fowler**, Patrick **Black**, Lewis **Stephens**, Jeremiah **Poor**, Richard **Lane** & Thomas **Brown**.

p. 412, Thomas **McCleduff** & John **Fradan** called to swear oath.

p. 412, Joseph **Williams** to pay Thomas **Ashby** Jr. & Remembrance **Williams** for witness.

p. 412, Jeremiah **Jack** to pay Jeremiah **Poor**, Daniel **Rose**, Morgan **Bryan** & Richard **Lane**, for witness.

p. 413, Peter **Hanks** takes oath.

p. 413, John & Anne **Lightfoot**, servants to Thomas **Rutherford**, ran away.

p. 413, Patrick **Mooring** to be servant to Thomas **Rutherford**.

p. 413, William **McKay** vs Hugh **Ferguson**, debt.

p. 413, Isaac **Hite** vs Hugh **Ferguson**, debt.

p. 413, John **Richardson** to pay William **Williams** as witness.

court adjourned

p. 414, Tuesday, 3 September, 1745, present, Morgan **Morgan**, Meridith **Helms**, David **Vance**, John **Linsey** & Israel **Robinson**.

p. 414, Thomas **Chester** made sheriff.

p. 414, Thomas **Rutherford** given oath.

p. 414, William **Green**, John **Smith**, & Robert **Rutherford** given oath.

p. 414, Elenor **Phipps** estate appraised.

p. 415, John **Harris**...security James **Wood**

p. 415, Jost **Dubs** given license...security Ralph **Humfrey** & Lewis **Stephens**.

p. 415, Thomas **Colson** appointed constable in room of Thomas **Linsey**.

p. 415, William **Davis** vs William **Miller**, attachment.

p. 415, William **Remy**, James **Kemp**, John **Vance**, John **Anderson**, Lancelott **Westcoat**, Thomas **Stone**, Joseph **Newton**, Thomas **Beys** Hugh **Beys**, William **Beys**, Samuel **Blackburn**, James **Young**, William **Evans** & David **Logan** to be added to tithables.

p. 416, William **Moodits**, John **Campbell**, Charles **Barnes**, John **Fredrick**, Isaac **White**, Andrew **Vance**, Thomas **Edwards**, John **Rogers**, Evan **Rogers**, Owen **Rogers**, John Keith, Henry **Bowen**, Henry **Bowen** Jr., David **Lewis**, John **Lewis**, Richard **Lewis**, John **Neil**, William **Allban**, Ralph **Humfrey**, Evan **Pugh**, Nicholds **Princeler**, Stephen **Minor**, Jacob **Taylor**, Daniel **Southerland**, John **Loarack**, John **French** & John **Newton** to be added to tithables.

p. 417, Abraham **Bird**, Providence **Williams**, Abner **Anderson**, Robert **Bennett**, John **Holkens**, William **Ross**, Nicholas **Crist**, David **Stepler**, Matthew **Black**, William **Rennalds**, John **Parks**, William **Neller**, John **Thomas**, George **Horner**, Roger **Parks**, William **Cape**, Joseph **Robins**, William **Rogers**, Zebulon **Hollins**, William **Glover**, John **Rion**, Richard **Crunk** & Joseph **Edwards** to be added to tithables.

p. 418, Andrew **Caldwell** given oath.

p. 418, will of John **Vanmetre** presented by Abraham **Vanmetre** & Jacob **Vanmetre**...estate to be appraised by Thomas **Hart**, Richard **Morgan**, Peter **Vancleaver** & John **Jkat**.

absent Thomas **Rutherford**

p. 418, Thomas **Postgate** vs James **Seabin**, attachment.

p. 418, William **Williams** vs Samuel **Brittan**.

p. 418, Thomas **Morgan** vs John **Neelans**, petition...witness John **Rogers**.

p. 418, George **Johnston** records his mark.

p. 418, Lewis **Stephens** vs George **Potts**, debt.

p. 418, Reuben **Paxton**, administrator of **Simcock** vs James **Davis**, chancery.

p. 418, John **Hardin** vs Thomas **Cain**, attachment.

p. 418, Daniel **Burnett** vs William **Rouse**, attachment.

p. 419, Robert **Buckles** vs Samuel **Taylor**, trespass.

p. 419, Jost **Hite** agreement to Maria Magdalina **Hite**, his wife.

p. 419, Hugh **Neal** vs George **Johnston**, debt.

p. 419, Thomas **Morgan** pay Lewis **Thomas**, Catherine **Rogers** & Ralph **Craft** for witness.

p. 419, John **Doones** vs Samuel **Curtis**, trespass.

p. 419, William **Russell** vs William & Michael **Myers**, attachment.

p. 419, John **Jones** vs Samuel **Brown**, attachment.

p. 420, John **Hardin** vs John **Wilespie**.

p. 420, Robert **Worthington** vs Thomas **Rutherford**.

p. 420, Christopher **Zimmerman** vs Thomas **Rutherford**.

court adjourned

p. 420, 7 September, 1745, present David **Vance**, Marquis **Calmes**, William **McMachein**, John **Linsey**, John **White**, Thomas **Swearingham** & Israel **Robinson**.

p. 420, Sarah **Medcalf** not quilty of murder.

p. 420, John **Smith** vs Jacob **Brooks**, trespass.

p. 420, Hugh **Ferguson** vs William **Grant**.

p. 421, James **Cathy** vs Samuel **Taylor**, assumption...jury Patrick **Matthews**, Patrick **Rice**, James **Sears**, John **White**, Jacob **Penington**, Thomas **Linsey**, Jeremiah **Williams**, Thomas **Gray**, Jacob **Brooks**, Richard **Stinson** & Edmond **Linsey**.

p. 421, James **Cathy** vs John **Collins**, assumption...jury William **Johnson**, Thomas **Hart**, Benoni **Frazier**, William **Rennolds**, Thomas **Buckner**, Robert **Buckles**, William **Carsey**, Ralph **Craft**, Thomas **Morgan**, Robert **Pewsey**, Cornelius **Cormeger** & Joseph **Wift**.

present Morgan **Morgan** & Thomas **Rutherford**

p. 421, Robert **Buckles** vs Samuel **Taylor**, trespass.

p. 421, Robert **Buckles** pay Andrew **Martin** for witness.

p. 422, Jacob & Savanah **Bowman** vs Isaac **Perkins**, battery.

p. 422, George **Bowman** vs Matthew **Black**, debt.

p. 422, license to John **Neelans**.

present Marquis **Calmes**

p. 422, Peter **Beller** vs Jonathan **Seaman**, by William **Mitchell**, his father's best friend, chancery.

p. 422, Evan **Walkin** vs Thomas **Cressap**.

p. 422, Thomas **Stevenson** vs David **Johnston**, assumption...jury, James **McKee**, Patrick **Rice**, Thomas **Linsey**, Edmond **Linsey**, Jacob **Penington**, John **White** Jr., John **Connell**, Jeremiah **Williams**, Richard **Stevenson**, Thomas **Ashley**, James **Sears** & Jacob **Brooks**.

p. 422, John **House** vs Jacob **Friend**, debt.

p. 423, Daniel **Burnett** deed to William **Davis**.

p. 423, John **Neeland** vs John **Fradan**, assumption.

p.423, Andrew **Campbell** vs Elizabeth **Dyer**, debt.

p. 423, William **Reiney** & John **Connell** appointed constable.

p. 423, Jonathan **Jaycocks** & William **Bennett** give evidence for Andrew **Campbell**...motion of Gabriel **Jones**.

p. 423, James **McKee** vs Darby **Morphey**, trespass.

p. 424, Thomas **Morgan** pay John **Smith** for witness.

p. 424, John and Sarah **Jones** are orphans of Jonah **Jones**.

court adjourned

p. 424, Thursday, 5 September, 1745, present Morgan **Morgan**, Marques **Calmes**, Thomas **Rutherford**, William **McMachen**, Meredith **Helm** & Israel **Robinson**.

p. 424, William **Mitchell** vs John **Jones**, trespass...jury Joseph **Carroll**, John **Hite**, Robert **Worthington**, Christopher **Marr**, James **McCracken**, Samuel **Morris**, John **Bayan**, William **Rennalls**, David **Jaycop**, William **Richey**, Robert **Smith** & Jeremiah **Williams**.

p. 424, James **McKee** vs Darby **Morphey**, trespass.

p. 425, Henry **Deland** vs William **Lee**, attachment...Terrence **McMullen**...John **Upton**... Urbance **Casamer**...James **Ross**...Samuel **Howard**...John **Collins**.

p. 425, George **Ghent** fined.

p. 425, William **Fearnely** to be in court.

p. 425, Samuel **Timmons** & Thomas **Ashby** paid as witness for Darby **Morphey**.

p. 425, Nancy **Hane** vs George **Hollinsworth**, petition.

p. 426, James **Oneal** petition.

p. 426, Andrew **Reed** vs Hugh **Ferguson**, debt.

p. 426, Jeremiah **Borden**, Benjamin **Borden** & William **Fearnley**, of Benjamin **Borden**, deceased vs Benjamin **Forman**, debt...jury Joseph **Carroll**, William **Mitchell**, John **Hite**, Robert **Worthington**, Christopher **Marr**, James **McCracken**, William **Rennalls**, David **Jaycops**, William **Richey**, Robert **Smith**, Samuel **Morris** & John **Bayan**.

p. 426, William **Mitchell** to pay John **Smith** as witness.

p. 426, summons to John **Jones** & Samuel **Isaacs** Jr.

p. 426, Stephen **Osbourn** vs Peter **Casea**, trespass.

p. 426, Marquis **Calmes** vs Garrot **Oneal**, trespass.

p. 426, Arthur **Buchanan** vs Ute **Perkins**, attachment.

p. 426, Robert **Buchanan** vs John **Wilson**, attachment.

p. 427, William **Bealy** vs John **Hardin**, trespass.

p. 427, Arthur **Buchanan** vs Robert **Dunins**, slander.

p. 427, John **Neelands** vs John **Bayant**.

p. 427, John **Neelands** vs John **Hewson**, debt.

p. 427, Bayan **Roark** vs John **Madden**, petition.

p. 427, Roger **Hunt** vs Jacob **Funk**, debt.

p. 427, Neill **Ogullion** vs Robert **Black**, assumption.

p. 427, Edward **Williams** vs John **Watkins** debt.

p. 427, Robert **Johnston**, assignee of John **Brown**, deceased vs William **Fearnley**, debt.

p. 427, Hugh **Mitchell** vs Lewis **Fackett** Jr., assumption.

p. 427, Hugh **Mitchell** vs Benjamin **Posee**, assumption.

p. 428, William **Mitchell** vs John **Byer**.

p. 428, William **Russell** vs John **Russell**, debt.

p. 428, Temperance **Grant** & Patrick **Grant**, of Suston **Grant**, assignee of Hugh **Davidson** vs John **Neelans**, debt.

p. 428, Gashum **Woddell** vs Thomas **Chester** & William **Blackburn**.

p. 428, John **Hite** & Jacob **Hite**, assignee of Jost **Hite** vs Peter **Woolf**, debt.

p. 428, Lewis **Stephens** vs Edward **Rogers**, petition.

p. 428, Christopher **Neill** vs John **Neelands**, debt.

p. 428, John **Hite** vs John **Harden**, debt.

p. 428, Andrew **Roso** vs John **Frost**, petition.

p. 429, Robert **Allan** vs Hugh **Ferguson**, debt.

p. 429, Francis **Fowler** vs Noah **Hampton**, debt.

p. 429, Ann **Cuningham** asks for support from her husband James **Cuningham**.

p. 429, Robert **Shedden**, merchant vs Jacob **Funk**, debt.

p. 429, Nimrod **Holt** vs Benjamin **Posey**, debt.

p. 429, William **Carsey** vs Thomas **Bullock**, debt.

p. 429, Richard **Poultney** vs Thomas & Elizabeth **Perry**, assumption.

p. 429, John **Bigcott** vs Joseph **Bayan**, assumption.

p. 429, Joseph **Hawkins** vs John **Neelans**, assumption.

p. 429, Isaac **Perkins** vs Dunkin **Oqullion**, assumption.

p. 429, Enoch **Freeland** vs Elizabeth **Dyer**, debt.

p. 430, Andrew **Caldwell**, assignee of William **Caldwell** vs Samuel, Robert & John **Cuningham**, debt.

p. 430, Robert **Buckles** vs John **Burroughs**, assumption.

p. 430, Thomas **Morgan** & James **McKee** vs Ralph **Crafts**, attachment.

p. 430, James **Bruce** vs Christopher **Oliver**, attachment.

p. 430, John **Doones** vs David **McKnight**, attachment.

p. 430, Andrew **Campbell** vs Dunkin **Oqullion**, assumption.

p. 430, William **Roberts** & Andrew **Campbell** vs Dunkin **Oqullion** & Roger **Turner**, debt.

p. 430, Benjamin **Rutherford** vs Mathew **Brooks**, trespass.

p. 430, John **Neelans** vs John **Grizevarse**, debt.

p. 431, John **Sheppard** vs Arthur **Buchanan**, debt.

p. 431, William & Esther **Wallace**, administrator of Arthur **Blackburn**, deceased vs Thomas **Black**, petition.

p. 431, John **House** vs Edward **Backett**, petition.

p. 431, Roger **Turner** vs John **White** Jr., petition.

p. 431, Mary **Jones** vs Robert & Margaret **McPherson**, slander.

p. 431, Robert **Debutts** vs Cornelius **Coronegers**, debt.

p. 431, Elizabeth **Black** vs George **Bowmans**, slander.

p. 431, James **Rutledge** vs John **Sheldon**, petition.

p. 431, Martin **Grider** vs Patrick **Black**, petition.

p. 432, Robert **Allan** vs Hugh **Ferguson**, petition.

p. 432, John **Hardin** vs Robert **Edge**, debt.

p. 432, John **Hardin** vs Jacob **Hammer**, petition.

p. 432, John **Hardin** vs Ginson **Fapp**, petition.

p. 432, Gilbert **Gilder** vs Thomas **Colson**, debt.

p. 432, Evan **Morgan** vs William **Griffiths**, assumption.

p. 432, Evan **Morgan** vs William **Griffiths**, debt.

p. 433, Evan **Morgan** vs James **Clark**, debt.

p. 433, Evan **Morgan** vs Robert **Worthington**, debt...attorney Gabriel **Jones**.

p. 433, John **Fradan** vs Hugh **Ferguson**, petition.

p. 433, William **Johnson** vs Hugh **Ferguson**, petition.

p. 433, Thomas **Buckner** vs James & Sarah **Sayers**, petition.

p. 433, John **Neelands** vs Edward **Bryant**.

p. 433, John **Lynn** vs Jacob **Penington**, administrator of Samuel **Williams**, deceased, petition.

p. 434, John **Neelands** vs John **Brown**, petition.

p. 434, John **Neelands** to pay John **Jones** & John **Collins** as witnesses.

p. 434, James **McKee** to pay Andrew **Vance** as witness.

p. 434, Ralph **Crafts** vs Thomas **Morgan** & James **McKee**, trespass.

p. 434, William **Hoge** Jr. vs David **Stepler**, petition.

p. 434, Francis **Robinson** vs Peter **Demoss**, petition.

p. 434, John **Harris** vs John **Ellis**, petition.

p. 434, John **Woodfin** vs John **Welton**, petition.

p. 435, William **Blackburn** vs James **Portues**, petition.

p. 435, John **Neill** vs William **Cap**, petition.

p. 435, Thomas **Cressap** vs John **Miller**, petition.

p. 435, John **Woodfin** vs Solomon **Hedges**, assumption.

p. 435, Frederick **Haws** vs Dennis **McGennies**, attachment.

p. 435, Thomas **Gray** vs Benjamin **Posse**, attachment.

p. 435, Owen **Thomas** vs William **Mitchell**, debt.

p. 436, James **Fenla** vs Thomas **Mcquire**, trespass.

p. 436, Christopher **Marr** vs Henry **Hardin**, debt.

p. 436, Thomas **Doster**, assignee of George **Hall** vs William **Rennells**, petition.

p. 436, George **Cowin**, assignee of Andrew **Mitchell** vs Dennis **McGinnis**, petition.

p. 436, William **Frost**, assignee of William **Dillon** vs David **Jeacock**, petition.

p. 436, John **Peyton** vs William **Johnstone**, debt.

p. 436, Isaac **Penington** vs Christopher **Kersey**, assumption.

p. 436, Elizabeth **Edgell** vs Thomas **Rennick**, debt.

p. 436, Edward **Charlton** vs William **Sey** & Daniel **Oneal**, petition...attorney Gabiel **Jones**.

p. 437, Ann **Cuningham** vs James **Cuningham**.

p. 437, James **Cuningham** in debt.

court adjourned

p. 437, Tuesday, 6 September, 1745, present Marquis **Calmees**, Thomas **Rutherford**, Meredith **Helms** & Israel **Robinson**.

p. 437, John **Greyham**, administrator of Leo. **Barkley** vs Benjamin **Posse**, petition.

p. 437, Aaron **Price** vs Peter **Thorn**, assumption.

p. 438, Nimrod **Holt** vs Benjamin **Posse**, debt.

p. 438, John **Lee**, gentleman vs Jacob **Gibson**, debt.

p. 438, John **Hardin** vs James **Kemp**, petition.

p. 438, John **Hardin** vs William **Cuningham**, petition.

p. 438, Richard **Crunk** vs John **Turner**, petition.

p. 438, Patrick **Matthews** vs Reuben & Ann **Rutherford**, administrators of Henry **Hunt**, deceased, petition.

p. 438, Patrick **Matthews** vs Cornelius **Corneyers**, petition.

p. 438, Patrick **Matthews** vs Robert **Worthington**, assumption.

p. 438, Ralph **Falkner** vs Peter **Demoss**, petition.

p. 439, Ralph **Falkner** vs William **Morgan**, petition.

p. 439, Ralph **Falkner** vs John **Anderson**, petition...attorney produced note from John **Anderson**'s wife, Alice **Anderson**.

p. 439, Ralph **Falkner** vs Hugh **Heartley**, petition.

p. 439, Ralph **Falkner** vs John **Demoss**, petition.

p. 439, Adam **Reid** vs Samuel **Timmons**, assumption.

p. 439, Elizabeth **Dyer** vs Robert **Harper**, slander.

p. 439, Ralph **Thompson** vs Samuel **Walker**.

p. 439, James **Reynolds** vs Patrick **Black**, petition.

p. 439, William **Rennells** vs Dunkin **Oqullion**, petition.

p. 440, George **Boyle** vs Richard **Fellows**, assumption.

p. 440, Morgan **Terrance** vs Dunkin **Oqullion**, trespass.

p. 440, Thomas **McQuire** vs William **Miller**, assumption.

p. 440, Richard **Crunk** vs Daniel **Richardson**, slander.

p. 440, Dunkin **Oqullion** vs William **Thomson**, slander.

p. 440, Robert **Worthington** vs Patrick **Matthews**, assumption.

p. 440, Jonathan **Cobourne** vs Abram **Teager**, attachment.

p. 440, Vincent **Williams** vs Michael **Hayder**, attachment.

p. 440, Jeremiah **Jack** vs Enoch **Freeland**, attachment...witnesses John **White** Jr. & William **Richey**.

p. 440, Nicholas **Fay** vs Frederick **Haws**, attachment.

p. 440, James **McCracker** vs John **Gladsen**, attachment.

p. 441, Walter **Hurley** vs Frederick **Haws**, attachment.

p. 441, Elizabeth **Robinson** vs Daniel **Burnett**, petition.

p. 441, William **Morgan** vs Patrick **Matthews**, petition...attorney Gabriel **Jones**.

p. 441, John **Hardin** vs Ralph **Crafts**, attachment.

p. 441, John **Hite** vs Samuel **Beeson**, attachment.

p. 441, the appraisal of Thomas **Robinson**, Con **Connerly**, John **Simcock**, Josiah **Jones** & Soloman **Knight** continued.

p. 441, William **Miller** to view road.

p. 441, John **Richards** gave evidence for William **Williams**.

p. 441, Joseph **Williams** ordered to give evidence.

p. 441, Joseph **Edwards** vs William **Kersey**, petition.

p. 442, ...grandjury vs James **Curtis**.

p. 442, grandjury vs William **Williams**...jury John **Jones**, Samuel **Timmons**, Jeremiah **Williams**, Patrick **Matthews**, Thomas **Bucknell**, Peter **Woolf**, Hugh **Neill**, William **Wilson**, Edward **Beckett**, Darby **Morphey**, John **Connall** & John **Ashby**.

p. 442, grandjury vs Jacob **Christman**.

p. 442, Jacob **Penington** vs Joseph **Roberts**, assumption.

p. 442, William **Williams** vs Robert **Worthington**, debt.

p. 442, Elenoi **Frazier** vs John **Neelands**, assumption.

p. 442, John **Neelands** vs John **Miller**, debt.

p. 442, Gabiel **Meekfitt** vs Jacob **Penington**, debt.

p. 442, John **Hardin** vs Patrick **Matthews**, assumption.

p. 442, John **Hardin** vs William **Smith**, assumption.

p. 443, John **Peyton** vs Phillip **Pritchett**, attachment.

p. 443, John **Hite**, Jacob **Hite**, assignees of Jost **Hite** vs Joseph **Robins**, debt.

p. 443, Samuel **Timmons** vs John **Canaid**, attachment.

p. 443, Jacobus **Johnson** vs Abraham **Frisbie**, debt.

p. 443, William **Saycock** vs James **McCracken**, debt.

p. 443, Robert **Shedden**, merchant vs Francis **Fowler**, debt.

p. 443, Robert **Shedden**, merchant vs Benjamin **Possey**, debt.

p. 443, William **Griffiths** vs Richard **Robins**, assumption.

p. 443, William **Griffiths** vs Robert **Pewsey**, assumption.

p. 443, Jeremiah **Williams** vs John **Paoxin**, trespass.

p. 444, John **Hardin** vs Samuel **Earle**.

p. 444, Samuel **Earle** vs John **Hardin**, slander.

p. 444, James **McCracken** vs Thomas **Postgate**, debt.

p. 444, William **Williams** fined.

p. 444, Richard **James** vs John **Maddin**, assumption.

p. 444, John **Hardin** vs Peter **Woolf**, trespass.

p. 444, Deborah **Borden** & Richard **Gregory** to appear.

p. 444, Aaron **Price** vs John **White**, debt.

p. 444, David **Potts** vs John **Neelans**, chancery.

p. 444, Jeremiah **Jack** vs Thomas **Berwick**, trespass.

p. 444, James **McKee** to pay Alexander **Ewell** & John **Houghston** for witness.

p. 445, James **McKee** pay ??

p. 445, William **Wilson** vs Alexander **Ewell**, trespass...jury William **Mitchell**, John **Mitchell**, Robert **Worthington**, Patrick **Matthews**, Peter **Woolf**, Richard **Morgan**, Robert **Buckles**, William **Rennalls**, Robert **Jones**, Robert **Cuningham**, Samuel **Howard** & Samuel **Timmons**.

p. 445, William **Wilson** to pay James **Seayers**, Robert **Colvert** & Samuel **Gaskins** for witness.

p. 445, Alexander **Ewell** & John **Houghston** to pay Andrew **Vance** & John **Dyer** for witness.

p. 445, Andrew **Campbell** vs Dennis **McGinnis**.

p. 445, Henry **Dowland** vs Robert **Black**, debt.

p. 445, Thomas **Branson** vs William **Smith**, petition.

p. 446, William **Mitchell** vs John **Carlile**, debt.

p. 446, William **Mitchell** vs Samuel **Tucker**.

p. 446, Thomas **Branson** vs John **Tidewell**, petition.

p. 446, Thomas **Branson** vs John **Gregory**, petition.

p. 446, Arthur **Buchanan** vs Samuel **Taylor**, debt.

p. 446, William **Russell** to apply to Augusta Court with George **Home**, surveyor.

p. 446, Robert **Black** vs Henry **Dowland**, assumption.

p. 446, Andrew **Campbell** vs Morgan **Bayan**, assumption.

p. 446, Alexander **Ross** vs Patrick **Ryley**, petition.

p. 446, Roger **Hunt** vs David **Kelly**, petition.

p. 447, William **Beelah** vs John **Neeland**, petition.

p. 447, George **Johnston** vs Morgan **Bayan**, debt.

p. 447, William **Williams** vs Providence **Williams**, trespass.

p. 447, Robert **Worthington** vs Samuel **Brittan**, assumption.

p. 447, Jacob **Brooks** vs William **Mitchell**, petition.

p. 447, Joshua **Hickman** vs Job **Pearcecall**, petition.

p. 447, Joseph **Carrol** vs Jocabus **Huykendall**, trespass.

p. 447, John **Hardin** vs John **Neelans**, assumption.

p. 447, Isaac **Pennington** vs John **Hurman**, assumption.

p. 447, Mary **Owberry**, administrator of John **Owberry**, deceased vs James **Bayant**, debt.

p. 448, John **Doones** vs Daniel **Burnett**, petition.

p. 448, William **Grant** vs James **Porteus**, petition.

p. 448, Isaac **Perkins** vs Jacob & Savanah **Bowman**, slander.

p. 448, John **Sheldon** vs Benjamin **Smith**, trespass.

p. 448, James **Finla** vs David **Morgan**.

p. 448, Lydia **Barrett**, administrator of Arthur **Barrett**, deceased vs Jeremiah **Borden**, Benjamin **Borden** & William **Fearnley**, administrators of Benjamin **Borden**, deceased, debt.

p. 448, James **Reid** vs William **Fearnley**, petition.

p. 448, David **Grifsey** vs William **Fearnley**, petition.

p. 448, George **Bowman** vs Ralph **Crafts**, petition.

p. 449, John **Shepard** vs Jeremiah **Borden**, Benjamin **Borden** & William **Fearnley**, administrators of Benjamin **Borden**, deceased, debt.

p. 449, John **Shepard** vs William **Mitchell** & John **Smith**, debt.

p. 449, Charles **Dick** vs Richard **Crunk**, debt.

p. 449, John **Neelans** vs Thomas **Dobson**, trespass.

p. 449, Jacob **Bowman** vs Frederick **Gabharth**, debt.

p. 449, Joseph **West**, attorney for John **West** vs Thomas **Perry**, assumption.

p. 449, Isaac **Larew** vs Joseph **Roberton**, assumption.

p. 449, John **Middleton** vs John **Neales** & John **Jones**, trespass.

p. 449, Israel **Robinson**, assignee of Thomas **Dawson** vs Thomas **Higgins**, debt.

p. 449, Andrew **Ross** vs Samuel **Timmons**, debt.

p. 449, Richard **Paultson**, assignee of Joseph **Mounts** vs James **Sangley**, trespass.

p. 450, John **Jaycock**, assignee of Keith **Chambers**, assignee of John **West** vs John **Hampton**, debt.

p. 450, Samuel **Mooris** vs William **Russell**, John **Smith** & Robert **Worthington**, chancery.

p. 450, James **McKish** vs Peter **LaHugh** & Lewis **Tickett**, chancery.

p. 450, Andrew **Bowman** Jr. vs William **Griffith** & Garrot **Pendergrass**, chancery.

p. 450, John **McCormick** vs Archibald & Marylin **Craige**, debt.

p. 450, Robert **Johnston**, administrator of John **Brown**, deceased vs Lewis **Thomas**, debt.

p. 450, Adam **Reid** vs Peter **Woolf**, debt.

p. 450, Samuel **Timmons** vs John **Neland**, debt.

p. 450, Robert **Rutherford** vs David **Crockall**, Robert, Paul & James **Weakley**, debt.

p. 450, Mary **Calmes** & John **Hardin** vs Thomas **Rutherford**, debt.

p. 450, George **Fillot** vs William **Halley**, attachment.

p. 450, Walter **Sheerley** vs Frederick **Haws**, attachment.

p. 451, James & Sarah **Davis** vs Andrew **Campbell**, trespass.

p. 451, Andrew **Campbell** vs John **Burris**, attachment.

p. 451, Morgan **Bryan** vs Enoch **Freeland**, attachment...witness Elizabeth **Dyer**.

p. 451, Patrick **Matthews** vs Samuel **Hughes**, attachment...witness John **Moorison** & Gilbert **Parker**.

p. 451, George **Debalt** vs Frederick **Haws**, attachment.

p. 451, Thomas **Chester** vs George **Homes**, attachment.

p. 451, Christopher **Chamney** vs Benjamin **Posse**, attachment.

p. 451, Thomas **Branson**, Ralph **Weathers**, Aaron **Jenkins** & Edward **Robinson** to view roads.

p. 451, John **Quin** appointed constable.

p. 452, John **McCormick** & Lewis **Neill**

p. 452, Jacob **Penington** to repair road.

court adjourned

p. 452, Tuesday, 1 October, 1745, present David **Vance**, Thomas **Rutherford**, Lewis **Neill**, William **McMacken** & Jacob **Hite**.

p. 452, Joseph **Bryan**, Joseph **Wilkenson**, John **Manas**, Roger **Turner**, Peter **Gollaker**, Thomas **Rennick**, David **Gilky**, Matthias **Elmore**, Samuel **Stroud**, John **Wilson**, William **Master**, John **Bryan** & John **Ridgeway** to be added to list of tithables.]

present Morgan **Morgan** & John **Linsey**

p. 453, sheriff to call jury.

present Meredith **Helms**

p. 453, levy, Giles **Chapman**, Joseph **Lupton**, James **Bruce**, Isaac **Perkins**, William **Jollikes**, James **Wood**, Gabriel **Jones**, Thomas **Rutherford**, Ulrick **Poker**, John **Littler**, Marquis **Calmes**, John **Ashby**, Samuel **Giles** & Dunkin **Oqullion**.

p. 453, appraisal of estate of Soloman **Knight**.

p. 453, Alexander **Ewell** confirmed that appeal granted John **Houston** at the suit of William **Wilson** is waved.

p. 453, James **Malan**, servant to Lewis **Neill** has run away.

p. 453, Joseph **Fitzwater**, servant to George **Johnstone**, turned 16.

present Andrew **Campbell** & Marquis **Calmes**

p. 453, William **Grant** bill of sale to Christopher **Nation**.

absent David **Vance**, John **Linsey** & Jacob **Hite**

p. 453, William **Grant** suspected of receiving stolen goods from William **Gallaghan**.

p. 454, Andrew **Campbell** granted license.

p. 454, Robert **Evans**, servant to John **Evans**, has run away.

p. 454, Dunkin **Ogullion** to finish court walls.

court adjourned

p. 454, Wednesday, 2 October, 1745, present Morgan **Morgan**, David **Vance**, Lewis **Neill** & John **Linsey**.

p. 454, appraisal of estates of John **Vanmeter**, Thomas **Robinson**, Con **Connerly**, John **Simcock**, Josiah **Jones**, William **Miller**, Thomas **Branson**, Aaron **Jenkins**.

p. 455, William **Remy** takes oath.

p. 455, Mary **Calmes** & Meredith **Helms** vs George **Gent**, complaint.

p. 455, Marquis **Calmes** & Andrew **Campbell** for Frederick **Parish** vs Deborah **Borden**, complaint.

p. 455, Marquis **Calmes** & Andrew **Campbell**, for Frederick **Parish** vs Richard **Gregory**, complaint.

p. 455, Thomas **Postgate** vs James **Seabin**, attachment.

p. 455, William **Williams** vs Samuel **Brittan**.

p. 455, William **Davis** vs William **Miller**, attachment.

p. 455, Thomas **Morgan** vs John **Neelans**, petition.

p. 455, Reuben **Paxton**, administrator of John **Simcock**, deceased vs James **Davis**, chancery.

p. 455, Hugh **Neal** vs George **Johnstone**, administrator of George **Hume**, deceased, assumption.

p. 455, Hugh **Neal** vs George **Johnstone**, administrator of George **Hume**, deceased, debt.

p. 455, John **Doones** vs Samuel **Curtis**, trespass.

p. 456, William **Russell** vs William **Myers**, attachment.

p. 456, John **Smith** vs Jacob **Brooks**, trespass.

p. 456, John **Hardin** vs John **Wilcox**.

p. 456, Robert **Worthington** vs Thomas **Rutherford**, sheriff, assumption.

present Andrew **Campbell**, William **McMachken** & George **Hoge**

absent Morgan **Morgan**, David **Vance** & John **Lynsey**

p. 456, Christopher **Zimmerman** vs Thomas **Rutherford**, sheriff, assumption...jury James **Rutlidge**, John **Hite**, Robert **Allen**, Jacob **Brooks**, Jacob **Vanmeter**, William **Gladden**, Jacob **Penington**, Peter **VanCever**, Thomas **Ashby**, James **Seaburn**, Jeremiah **Williams** & John **Funk**.

p. 456, William **Bennett** & Jonathan **Jaycos** to show cause in case of Elizabeth **Dryer**.

p. 456, Peter **Beller** vs Jonathan **Seaman**, by his father's friend, William **Mitchell**, chancery.

p. 456, Evan **Watkins** vs Thomas **Cressap**.

p. 456, John **Hause** vs Israel **Friend**, assumption.

p. 456, John **Nealans** vs John **Fradan**, assumption.

p. 457, Andrew **Reid** vs Hugh **Ferguson**, debt.

p. 457, Grace **Howell** has child out of wedlock.

p. 457, William **McMachen** to view road.

p. 457, Arthur **Buchanan** vs Ute **Perkins**, attachment.

p. 457, Robert **Benhanan** vs John **Wilson**, attachment.

p. 457, William **Bealy** vs John **Hardin**, trespass.

p. 457, Arthur **Buchanan** vs Robert **Deming**, assumption.

p. 457, John **Neelans** vs John **Bryant**.

p. 457, Marguis **Calmes** vs Garrot **Oneal**, attachment.

p. 458, Roger **Hunt** vs Jacob **Funk**, debt...jury John **Hite**, Patrick **Matthews**, Robert **Ashby**, Samuel **Holaday**, Thomas **Ashby**, Arthur **Buchanan**, Jacob **Brooks**, Peter **Vanmeter**, James **Sears**, James

Cathey, Jacob **Penington** & Jeremiah **Williams**.

p. 458, Neal **Oqullion** vs Robert **Black**, assumption.

p. 458, Edward **Williams** vs John **Watkins**, petition.

p. 458, called Hugh **Oneal** & William **Jump**.

court adjourned

p. 458, Thursday, 3 October, 1745, present Morgan **Morgan**, David **Vance**, Marquis **Calmes** & William **McMachen**.

p. 458, paid Samuel **Giles**.

p. 458, Hugh **Mitchell** vs Lewis **Fackett** Jr., assumption...jury, William **Mitchell**, James **Rutlidge**, John **Hardin**, Benjamin **Forman**, Hugh **Ferguson**, Lewis **Thomas**, Darby **Morphey**, Thomas **Buckner**, Daniel **Oneal**, James **Dumbar**, John **Collins** & Thomas **McQuire**.

p. 459, Hugh **Mitchell** vs Benjamin **Posie**, assumption.

p. 459, William **Mitchell** vs John **Ryan**, debt.

p. 459, William **Mitchell** vs John **Russell** & Robert **Worthington**, debt.

p. 459, Roger **Hunt** vs Jacob **Funk**, debt.

p. 459, Temperance **Grant** & Patrick **Grant**, of Suston **Grant**, assignee of Hugh **Davidson** vs John **Neelans**, debt.

p. 459, Gastum **Woodall** vs Thomas **Chester** & William **Blackburn**.

p. 460, Lewis **Stephens** vs Edward **Rogers**, petition.

p. 460, Christopher **Neile** vs John **Nealens**, debt.

p. 460, Robert **Allen** vs Hugh **Ferguson** & William **McKee**, debt.

p. 460, Francis **Fowler** vs Noah **Hampton**, debt.

p. 460, ruled attorneys can not interrupt each other.

p. 460, Robert **Sheddon**, merchant vs Jacob **Funk**, debt.

p. 460, Nimrod **Holts** vs Benjamin **Posse**, debt.

p. 460, William **Carsey** vs Thomas **Bullock**, debt.

p. 460, Richard **Poultney** vs Thomas & Elizabeth **Perry**, administrators of Abel **Peerson**, deceased, assumption.

p. 460, John **Pizzot** vs Joseph **Bryan**, assumption.

p. 460, Joseph **Hawkins** vs John **Neelans**, assumption.

p. 460, Daniel **Burnett** deed to Samuel **Walker**.

p. 460, James **Cuningham** deed of gift to Elizabeth Cuningham.

p. 461, Isaac **Perkins** vs Dunkin **Ogullion**, assumption.

p. 461, Andrew **Campbell** vs Dunkin **Ogullion**, assumption.

p. 461, William **Roberts** & Andrew **Campbell** vs Dunkin **Ogullion** & Roger **Turner**, debt.

p. 461, Enoch **Freeland** vs Elizabeth **Dyer**, debt.

p. 461, Robert **Buckles** vs John **Burris**, assumption.

p. 461, Benjamin **Rutherford** vs Matthew **Brooks**, trespass.

p. 461, John **Neelans** vs John **Gregory**, debt.

p. 461, John **Shepard** vs Arthur **Buchanan**, debt.

p. 461, James **Parland** vs William & Esther **Wallace**, administrators of Arthur **Blackburn**, deceased & Thomas **Black**, petition.

p. 461, John **House** vs Edward **Beckett**, petition.

p. 462, Roger **Turner** vs John **White** Jr., petition.

p. 462, Mary **Jones** vs Robert & Mary **McPherson**, slander.

p. 462, Robert **Debutts** vs Cornelius **Cormeyers**, debt.

p. 462, Elizabeth **Black** vs George **Bowman**, slander.

p. 462, John **Hardin** vs Robert **Edges**, debt.

p. 462, Gilbert **Gilder** vs Thomas **Colson**, debt.

p. 462, Evan **Morgan** vs William **Griffith**, assumption.

p. 462, Evan **Morgan** vs William **Griffith**, debt.

p. 462, Evan **Morgan** vs James **Clark**, debt.

p. 462, John **Fradan** vs Hugh **Ferguson**, petition.

p. 462, William **Johnson** vs Hugh **Ferguson**, petition.

p. 462, Ralph **Crafts** vs Thomas **Morgan** & James **McKee**, trespass.

p. 463, Thomas **Buckner** vs James & Sarah **Sayers**, petition.

p. 463, Ralph **Crafts** vs Thomas **Morgan** & James **McKee**, detinse.

p. 463, John **Woodfin** vs Solomon **Hedges**, assumption.

p. 463, Thomas **Gray** vs Benjamin **Posse**, attachment.

p. 463, John **Hite** vs Samuel **Beeson**, attachment.

p. 463, Owen **Thomas** vs William **Mitchell**, debt...witness John

Smith & James **Cuningham**.

p. 463, James **Fenlan** vs Thomas **McQuire**, trespass.

p. 463, Christopher **Marr** vs Henry **Hardin**, debt.

p. 463, George **Cowin**, assignee of Andrew **Mitchell** vs Dennis **McQuinis**, petition.

p. 463, William **Frost**, assignee of William **Dillon** vs David **Jaycock**, petition.

p. 464, John **Peyton** vs William **Johnston**, debt.

p. 464, Elizabeth **Edgell** vs Thomas **Rennick** & David **Wilson**, debt.

p. 464, John **Lee** vs Jacob **Gibson**, debt...security George **Anderson**.

p. 464, Patrick **Matthews** vs Reuben & Ann **Rutherford**, administrators of Henry **Hunt**, deceased, petition.

p. 464, Patrick **Matthews** vs Robert **Worthington**, assumption.

p. 464, Adam **Reid** vs Samuel **Timmons**, assumption.

p. 464, Ralph **Thompson** vs Samuel **Walker**.

p. 464, Morgan **Terrance** vs Dunkin **Ogullion**, trespass.

p. 464, Andrew **Cook** power of attorney to John **Mitchell**.

p. 464, Dunkin **Ogullion** vs William **Thompson**, assumption.

p. 464, Robert **Worthington** vs Patrick **Matthews**, assumption.

p. 464, Vincent **Williams** vs Michael **Hyder**, attachment.

p. 464, Jeremiah **Jacks** vs Enoch **Freeland**, attachment.

p. 465, Jonathan **Callmer** vs Abraham **Teagard**, attachment.

p. 465, James **McCracken** vs John **Gladden**, attachment.

p. 465, Joseph **Edwards** vs William **Hersey**, petition.

p. 465, James **Wood** & William **McMachen** to view road.

p. 465, Jacob **Penington** vs Joseph **Roberts**, assumption.

p. 465, William **Williams** vs Robert **Worthington**, debt.

p. 465, John **Nealands** vs John **Miller**, debt.

p. 465, John **Hardin** vs Patrick **Matthews**, assumption.

p. 466, Gabiel **Meekfitt** vs Jacob **Penington**, debt.

p. 466, John **Hardin** vs William **Smith**, assumption.

p. 466, John **Peyton** vs Phillip **Pritchett**, attachment...William **Johnson**.

p. 466, Elizabeth, mulatto child of Rosamand **Hughes**.

court adjourned

p. 466, Friday, 4 October, 1745, present Morgan **Morgan**, Marquis **Calmes**, Thomas **Rutherford** & William **McMachen**.

p. 466, James **Wood** & Thomas **Rutherford**, attorneys for Alexander **Alexander** vs Isaac **McKowan**, assumption.

p. 467, Samuel **Timmons** vs John **Canaid**, attachment.

p. 467, Jacobus **Johnston** vs Daniel **Rose**, debt.

p. 467, Jeremiah **Williams** vs John **Provin**, trespass.

p. 467, John **Hardin** vs Samuel **Earle**.

p. 468, Samuel **Earle** vs John **Hardin**, slander.

p. 468, Hugh **Mitchell** vs Lewis **Tackett** Jr., assumption.

p. 468, James **McCracken** vs Thomas **Postgate**, debt.

present Lewis **Neill**

absent Thomas **Rutherford**

p. 469, Richard **James** vs John **Madden**, assumption.

p. 469, John **Hardin** vs Peter **Woolf**, trespass.

p. 469, Aaron **Price** vs John **White**, assumption.

p. 469, David **Potts** John **Nealans**, chancery.

p. 469, Andrew **Campbell** vs Dennis **McQuinnis**.

p. 469, Henry **Dowland** vs Robert **Black**, debt.

p. 469, William **Mitchell** vs Samuel **Tucker**.

p. 469, Thomas **Branson** vs John **Gregory**, petition.

p. 469, Arthur **Buchanan** vs Samuel **Taylor**, debt.

p. 469, Robert **Black** vs Henry **Dowland**, assumption.

p. 469, George **Johnston** vs Morgan **Bayan**, debt.

p. 469, James **Reid** vs William **Fearnley**, petition.

p. 470, Robert **Worthington** vs Samuel **Brittan**, assumption.

p. 470, Jacob **Brooks** vs William **Mitchell**, petition.

p. 470, Joshua **Hickman** vs Job **Pearceall**, petition.

p. 470, Joseph **Carrol** vs Jacobus **Huyhendal**, trespass.

p. 470, John **Hardin** vs John **Neelans**, assumption.

p. 470, Isaac **Penington** vs John **Herman**, assumption.

p. 470, Isaac **Perkins** vs Jacob & Savanah **Bowman**, slander.

p. 470, James **Finla** vs Daniel **Morgan**, assumption.

p. 470, Lydia **Barrett**, administrator of Arthur **Barrett**, deceased vs Jeremiah **Borden** & William **Fearnley**, administrators of Benjamin **Borden**, deceased, debt.

p. 470, John **Shipard** vs Jeremiah **Borden** & William **Fearnley**, administrators of Benjamin **Borden**, deceased, debt.

p. 471, John **Shepard** vs William **Mitchell** & John **Smith**, debt.

p. 471, Charles **Dick** vs Richard **Cronk**, debt.

p. 471, John **Nealans** vs Thomas **Dobson**, trespass.

p. 471, Jacob **Bowman** vs Frederick **Gabharth**, debt.

p. 471, Joseph **West** attorney for John **West** vs Thomas **Perry**, assumption.

p. 471, Isaac **Larew** vs Joseph **Robarts**.

p. 471, John **Middleton** vs John **Neale** & John **Jones**, trespass.

p. 471, Israel **Robinson**, assignee of Thomas **Dawson** vs Thomas **Higgins**, debt.

p. 471, Andrew **Ross** vs John **Timmons**, debt.

p. 471, Kiel **Poultson** & Joseph **Mounts** vs James **Langley**, trespass.

p. 471, Jonathan **Jaycock**, assignee of Niel **Chambers**, assignee of John **West** vs John **Hampton**, debt.

p. 471, James **McNish** vs Peter **Lahugh** & Lewis **Pickett**, chancery.

p. 472, Samuel **Morris** vs William **Russell** John **Smith**, chancery.

p. 472, Andrew **Bowman** Jr. vs William **Griffith** & Garrot **Pendergrass**, chancery.

p. 472, John **Maccormick** vs Archibald & Mary **Craig**, debt.

p. 472, Adam **Reid** vs Peter **Woolf**, debt.

p. 472, Samuel **Timmons** vs John **Neland**, debt.

p. 472, Robert **Rutherford** vs David **Crockal**, Robert **Reid** & James **Weekley**, debt.

p. 472, Giles **Fillot** vs William **Halley**, attachment.

p. 472, Walter **Sheerley** vs Frederick **Haws**, attachment.

p. 472, Andrew **Campbell** vs John **Burras**, attachment.

p. 473, James & Sarah **Davis** vs Andrew **Campbell**, trespass.

p. 473, Morgan **Bayan** vs Enoch **Freeland**, attachment.

p. 473, Patrick **Matthews** vs Samuel **Hughes**, attachment.

p. 473, George **Debalt** vs Frederick **Haws**, attachment.

p. 473, Thomas **Chester** vs George **Home**, attachment.

p. 473, Christopher **Chamney** vs Benjamin **Posie**, attachment.

p. 473, Isaac **Perkins** vs Dunkin **Ogullion**.

p. 473, Thomas **Cherry** vs James **Rutledge**, debt.

p. 473, John **Neill** vs James **Rutledge**, assumption.

p. 474, Alexander **Ross** vs Patrick **Reyley**, petition.

p. 474, Roger **Hunt** vs David **Kelly**, petition.

p. 474, Ralph **Falkner** vs William **Morgan**, petition.

p. 474, Ralph **Falkner** vs Hugh **Heartley**, petition.

p. 474, John **Hardin** vs John **Nealands**, assumption.

p. 474, John **Pickings** vs John **Fradan**.

p. 474, Thomas **Waring** vs Thomas **Rutherford**.

p. 474, Thomas **Waring** vs Francis **Tidwell**, petition.

p. 474, Thomas **Waring** vs Abraham **Denton**, petition.

p. 474, Moses **Pearson**, assignee of Samuel **Shroud** vs John **Bullah**, petition.

p. 474, John **Fradan** vs John **Pickings**.

p. 474, John **Huston** vs Alexander **Hawings**.

p. 474, John **Jones** & Samuel **Isaacs** Jr. vs Thomas **Chester**.

p. 474, Peter **Gamperling** vs John **Mitchell**, petition.

p. 475, Adam **Merrill** vs Van **Swearingin**, petition.

p. 475, William **Butler** vs Phillip **Pritchetts**, petition.

p. 475, William **Mitchell** vs Dennis **McGennis**, assumption...security Jacob **Brooks**.

p. 475, Thomas **Alford** vs Archibald **Craig**, debt.

p. 475, James **Cathy**, administrator of John **Story**, deceased vs James **Rutledge**, debt.

p. 475, James **Cathy** vs John **Collins**, petition.

p. 476, John **Connell** vs Robert **Edge**, petition.

p. 476, Thomas **Waters** & John **Jones** vs Richard **James**, petition.

p. 476, John **Hite** vs William **Williams**, petition.

p. 476, Richard **Crunk** vs Robert **Lowther**, petition.

p. 476, Richard **Crunk** vs Walter **McDaniel**, petition.

p. 476, Richard **Crunk** vs John **Rean**, debt.

p. 476, Robert **Black** vs Neill **Ogullion** & Jonathan **Jaycocks**, debt.

p. 476, John **Cuningham** vs Abraham **Vanderpool** & Jacob **Westeal**, debt.

p. 476, John **Sheppard**, assignee of John **Fradan** vs David **Loyd**, debt.

p. 476, William **Williams** vs John **Richardson**.

p. 476, Harman **Richman** vs Rachael **Hood**, administrator of John **Hood**, deceased, debt.

p. 477, Thomas **Cassap** vs William **Baldwin**, petition.

p. 477, Thomas **Cassap** vs Roger **Burkham**, petition.

p. 477, Charles **Wright** vs Thomas **Bullock**, petition.

p. 477, Hugh **Gilliland** vs William **Richey** & James **Steele**, petition.

p. 477, John **Quin** vs James **Glenn**, petition.

p. 477, Peter **Julian** vs Henry **Dowland**, petition.

p. 477, Ann **Silburn** & Jost **Hite**, administrators of John **Silburn**, deceased vs John **Fradan**, petition.

p. 477, Benjamin **Forman** vs Jeremiah **Borden** & William **Fearnley**, administrators of Benjamin **Borden**, deceased, chancery.

p. 477, Hugh **Oneal** vs John **Lynsey**, trespass.

p. 477, Evan **Watkins** vs Roger **Turner**.

p. 477, Charles **Carter** vs Peter **Woolf**, petition.

p. 478, Benjamin **Gase** vs James **Cuningham**, petition.

p. 478, William **Nugent** vs Patrick **Vance**, petition.

p. 478, John **Wilcox** vs George **Home**, attachment.

p. 478, William **Russell** vs Tully **Choice**, assumption.

p. 478, John **Smith** vs James **Rutledge**, debt.

p. 478, James **Rutledge** vs Michael **Paunly**, attachment.

p. 478, Thomas **McQuire** vs David **Wilson**, attachment.

p. 478, Jeremiah **Williams** vs James **Clarke**, attachment...witness John **Sturman**.

p. 479, Robert **Pusey** to pay Jacob **Vanmeter** & Peter **Vanbeaver** as witness.

p. 479, Morgan **Morgan** attachment to estate of John **Richardson** for suit of William **Williams**.

p. 479, James **Wood** to request of governor.

                    court adjourned.

INDEX

Airs
 Robert 79
Aldridge
 Mary 130
 William 92
Alexander
 Alexander 235
 Thomas 81, 159, 172, 203
 Zacheus 82, 99
Alford
 John 47, 91, 97, 99, 102-104, 106, 107, 115, 155
 Thomas 47, 87, 102, 105, 121, 144, 165, 184, 196, 239
Algent
 George 161

Allan
 John 159
 Robert 34, 41, 45, 143, 215, 216
Allban
 William 209
Allen
 John 135
 Robert 16, 109, 193, 200, 229, 231
Allford
 John 179
 Thomas 74
Allison
 John 32
 Robert 40, 51, 60
Anderson
 Abner 209
 Alice 219
 Calbar 91
 Calver 35
 Calvert 12, 34, 51, 60
 Colvert 13, 17, 41, 108, 109, 128, 130

Enoch 55, 56, 62, 67,
   71-73, 82, 94, 97,
   98, 114, 118 120,
   135, 138, 140, 143, 157,
   164, 184
George 233
James 58, 130
John 12, 17, 25, 34,
   125, 209, 219
Thomas 13, 17, 128,
   175
Angler
  Michael 194
Anthony
  John 30, 38, 51, 53,
   59, 70
Aqullion
  Dunkin 142
Arbuckle
  James 29, 120, 139,
   144
Arledgo
  John 158
Armstrong
  Robert 77
  Thomas 30, 39, 131
Arnold
  Richard 15, 45, 57,
   68, 202
Asford
  John 36, 45, 49, 50,
   54, 56, 68, 77,
   78, 82, 83, 139
  Thomas 77, 86
Ashby
  John 78, 90, 133, 152,
   156, 157, 203, 221,
   227
  Robert 63, 230

Thomas 143, 155,
   203, 204, 206, 207,
   213, 229, 230
  Thomas Jr. 79, 84,
   133, 208
Asheroft
  Daniel 47
Ashley
  John 68, 169, 188
  Robert 1, 8
  Thomas 1, 8, 32, 136,
   173, 191,
   212
  Thomas Jr. 1
Aspmeth
  Alice 53
Atkinson
  Michael 40, 51, 126,
   127, 147
Augler
  Mical 88, 143, 184
  Michael 106
Babb
  Phillip 146, 184
  Thomas 4, 18
Babbs
  Thomas 161
Bable
  Phillip 125, 166
  Thomas 132
Backett
  Edward 216
Backus
  Mary 73
  Peter 44
Bahan
  Sarah 169
Bailey
  John 67, 82

Baily
  John 78
Bainhurst
  George 47
Baker
  Charles 21, 81, 131, 173
  Isaac 18, 25, 49, 59, 63, 69, 81, 91, 94, 107, 113, 123, 136, 143, 160, 164
  John 36, 132, 159
Baldwin
  John 66, 81, 93, 113, 133, 141
  William 240
Ball
  John 150
Ballenger
  Josiah 94, 186
  Mary 94
Balsh
  Thomas 64
Barkley
  Leo. 219
Barnes
  Charles 41, 209
Barns
  Charles 22
Barrat
  Arthur 158
  John 10, 24, 34
Barratt
  Arthur 137
Barrel
  Arthur 202
Barret
  John 16, 49

Barrett
  Arthur 186, 224, 236
  Lydia 186, 224, 236
Barwick
  Thomas 192, 194
Basle
  Thomas 73
Batran
  Sarah 198
Bauce
  John 9, 15, 83
Baulet
  Thomas 77
Baumidsham
  James 4
Bause
  James 201
Bayan
  John 146, 212, 213
  Joseph 215
  Morgan 204, 223, 236, 238
Bayant
  James 224
  John 197, 214
Bayles
  James 207
Bazes
  Joseph 105
Bazzo
  Joseph 140
Beaky
  William 197
Beals
  John 22, 36
Bealy
  William 213, 230
Beason
  Benjamin 7

Charity 7
Edward 7
Richard 1, 7, 36, 68, 90, 110
Richard Jr. 7
Robert 128
Samuel 172, 201
Beaver
  John 129, 139-141, 148
Beck
  Jacob 76
Beckett
  Edward 221, 232
Beelah
  William 224
Beeler
  Christopher 2, 109
Been
  Robert 32
Beer
  James 87
Beercum
  Robert 52, 74
Beerer
  James 171
Beesley
  James 29, 35, 50
Beeson
  Charity 102
  John 102
  Richard 58, 102
  Samuel 220, 233
  William 102
Bell
  Humphrey 39, 51, 59
  John 42, 45

Beller
  Peter 129, 147,151, 185,196, 211, 229
Bellinger
  Josiah 88
Benhanan
  Robert 151, 168, 186, 197, 230
Bennett
  Robert 209
  William 190, 194,195, 207,212, 229
Berewick
  Thomas 136
Berry
  Henry 127,147
  James 124,145
  Patrick 152
Berwick
  Thomas 19, 26, 34, 37, 65, 80, 83, 90, 92-944, 97, 101, 106,108,122,137, 138,140-142, 160, 174, 180, 181, 183, 190, 191, 193, 203, 204, 207, 222
Beverley
  John 20
Beyor
  Morgan 1
Beys
  Hugh 209
  Thomas 209
  William 209
Bigcott

John 215
Biller
  Peter 167
Bird
  Abraham 209
Black
  Elizabeth 216, 232
  Gawin 119, 141, 151, 162, 180
  James 207
  Joseph 24
  Matthew 209, 211
  Patrick 10, 15, 82, 99, 199, 207, 208, 216, 220
  Robert 10, 15, 47, 120, 144, 164, 183, 198, 214, 223, 230, 236, 240
  Thomas 216, 232
Blackbourn
  William 5, 10, 16, 97
Blackburn
  Archibald 157
  Arthur 216, 232
  Benjamin 157, 180, 193
  Elinor 173
  Elizabeth 187
  Esther 47, 58
  Samuel 47, 209
  William 25, 46, 47, 53, 104, 150, 162, 163, 168, 175, 183, 199, 204, 214, 217, 231
  William Jr. 101
Blackburne
  William 151
Blackwell
  Joseph 33
Blackwells
  William 107
Boggs
  Joseph 120, 141, 142, 144
Borden 158
  Benjamin 1-3, 9, 14, 23, 33, 35, 44, 47, 48, 55-57, 64, 68, 69, 78, 83, 90, 91, 101, 112, 120, 133, 137, 150, 155, 158, 168, 179, 186, 192, 197, 205, 213, 224, 225
  Benjamin Jr. 3
  Deborah 127, 222, 228
  Jeremiah 57, 125, 128, 150, 155, 166, 168, 179, 186, 197, 213, 224, 225
  Widow 65
  Zeauiah 2
  Zereiah 47, 133, 137
  Zeremiah 192
  Zeriah 83
  Zeruiah 146, 147
  Zuriah 69
Bortens
  James 79
Bosker
  John 201
Bossen

John 14
Bound
 George 103, 165, 166, 185
 James 81, 196
Bounder
 James 167
Bounds
 Anne 152
 George 4, 8, 59, 103, 130, 131, 148, 161-163, 174
 James 96, 114, 129, 148, 152, 164, 167
Bourn
 James 11, 39
Bowen
 Henry 14, 209
 Henry Jr. 209
Bowers
 George 107
Bowman
 Andrew Jr. 225, 237
 George 6, 8, 14, 74, 86, 109, 116, 117, 134, 211, 225, 232
 Jacob 211, 224, 225, 236, 237
 Savanah 211, 224, 236
Bowmans
 George 216
Bowns
 George 97
Boyd
 Edward 200
Boyle
 George 220

James 204
Bozzo
 Joseph 139
Brandon
 Abraham 159
Branson
 Branson 223
 John 81, 130, 158, 175
 Thomas 64, 81, 112, 130, 131, 137, 155, 158, 169, 176, 202, 226, 228, 236
 Thomas Jr. 43, 77
 Thomas Sr. 43
Branston 14
Brantion
 Thomas 91
Brason
 Robert 169
Brattan
 Robert 172
Breson
 Robert 147
Bressley
 Major 148
Brisko
 Edward 152
Brittain
 Samuel 5
Brittan
 James 30
 Robert 42, 206
 Samuel 5, 9, 10, 13, 15, 19, 26, 66, 74, 81, 98, 102, 117, 119, 121, 124, 125, 128,

134, 146, 157, 159, 163, 165, 171, 172, 181, 189, 193, 204, 207, 210, 224, 228, 236

Brooks
  Jacob 32, 39, 51, 59, 68, 70, 85, 101, 108, 109, 121, 144, 152, 159, 164, 173, 184, 187, 195, 203, 211, 212, 224, 229, 230, 236, 239
  Mary 95
  Mathew 216
  Matthew 203, 232
  Rosannah 95

Brown
  Abraham 7
  Edward 13, 71, 75, 86, 103
  James 31, 77, 95, 105, 113, 120, 128, 138, 144, 161, 164, 182, 184, 195
  John 77, 153, 156, 177, 179, 190-195, 198, 205, 214, 217, 226
  Samuel 210
  Thomas 65, 80, 99, 103, 208

Bruce
  James 6, 34, 35, 175, 194, 202, 215, 227
  John 5, 24, 34, 48, 58, 69, 110, 191, 203, 204

Brumigem
  James 116, 117
  Samuel 134

Brun
  Joseph 127

Bryan
  John 5, 32, 124, 227
  Joseph 30-32, 41, 45, 57, 69, 82, 92, 109, 201, 227, 231
  Martha 22
  Morgan 7, 14, 22, 29-31, 34, 38-41, 45, 50, 51, 57, 60, 69, 71, 82, 85, 89, 91-93, 101-104, 106, 121, 122, 153, 175, 177, 190, 207, 208, 226

Bryant
  Edward 217
  John 230

Buch
  Thomas 5, 15

Buchanan
  Abraham 144
  Arthur 31, 39, 40, 51, 60, 71, 85, 89, 100, 101, 106, 120, 121, 122, 136, 140, 141, 151, 156, 164,

168, 176, 184, 186, 197, 213, 216, 223, 230, 232, 236
John 67, 76, 88, 105
Robert 213
Buchannan
Arthur 31, 75
Robert 11
Buchler
Robert 12
Buchles
Robert 13, 15
Buck
Charles 63, 96, 107, 114, 129, 139
Thomas 9, 69, 88, 99, 105, 115, 122
Buckanan
Arthur 29
Bucker
Thomas 24
Buckler
Robert 17
Buckles
Robert 6, 10, 24, 25, 34, 49, 65, 67, 80, 82, 93, 112, 137-142, 160, 182, 183, 191, 193, 199, 201, 210, 211, 215, 223, 232
Bucknell
Thomas 221
Buckner
Thomas 169, 194, 195, 198, 211, 217, 230, 233

Bucks
Charles 139
Thomas 48, 58, 139, 143
Bulhner
Thomas 206
Bullah
John 239
Bullock
Thomas 215, 231, 240
Bullocks
Thomas 200
Bumgardner
John 55, 61, 72
Peter 21
Bungardner
Robert 205
Burchham
Joseph 3
Roger 64
Burckam
Roger 65
Burcum
Roger 60, 106, 145
Burham
Roger 79, 80, 89
Buriss
John 119
Burk
James 29
Thomas 34
William 136
Burkam
Roger 70
Burkham
Catherine 53
Joseph 14

Roger 13, 19, 53, 92, 113, 122, 133, 154, 170, 240
Burks
　Thomas 83
Burleson
　John 40
Burn
　James 41, 65, 77, 84, 141, 196, 203
Burne
　James 8, 31, 122
　Mary 45
Burnell
　Daniel 15
　John 30
Burnett
　Daniel 4, 5, 9, 11, 16, 19-21, 24, 25, 27, 31, 34, 37, 39, 42, 49, 50, 63, 95, 98, 99, 113, 115, 125, 137, 138, 146, 160, 161, 171, 173, 181, 182, 195, 210, 212, 220, 224, 232
　Susannah 55
Burns
　James 62, 82, 83, 173
Burr
　James 12
Burras
　John 149, 157, 162, 167, 185, 198, 238
Burretts
　Daniel 196
Burris
　John 142, 151, 179, 183, 226, 232
Burroughs
　John 201, 215
Butler
　Thomas 47, 58, 69, 83, 94
　William 239
Butner
　Thomas 191
Buttler
　Thomas 190
　William 34
Buttoner
　Thomas 126
Byer
　John 214
Byran
　James 151
Byshop
　John 113
Cablet
　James 152
Cackley
　Jacob 35
Caddy
　James 8, 31, 68
Caessap
　Thomas 165
Caforty
　Peter 124, 145
Cain
　Thomas 160, 181, 195, 210
Caine
　Thomas 137
Caines

John 127
Cains
  John 136
Caldwell
  Andrew 82, 130, 142, 162, 183, 201, 209, 215
  Hugh 172, 173
  William 119, 201, 215
Callen
  John 89, 106
Callender
  Robert 12, 13, 17, 21, 25, 35, 36, 49, 58
Caller
  John 66, 122
Callmer
  Jonathan 234
Callwell
  Robert 31
Calmee
  Marquis 32
Calmees
  Marquis 1, 2, 4, 6, 7, 11, 14, 16-18, 21, 22, 32, 34, 35, 36, 38, 40, 42, 44, 55, 56, 62, 65, 67, 71, 73, 87, 111, 137, 168
Calmees's
  Marquis 159
Calmes
  Marques 174
  Marquis 148, 186, 197, 213, 227, 228, 230
  Mary 226, 228
Campbell

Andrew 1, 3, 4, 6, 11, 16, 19, 21-25, 27, 29, 32, 34, 36-38, 40-42, 44, 51, 52, 54, 55, 58, 59, 61, 62, 64, 65, 67, 90, 109, 110, 131, 132, 136, 149, 150, 167, 168, 179, 183, 185, 195, 199, 201, 202, 212, 215, 216, 223, 226, 228, 232, 236, 238
Daniel 154, 178, 191
Hugh 67, 82, 93, 118
John 89, 98, 106, 114, 122, 139, 161, 182, 201, 209
Canaid
  John 189, 205, 221, 235
Candifts
  Elizabeth 205
Caneday
  Hugh 158
Canterrel
  Zebulon 53
Canterrill
  Zebulan 53
Cantrel
  Zebulon 16
Cantrell
  Zeb. 76
  Zebulan 11

Cap
  William 217
Cape
  William 209
Carlile
  John 223
Carlock
  Daniel 39
  David 31, 46, 59
Carney
  Francis 163
Carrel
  Joseph 67, 90, 101, 106
Carrell
  Joseph 79
Carrington
  Mary 45, 57
Carrol
  Joseph 107, 123, 224, 236
Carroll
  Joseph 212, 213
Carsey
  Christopher 65, 80
  William 106, 171, 211, 215, 231
Carson
  John 42, 63, 150
Cart
  Joshua 128
Carter
  Benjamin 3, 20, 41, 51, 56, 60, 89
  Charles 241
  James 41, 69, 70, 91, 97, 118, 162, 163, 174, 190, 191, 207
  Joseph 23, 127, 131, 159, 198, 208
Cartledge
  Edmond 42, 45
Casamer
  Urbance 213
Case
  Peter 180, 190, 191
Casea
  Peter 192, 197, 213
Casey
  Peter 183
Cason
  Thomas 104
Cassa
  Peter 186
Cassap
  Thomas 240
Casse
  Peter 151
Cassey
  Peter 182
Cathey
  James 230
Cathy
  James 89, 106, 122, 124, 143, 145, 164, 165, 183, 194, 211, 239
Catlett
  Robert 159
Caton
  Thomas 82
Catting
  Elias 101
Cattlett
  James 130
Cavenaugh
  Charles 117, 136

Cawin
  George 198
  Thomas 198
Ceissac
  Peter 168
Celys
  David 74
Chamber
  Edmund 88
Chambers
  Edmond 105
  Henry 150, 168, 185
  Keith 225
  Niel 237
Chamney
  Christopher 181, 193, 226, 238
Champ
  John 96
Champe
  John 172
Chanalor
  William 85
Chancey
  Ann 58
  Daniel 30, 58
Chapman
  George 44, 149
  Giles 30, 94, 188, 227
  Nathaniel 43, 48, 53, 57, 61, 69, 73, 82, 98, 156, 170
  Sarah 94, 188
  Willian 172
Charlton
  Edward 218
Chebwynd
  William 164
Chelwynd
  William 182
Chemmey
  Christopher 159
Chemney
  Christopher 112, 134
Chemowith
  John 202
Chenoweth
  William 22
Cherry
  Thomas 19, 27, 34, 83, 90, 104, 106, 109, 122, 143, 163, 172, 173, 180, 182, 183, 192, 194, 196, 238
Chester
  Capt. 4
  Thomas 1-3, 7-9, 14, 16, 23, 24, 35, 36, 44, 48, 65, 73, 78, 80, 88, 91, 93, 112, 124, 129, 131, 137, 148, 151, 155, 164, 167, 174, 176, 194, 199, 208, 214, 226, 231, 238, 239
  William 152
Chetwynd
  William 119, 142
Chinworth
  John Jr. 56
Choice
  Tully 241
Chrisman
  Jacob 132

Chrissum
  Jacob 75
Christean
  Christean 127
Christman
  Jacob 103, 159, 171, 187, 203, 221
Churchman
  Edward 158
Cinsor
  Jacob 63
Clark
  James 47, 217, 233
  Mary 41, 62, 73
Clarke
  James 241
Claud
  Jospeh 171
Clemens
  Andrew 64, 71, 72, 86, 103, 150
Clements
  Andrew 75
Clinoweth
  William 202
Cloud
  Jeremiah 149
  Joseph 124, 135, 157
Coborn
  Jonathan 48
Cobour
  Jonathan 68
Cobourn
  James 69, 70
  Jonathan 8, 14, 206
  Samuel 69-71
Cobourne
  Jonathan 33, 220
Coburn
  Nicholas 119
Cochran
  Cornelius 3
Cock
  John 66, 93, 137, 160
Cockingdan
  Peter 200
Cocks
  John 113
  Lawrence 48, 69
Coddip
  James 156, 197
Coddy
  James 160, 165, 166
Codey
  James 195
Codin
  James 15
Colang
  John 135
Colbaure
  Jonathan 207
Colbourn
  Jonathan 56
Cole
  Daniel 119
Coley
  David 92
Colings
  John 107
Collans
  John 165
Collins
  John 18, 20, 26, 27, 36, 37, 49, 66, 69-73, 76, 80, 87, 93, 95, 124, 134, 136, 137, 139, 145, 149, 153,

160, 181, 183, 190, 194, 195, 211, 213, 217, 231, 239
Colmees
  Marquis 7
Colson
  Thomas 29, 38, 44, 50, 68, 163, 202, 204, 209, 216, 232
Colvert
  Robert 223
Colvin
  John 68
  Joseph 22
  William 98
Conely
  Darby 120
Connall
  John 221
Conneley
  Darby 47
Connell
  John 4, 9, 24, 34, 54, 206, 212, 239
Connely
  Con. 21
Connerly
  Con 28, 33, 90, 101, 120, 137, 158, 176, 202, 220, 228
  Con. 48, 56, 68, 78
  Darby 49
Constant
  John 110, 126
Cook
  Andrew 194, 234

Cooke
  Charles 116
Corder
  Edward 65, 109
Cordis
  Edward 159
Cormeger
  Cornelius 118, 211
Cormegers
  Cornelius 77
Cormeyers
  Cornelius 232
Cornegers
  Cornelius 149
Cornell
  John 15
Corneyers
  Cornelius 219
Coronegers
  Cornelius 216
Coser
  Jacob 131
Cotange
  John 124
Coughton
  Cornelius 30
Coulson
  Richard 207
Counts
  John 43, 48, 63, 94, 202
Cowin
  George 218, 233
Crabtree
  James 111
Craft
  Ralph 78, 210, 211
  Robert 41, 45, 54, 74, 86

Crafts
  Ralph 174, 177, 201, 215, 217, 220, 225, 233
  Robert 61, 62, 72, 85, 104, 106, 121, 143
Craig
  Archibald 74, 86, 102, 126, 127, 237, 239
  David 74, 86, 137, 138, 140-143
  Mary 237
  Robert 167
Craige
  Archibald 226
  Marylin 226
Cramphin
  Henry Jr. 153
Crandal
  Abraham 95
Crandall
  Abraham 98
Crawson
  John 97, 129, 138, 148, 176, 185, 196
Craze
  William 100, 116
Cready
  John 13, 25
Creamer
  Urbanus 107
Cree
  Peter 123
Creedye
  John 18
Cressap
  Thomas 53, 54, 60, 64, 65, 71, 74, 80-82, 85, 92, 102, 119, 121, 144, 148, 167, 184, 185, 196, 212, 217, 229
Cressup
  Thomas 52
  William 200
Crisman
  Jacob 173
Crisp
  William 132
Crist
  Nicholas 209
Cristman
  Jacob 86
Crockal
  David 238
Crockall
  David 226
Crocy
  John 59
Cromley
  James 188
Cronck
  Richard 11
Cronk
  Richard 35, 41, 237
Cronks
  Richard 10
Crouch
  John 124, 145
Crowson
  John 95, 97, 114, 129, 148, 167
Crunk
  Richard 18, 26, 34,

36, 46, 47, 64, 83, 89, 96, 100, 120, 123, 127, 128, 134, 138, 140, 141, 143, 145, 147, 149, 173, 178, 190, 191, 198, 209, 219, 220, 225, 239

Crunks
  Richard 154
Cuigler
  Mical 122
Cumings
  Alexander 64, 79
Cuningham
  Adam 79
  Ann 215
  Elizabeth 232
  James 5, 6, 10, 15, 20, 21, 24, 28, 30, 39, 45, 46, 49, 50, 54, 120, 155, 164, 169, 191, 194, 200, 201, 215, 218, 232, 233, 241
  John 77, 201, 215, 240
  Robert 39, 155, 179, 191, 194, 201, 215, 223
  Samuel 215
  William 78, 219
Curtis
  James 221
  Job 68, 78, 137, 138, 161-166, 168,
  180, 183, 195
  Jole 150
  Jonathan 41, 62, 73, 129, 151, 162, 163, 165, 166, 168, 173, 175, 187, 203
  Mary 30, 31
  Samuel 117, 140, 162, 183, 195, 210, 229
Dagert
  Abraham 139
Dalton
  John 127, 129, 148, 167, 174
Darks
  Samuel 128
Daugherty
  Patrick 45, 70
Daumon
  Joseph 22
Daves
  John 180
Davidson
  Hugh 214, 231
Davis
  Enoch 46, 57
  James 10, 16, 54, 61, 66, 67, 72, 81, 90, 93, 103, 113, 136, 141, 153, 160, 172, 173, 181, 189, 190, 195, 204, 210, 226, 228, 238
  John 129
  Robert 67, 90, 153, 177, 190, 204

Samuel 177
Sarah 226, 238
William 15, 16, 23, 34, 41, 46, 69, 70, 73, 95, 99, 110, 113, 115, 126, 138, 140-143, 147, 151, 158, 161, 181, 186, 193, 207, 209, 212, 228
Davison
  Hugh 199
Dawson
  Thomas 225, 237
Day
  John 99
Dearing
  Walter 158
Debalt
  George 226, 238
Debutts
  Robert 216, 232
Decredow
  William 66, 92
Decrego
  William 113
Deland
  Henry 213
Delany
  Hugh 95
Delheryea
  James 8
Deling
  Henry 165
Dellener
  George 14
Deming
  Robert 197, 230
Demmis
  Samuel 72
Demons
  Lewis 48
Demos
  Catherine 22
  John 22, 46
  Lewis 42, 46, 177
  Lois 33
  Peter 177
Demose
  Lewis 204
Demoso
  Peter 39, 64
Demoss
  Catherine 111
  John 111, 125, 219
  Lewis 153, 190
  Peter 83, 103, 129, 151, 153, 168, 190, 217, 219
  Peter] 128
Deness
  Samuel 66
Deney
  George 73
Denn
  John 47, 58, 69, 83
Denner
  Robert 180, 182
Denney
  Walter 92
Dennin
  Robert 120, 183, 184
Denning
  Robert 183
  Walter 134
Dennis

Alice 57
Robert 144
Samuel 55, 66, 67, 77, 80, 82, 87, 94, 104, 105, 111
Denny
  Walter 65, 80, 117, 133
Denton
  Abraham 239
  Capt. 4
  John 1, 94, 108, 110, 157, 180, 193
  Robert 81
Deskins
  John 34
Devany
  Samuel 23
Devenny
  Samuel 162, 163
Deviney
  Samuel 188
Devinne
  Hugh 43
Devinney
  Hugh 190
  Samuel 149
Devinny
  Hugh 153, 177
  Samuel 137, 138, 169, 203
Deyer
  Elizabeth 167
Dick
  Charles 225, 237
Dillan
  William 3
Dillon
  Widow 14

  William 11, 14, 16, 200, 218, 233
Dobin
  William 31, 149
Dobings
  William 92
Dobson
  James 6
  Thomas 225, 237
Dolan
  Henry 123, 145
Doland
  Henry 184, 196
Dolene
  Henry 27
Dolherapa
  James 6
Dolheryea
  James 10
Doling
  Harvey 66
  Henry 20, 37, 50
Dolphin
  Arthur 24, 130
Donahoe
  Daniel 65, 154, 170
Donahue
  Daniel 80, 92
  Henry 18, 26, 28, 37, 96
Donethard
  Thomas 89
Donnes
  John 64
Donohoe
  Daniel 31
Dooling
  Henry 80, 107
Doolings

Henry 93
Doones
  John 18, 26, 36, 49, 66, 79, 80, 90-92, 96, 104, 106, 112, 114, 117, 122, 125, 134, 137, 138, 140, 149, 158-162, 167, 181-183, 195, 201, 210, 215, 224, 229
Dooues
  John 7
Dosber
  Thomas 162
Dosler
  Thomas 92
Doster
  Thomas 5, 42, 45, 69, 70, 102, 103, 116, 140, 179, 183, 192, 218
Dougharty
  George 202
  William 203
Doughaty
  Patrick 194, 195
Dougherty
  Patrick 4, 13, 49, 50, 53
Doughty
  Jarvis 190
Dowdle
  Richard 132
Dowes
  John 65
Dowland
  Henry 18, 26, 36, 42, 47, 49, 75, 107, 223, 236, 240
Downing
  Mary 32
Downton
  John 158
Drapper
  George 43
Drening
  Walter 52
Drenner
  Walter 26
Drenning
  Walter 20, 27
Drennon
  Waller 19
Drien
  Walter 76
Drinen
  Walker 75
  Walter 86, 87
Drippay
  Conrad 119
Dryer
  Elizabeth 150, 229
Dubs
  Jost 209
Duchworth
  John 81
Duckworth
  John 119, 142, 158
Dumbar
  David 72
  James 231
Dumos
  Lewis 22
Dunbar
  David 6, 10, 12, 15, 24, 34, 49, 55,

61, 67, 75, 82,
　　　85, 98, 102,
　　　114, 121, 129,
　　　139, 148
Dunbars
　David 144
Duncan
　Mary 173, 187
　Robert 164
Dunchham
　Mary 24
Dunckham
　Mary 14
Dunins
　Robert 214
Dunlap
　Mason 178
　Robert 178, 191
　Thomas 178, 191
Dunlop
　Robert 155
　Thomas 155
　William 29
Dupay
　Conrad 162
Duzgons
　Daniel 77
Dyer
　Elizabeth 120, 141,
　　144, 183, 195,
　　201, 212, 215,
　　219, 226, 232
　John 223
Eades
　Thomas 180, 183
Eadmestone
　Thomas 136
Earle
　Samuel 18, 21, 26,

　　　36, 49, 59, 65,
　　　69, 71-73, 83,
　　　109, 111, 112,
　　　131, 132, 135,
　　　154, 156, 159,
　　　160, 173, 178,
　　　181, 191, 195,
　　　203, 206, 222,
　　　235
Eastham
　Robert 64, 79
Edge
　Robert 13, 18, 66, 84,
　　109, 126, 216,
　　239
Edgell
　Elizabeth 218, 233
　Rebecca 46, 57, 154,
　　178, 190, 196,
　　206
　Simon 46, 57, 154,
　　178, 190, 196,
　　206
Edges
　Robert 232
Edmestone
　Robert 87
Edmiston
　Mathew 31
Edmistone
　Robert 76, 118
Edwards
　Elizabeth 203
　Francis 32, 39, 52, 60
　John 125
　Joseph 4, 20, 197,
　　205, 209, 221,
　　234
　Thomas 209

Egartar
 Christian 95
Eivens
 Matthew 55
 Robert 55
Elizabeth 235
Ellis
 John 31, 119, 155, 156, 171, 178, 191, 206, 208, 217
Elmore
 Martha 11
 Mathias 14, 16
 Matthias 18, 227
End
 John Theoblad 45
 John Thesbald 42
Ensey
 Stephen 54
Etkins
 Joseph 54
Evans
 David 75, 86
 John 12, 17, 20, 23, 27, 29, 31, 35-37, 46, 50, 57, 69, 82, 88, 106, 122, 143, 164, 204, 228
 Matthew 190, 194
 Robert 228
 William 209
Ewaine
 Alexander 30
Ewell
 Alexander 156, 179, 192, 222, 223, 227

Bertand 96
Bertrand 114
Ewing
 Alexander 31
Fackett
 Lewis Jr. 214, 230
Fairfax
 Thomas 65
Faisbe
 Abraham 150
Falconbourough
 John 204
Falconer
 Alexander 89, 106
Falkerbourgh
 Andrew 8
Falkner
 Alexander 65
 Ralph 123, 134, 145, 149, 165, 219, 238
Fallon
 Redmond 17
Fannen
 Thomas 100, 116, 143
Fanner
 Thomas 105
Fannin
 Thomas 87
Fap
 Robert 128
Fapp
 Ginson 216
Farmer
 Thomas 125, 172, 189
Fay
 Benjamin 64
 Nicholas 220
Fearnely

William 140, 141, 213
Fearnley
William 58, 59, 69, 77, 83, 84, 87, 90, 105, 106, 121, 122, 138, 150, 155, 158, 168, 171, 179, 186, 192, 197, 198, 213, 214, 224, 225, 236, 240
Fearnleys
William 143
Fearnly
William 31, 39, 51, 56
Feilder
John 194
Fellows
Richard 220
Fenla
James 12, 17, 70, 98, 218
Fenlan
James 233
Fenne
Richard 47
Fergerson
Hugh 147
Ferguson
Hugh 5, 11, 12, 16, 19-21, 27-29, 31, 36-38, 40, 42, 45, 47, 51, 53, 54, 56, 59, 61, 78, 99, 100, 103, 116, 123, 127, 140-143, 150, 162, 163, 166, 168, 170, 172, 185, 189, 192, 194, 198, 200, 207, 208, 211, 213, 215-217, 230, 231, 233
Ferkenburgh
Andrew 30
Fillot
George 226
Giles 238
Findley
James 41, 62
Finla
James 17, 25, 29, 35, 38, 50, 59, 64, 75, 83, 86, 103, 224, 236
Finlan
James 28
Fitz Simmons
Catherine 99, 105
John 87, 99, 105
Katherine 87
Fitzimmons
John 197
Patrick 105
Fitzsimmons
Catharine 163
Catherine 77, 115, 123, 201
James 130
John 77, 115, 123, 163
Fitzwater
Joseph 227
Folley
Richard 198
Follon

Redmond 12
Folly
　Richard 173
Folson
　Nathaniel 13
Foreman
　Benjamin 186, 197
Forman
　Benjamin 175, 213, 230, 240
Forrest
　John 90
Foster
　Margaret 203, 205
　Margret 173
　Margrett 188
Fowler
　Ann 41, 62
　Francis 47, 57, 69, 83, 94, 131, 154, 159, 171, 178, 190, 200, 206, 208, 215, 222, 231
Fradan
　John 4, 5, 9, 12, 15, 17, 20, 25, 35, 45, 55, 57, 61, 63, 69, 72, 74, 85, 91, 95, 102, 115, 118, 119, 121, 125, 141, 142, 146, 157, 162, 163, 170, 171, 181, 185, 189, 193, 204, 207, 212, 217, 229, 233, 238-240
　Richard 61

Fradane
　John 99
Fraden
　John 188, 196, 197
Frail
　Jeremiah 52
Fraizer
　John 53
Frampcom
　William 151, 168, 186
Frampion
　William 207
Francom
　William 204
Frankum
　William 109, 127
Frazier
　Benoni 211
　Elenoi 221
　Elenor 203
　Elnor 170
Fredan
　John 54, 149, 167, 180, 183, 198, 204, 208
Fredrick
　John 209
Freeland
　Enoch 75, 86, 153, 175, 192, 194, 195, 201, 215, 220, 226, 232, 234, 238
Freeman
　George 13, 17
Freemann
　George 25
Freidan
　John 54

French
  John 47, 209
Fresbee
  Abraham 153
Fresbie
  Abraham 190
Frezier
  Eenoi 188
Friend
  Israel 12, 17, 25, 40,
    42, 46, 66, 81,
    97, 125, 185, 196,
    229
  Isreal 149, 167
  Jacob 212
Frinbys
  Abraham 206
Frisbie
  Abraham 222
Frost
  John 5, 9, 14, 16, 22,
    34, 43, 73, 99,
    115, 135, 155,
    169, 200, 215
  William 14, 218, 233
Fry
  Henry 117
Frytille
  Thomas 90
Fulton
  Samuel 157, 180
Funck
  Jacob 2
Funk
  Adam 131
  Frances 65, 68
  Francis 133
  Henry 132, 204
  Jacob 14, 40, 42, 43,
    45, 65, 68, 80,
    91, 100, 116,
    131, 133, 153,
    198, 200,
    202-204, 214,
    215, 230, 231
  Jacob Jr. 204
  John 2, 8, 14, 16,
    131, 229
  John Jr. 112, 132
  Martin 131
  Matthew 131
Funks
  Jacob 178
  John 173
Furguson
  Hugh 105, 163
Gabard
  Frederick 153, 190
  Fredrick 177
Gabarth
  Frederick 10, 15
Gabbarth
  Frederick 24, 127
Gabbath
  Frederick 136
Gabharth
  Frederick 225, 237
Gaddy
  William 109
Gallaghan
  William 228
Gallasby
  Patrick 17, 25, 35, 36
Gallaspay
  Patrick 184
Gallaspy
  Patrick 13, 49, 53,
    58, 61, 71, 77, 97

Gallesby
  Patrick 85
Gamperling
  Peter 239
Garder
  Martin 199
Gardner
  William 149, 169, 188, 203
Garlick
  David 51
  Tavolt 64, 79
Garren
  Paul 101
Garrett
  Edward 174
Gase
  Benjamin 241
Gaskin
  John 20, 29
Gaskins
  John 38, 50
  Samuel 223
Gater
  George 13
Gaymes
  John 99, 115, 126
Gayter
  Martin 142, 162
Gent
  George 35, 36, 228
Ghent
  George 213
Gibson
  Christopher 81, 125, 166, 183
  Jacob 95, 99, 115, 219, 233
  Jonathan 60

Gilaspie
  Patrick 98
Gilder
  Gilbert 178, 216, 232
Giles
  Hantis 195, 202
  Samuel 195, 202, 227, 230
Gilky
  David 227
Gill
  James 10, 16, 25, 64, 79
Gillampie
  Patrick 173
Gillaspey
  Patrick 121
Gillaspie
  Patrick 89, 144, 157, 195
Gillaspy
  Patrick 101, 164, 180
Gillenner
  Hugh 82, 83
Gilliland
  Hugh 116, 117, 140, 240
Gillsland
  Hugh 92
Gilson 146
  Joseph 139
Gladden
  John 234
  William 229
Gladsen
  John 220
Glain
  John 199
Glass

Samuel 7
Gleen
  Hannah 77, 87, 99
  James 77, 87, 99
Glen
  Robert 155, 179
Glenn
  Hannah 105, 115, 123
  James 105, 115, 123, 240
  Robert 169
Glintham
  William 4
Glover
  William 106, 161, 209
Glower
  William 3
Gollaker
  Peter 227
Gooch
  William 1
Gordan
  John 205
Gordon
  George 42
  John 45, 150
Gorman
  Benjamin 151, 168
Gosline
  Simon 32
Graft
  Jacob 119, 162
Graham
  John 41, 128, 147, 167
Grand
  William 166
Grant
  Patrick 199, 214, 231

  Sereton 199
  Suston 214, 231
  Temperance 199, 214, 231
  William 127, 147, 185, 194, 211, 224, 227, 228
Gray
  Edmund 64, 79, 94, 113, 160
  Edward 138
  Thomas 4, 157, 180, 193, 200, 207, 211, 218, 233
Grayham
  John 62, 149
Green
  Joseph 63, 129
  Robert 84, 127, 132, 133
  William 45, 109, 127, 208
Gregg
  Samuel 47
Greggs
  Samuel 144
Gregory
  Benjamin 43, 65, 159
  John 31, 39, 51, 59, 65, 70, 81, 83, 89, 94, 95, 100, 116, 159, 203, 223, 232, 236
  Richard 65, 222, 228
Gregsare
  John 98
Greyham
  John 219
Grider

Martin 216
Griffith
  William 6, 30, 39, 40, 42, 57, 65, 69, 75, 80, 97, 103, 104, 142, 154, 156, 158, 180, 225, 232, 237
Griffiths
  William 75, 86, 97, 103, 114, 118, 121, 136, 138, 140, 178, 191, 206, 207, 216, 222
Grifsey
  David 224
Grigg
  Samuel 77, 105, 121, 165, 196
Griggs
  Samuel 87, 184
Grizevarse
  John 216
Grost
  John 3
  William 200
Gryber
  Martin 119
Grymes
  John 109
Guilder
  Gilbert 154
  Huchill 13
Guilliland
  Hugh 102
Hagor
  Jonathan 121
Haines

Bathania 112
Bathany 2, 81, 131
Bethony 137
Halfpenny
  Robert 203
Hall
  George 218
Halley
  William 124, 226, 238
Halling
  William 53, 61, 71, 89
Haman
  John 129
Hamilton
  John 31, 39
Hammer
  Jacob 216
Hammon
  John 171, 175, 189
Hammond
  John 40, 148
Hamon
  John 137
  Thomas 137
Hamond
  John 51
Hampton
  Andrew 35, 55
  Hampton 14
  John 1, 22, 107, 128, 171, 225, 237
  John Jr. 203, 204
  John Sr. 203, 204
  Neal 173
  Noah 8, 19, 27, 41, 43, 58, 62, 68, 200, 215, 231
Hanagan

Charles 11, 17, 71, 85, 89
Hanagen
  Charles 72
Hane
  Nancy 213
Haney
  Timothy 120
Hankins
  Thomas 173
Hanks
  Peter 208
Hannayhane
  Samuel 19
Hannegen
  Charles 51, 52
Harbsbell
  Stephen 35
Harden
  Elizabeth 41, 62
  Henry 18, 99
  John 2, 18, 41, 45, 152, 160, 161, 214
Harder
  John 1
Hardin
  Henry 26, 115, 139, 161, 182, 218, 233
  John 3, 9, 15, 16, 24, 33, 36, 48, 49, 58, 59, 64, 69, 71, 83, 102, 105, 107, 109, 112, 124, 128, 129, 135, 137, 139, 142, 143, 146-148, 154, 156, 158, 161-163, 165-167, 171, 173, 175, 178, 179, 181, 183-185, 189-192, 195-197, 199, 203, 205-207, 210, 213, 216, 219, 220-222, 224, 226, 229, 230, 232, 234, 235, 236, 238
  Samuel 206
Harkin
  Joseph 158
Harlem
  James 177
Harper
  Grace 95
  Leonard 41, 47, 57, 62, 69, 83, 94, 95
  Robert 219
Harral
  Bendene Hugh 73
  Jane 73
Harregin
  Charles 60
Harrel
  Hugh 15, 23, 33, 41, 73
  Jane 41
Harris
  Bathany 158
  Jacob 103
  John 19, 26, 27, 98, 110, 114, 118, 123, 124, 135,

    144, 157, 171, 183, 209, 217
  Samuel 173
  Thomas 10, 16, 25, 34, 49
Harrison
  Cathbert 124
  Cuthbert 20, 41, 62, 71, 95
  John 175
  Thomas 24, 33
  William 12, 17, 25
Harrold
  Jonathan 22
Harrow
  James 192, 194
  John 39
Hart
  Peter 46, 66, 93, 108
  Silas 67
  Thomas 3, 6, 23, 54, 63, 74, 124, 128, 157, 206, 209, 211
Hatfield
  Joseph 30, 39, 53, 61, 72, 92, 104, 121
Hause
  John 167, 196, 229
Hawings
  Alexander 239
Hawkins
  Joseph 201, 215, 231
  Thomas 2, 81, 109, 158
Haws
  Frederick 70, 79, 91, 205, 218, 220, 226, 238

Hayder
  Michael 220
Hayes
  John 41
  Joseph 95
  Robert 135, 137
Haynes
  William 31
Hayth
  John 63
Hayward
  John 28, 37
  Samuel 107
Hazon
  Jonathan 143
Hazor
  John 76
  Jonathan 87, 104, 140, 144
Heart
  Peter 81
Heartley
  Hugh 219, 238
Heat
  Charles 149
Hedge
  Joshua 41
  Solomon 77
Hedgeman 7
Hedges
  John 22
  Jonas 68
  Joshua 7, 22, 23, 33, 48, 57, 68
  Peter 136, 162-164
  Soloman 33, 55, 174
  Solomon 5, 10, 37, 58, 59, 62, 65-67, 71, 75, 86, 87,

91, 103, 124, 134, 145, 151, 218, 233
Heggis
  Soloman 21, 50
  Solomon 28
Helm
  Leonard 91, 107
Helmer
  Leo 12
Helmes
  Meredith 1, 4, 6, 17
Helms
  Joseph 68, 98
  Leonard 5, 23, 30, 84
  Meredeth 165
  Meredith 1, 7, 14, 16, 21, 40, 44, 45, 56, 62, 67, 71, 73, 87, 90, 168, 174, 228
Hempton
  John 58
Hennegin
  Charles 40
Henry
  Timothy 13, 18
Herman
  John 236
Herron
  John 186
Hersey
  William 234
Hewson
  John 198, 214
Heyshaw
  Gersham 205
Hickman
  Joshua 224, 236

Higgins
  Thomas 225, 237
Hiles
  George 120, 164
Hill
  James 108, 175, 203
Hilton
  Peter 120
Hindman
  John 88, 118, 136
Hite
  George 144
  Isaac 13, 49, 50, 74, 91, 92, 137, 138, 149, 173, 200, 208
  Israel 205
  Jacob 12, 33, 36, 39, 40, 44, 45, 48, 58, 66, 78, 81, 87, 92, 95, 96, 98, 100, 113, 114, 119, 129, 138, 140, 152, 160, 172, 176, 188, 189, 199, 204, 205, 214, 221
  John 11, 34, 41, 44, 45, 82, 83, 91, 94, 95, 97, 98, 100, 102, 103, 107, 109, 114, 116, 119, 125, 129, 138-143, 146, 148, 152, 161, 164, 172, 174, 176, 187, 189, 199, 201, 203, 205, 212,

    213, 214, 220, 221, 229, 230, 233, 239
  John, Capt. 4
  Joseph 188
  Jost 5, 6, 11, 16, 33, 41, 53, 98, 112, 114, 138, 140, 142, 152, 172, 189, 199, 210, 214, 221, 240
  Jost] 141
  Just 9, 13
  Maria Magdalina 210
  Sarah 91, 187
Hites
  George 184
Hobson
  Elizabeth 22, 130
  George 14, 22, 23, 34, 35, 41, 43, 56, 70, 109, 130
  George Jr. 22, 43, 130
  Hannah 130
Hoge 62
  George 1, 2, 13, 19, 24, 32, 34, 35, 55, 58, 91, 93, 174
  James 11, 19, 34, 35, 37, 41, 50, 69, 70, 103, 109, 177, 190, 206
  John 33
  Joseph 104
  Lewis 55, 71-73, 155, 174, 178
  William 3, 78, 109

William Jr. 109, 137, 157, 170, 180, 188, 192, 197, 217
Hogeland
  Cobus 189
  James 130
  Richard 130
Hoges
  George 23, 26
  James 27, 153, 204
Hogg
  James 6, 10, 15
  William Jr. 7
Hogh
  Jacob 12
Holaday
  Samuel 95, 161, 230
Holady
  Samuel 113, 138
Holden
  Richard 129, 148, 185, 194
Holdin
  Richard 167
Holkens
  John 209
Holliday
  Samuel 128
Hollingsworth
  Abraham 52, 60, 88, 105, 122, 145
Hollingworth
  Abraham 45, 163
Hollins
  Zebulon 209
Hollinsworth
  George 213
Holloday

Samuel 175
Holt
  Nimord 184
  Nimrod 77, 78, 112, 145, 165, 196, 200, 215, 219
Holts
  Nimrod 231
Home
  Geoorge 238
  George 1, 42, 50, 59, 63, 70, 74, 94, 97, 102, 110, 114, 121, 123, 138, 144, 157, 161, 165, 223, 241
  George] 138
Homes
  George 28, 38, 86, 91, 96, 107, 131, 140, 141, 145, 226
Hood
  John 67, 78, 79, 90, 101, 120, 240
  Rachael 76, 79, 86, 90, 103, 104, 121, 142, 240
  Rachel 75, 76
Hoome
  George 63
Hoomes
  George 64
Hooper
  Thomas 65
Hope
  John 75, 165, 166
Hopes
  John 86, 103, 121, 152, 174, 175, 183
Hornback
  Hans 139
  Hornus 144
Horner
  George 209
Horsey
  Joseph 170, 188
Hotchbill
  Stephen 53
Hotsenbell
  Stephen 4
Hotspeler
  Stephen 39
Hott
  Nimrod 87, 105, 121
Hotzenbella
  Stephen 171
Hougham
  Jarvis 123, 136
Houghston
  John 222
Hougton
  John 207
Houison
  Thomas 116
House
  John 149, 185, 212, 216, 232
Houston
  John 179, 192, 227
Howard
  Henry 7, 13, 201
  Samuel 213, 223
Howell 8
  Grace 230
Hoyl
  Jacob 17

274

Hubelle
  Bernhard 52, 60, 71, 85
Huff
  Samuel 137
Hughendal
  Peter 10
Hughes
  Edward 1, 70
  John 127, 136
  Rosamand 235
  Samuel 46, 57, 226, 238
  Sopties 151
  William 151, 161
Hume
  Andrew 98
  George 8, 18, 19, 27, 36, 41, 49, 56, 64, 78, 91, 94, 113, 160, 182, 193, 229
  William 49, 50, 91, 98, 114, 139, 161, 182
Humes
  George 6, 26, 43, 68, 79
  William 63, 105
Humfrey
  Ralph 72, 73, 142, 162, 196, 202, 209
Humpfrey
  Ralph 62, 154
Humphrey
  Ralph 119
Humphries
  Ralph 178

Humphris
  Ralph 55
Huns
  William 169, 188
Hunsor
  Jacob 75
Hunt
  Anne 113
  Henry 219, 234
  Roger 99, 115, 198, 214, 223, 230, 231, 238
  Thomas 113, 152, 158
Hunter
  George 55, 62
  Thomas 181
Huntsman
  William 108, 126
Hurley
  Walter 220
Hurman
  John 224
Husky
  Peter 201
Huson
  John 173
Hust
  William 18, 26
Huston
  John 29, 38, 239
Hutchenbill
  Stephen 109
Hutchins
  Robert 67, 81, 157, 180, 192
Hutzenbella
  Stephen 172
Huyhendal
  Jacobus 236

Huykendall
  Jacabus 224
  Johannes 172
Hyatt
  Charles 98
Hyder
  Michael 234
Hyte
  Jacob 42, 93
  Jost 22
Ice
  Frederick 63, 76
Irishman
  Simeon 59
  Simon 37, 50
Isaac
  Elisha 13, 17
  Samuel 91
  Samuel Jr. 18
Isaacs
  Elisha 25
  Samuel 34, 49, 50, 65, 71, 72, 77, 78, 80, 89, 92, 106, 138, 140, 141
  Samuel Jr. 26, 36, 49, 128, 147, 166, 185, 196, 213, 239
Jack
  Jeremiah 19, 26, 49, 50, 57, 65, 69, 80, 82, 83, 86, 90, 91-93, 103, 104, 133, 136, 137, 160, 181, 193, 206-208, 220, 222

Jacks
  Jeremiah 37, 42, 190, 234
Jackson
  Robert 26
  Rosannah 176
  William 176
Jacocks
  David 200
  Jonathan 42
James
  Richard 11, 16, 120, 126, 155, 163, 164, 172, 179, 189, 191, 192, 207, 222, 235, 239
  William 83
Janstone
  John 61
Jarvis
  Thomas 47
Jay
  William 98, 114, 126, 138, 140, 146
Jayces
  Jonathan 174
Jaycock
  David 233
  John 225
  Jonathan 88, 237
Jaycocks
  Jonathan 78, 120, 159, 212, 240
  Jonathan. 177
Jaycop
  David 212
Jaycops
  David 213

Jaycos
  Jonathan 229
Jeacock
  David 218
Jeishman
  Simion 151
Jenkins
  Aaron 226, 228
Jkat
  John 209
Job
  Abraham 144, 164, 170, 184
  Abseham 120
  Joshua 156
John
  Miller 234
Johnson
  David 161
  George 30
  Isaac 77
  Jacobus 126, 150, 153, 177, 190, 191, 206, 222
  James 130
  Jeffrey 13
  Joseph 144
  Mary 12
  William 3, 136, 153, 171, 173, 198, 211, 217, 233, 235
Johnston
  David 196, 212
  George 1, 13, 205, 210, 224, 236
  Jacobus 235
  John 72
  Robert 214, 226
  William 233
Johnstone
  David 149, 154, 167, 185
  George 8, 18, 28, 35, 39, 41, 45, 52, 59, 60, 64, 71, 74, 75, 77, 79, 85, 86, 89, 91, 94, 96, 99, 106, 113, 118, 122, 134, 136, 137, 141, 143, 144, 150, 151, 154, 160, 167, 170, 173, 174, 181, 182, 187, 193, 199, 227, 229
  John 85, 104, 121, 165, 184
  Joseph 120
  Nicholas 108
  Robert 198
  William 218
Johntone
  George 74
Joliffe
  William 8
Jollesse
  William 194
Jolliff
  William 97, 129, 182
Jollikes
  William 227
Jollisce
  William 24
Jones
  Gabiel 218
  Gabriel 7, 21, 24, 30,

46, 52, 53, 60, 64, 80, 110, 132, 173, 187, 212, 217, 220, 227
George 174
Humfrey 165, 166
Humphrey 90, 106, 122, 143, 163
John 5, 11, 21, 47, 49, 68, 80, 105, 106, 109, 110, 120, 128, 137, 138, 143, 144, 147, 151, 152, 162, 163-166, 168, 180, 182-186, 190-192, 194-196, 207, 210, 212, 213, 217, 221, 225, 237, 239
Jonah 212
Josiah 95, 101, 120, 137, 158, 176, 202, 221, 228
Mary 216, 232
Robert 16, 24, 33, 103, 223
Sarah 212
Spencer 81, 158
William 63, 151, 158, 164
Jons
  Spanfour 52
  Spansour 60
  Spencer 109
Jonston
  John 54

Julian
  George 21, 24, 45
  John 8, 15, 24
  Peter 240
  Rene 102
Jump
  William 102, 103, 230
Jumps
  William 163
Kaley
  David 29
Karnaghan
  Samuel 27
Karsey
  Christopher 64
Kayhandall
  James 75
Keith
  John 29, 114, 209
Kelkerson
  Robert 168
Kellar
  Charles 53, 61, 72
Kelley
  David 75, 94
Kelly
  David 94, 97, 109, 120, 126, 138-142, 163, 190, 201, 207, 208, 223, 238
  John 65, 80
  Terrence 43, 44
  William 88, 119
Kemp
  Elizabeth 3
  James 209, 219
Kemper
  James 159

Kenner
  Matthew 76
  William 76
Kenser
  Jacob 90
Kensor
  Jacob 75
  Joseph 54
Kersey
  Christopher 43, 97, 114, 218
  John 3, 97, 107, 187
  William 80, 173, 205, 221
Keyhendol
  Peter 68
Keys
  Gersham 187
Keyth
  John 30, 67, 96
Kilkenson
  Robert 150, 197
King
  Elizabeth 83
  William 169
Kinseller
  Cornelius 47
Kinser
  Jacob 106
Kinsor
  Jacob 86, 136
Kirdendal
  James 54
Kite
  Samuel 112, 134
Kithenson
  Robert 185
Knight
  Abraham 202
  Mary 202
  Soloman 221, 227
  Solomon 137, 202
Knott
  Peter 53, 61
Kuykendal
  Peter 8
Lacey
  William 11
Lads
  Thomas 175
LaHugh
  Peter 225, 237
Lane
  Richard 104, 131, 207, 208
  Richard Jr. 159, 170
Langley
  James 74, 237
Larew
  Isaac 225, 237
Law
  Thomas 88, 162, 163, 204
Laycock
  William 153, 156, 157, 170, 180, 190, 205
Laycocks
  William 177
Leazey
  John 34
Lee
  John 219, 233
  William 107, 123, 145, 165, 184, 196, 213
Lewis
  David 4, 15, 209

John 209
Richard 209
Vincent 124
Lightfoot
  Anne 208
  John 37, 208
Linch
  George 103
Lincock
  John 68
Linder
  Simon 151, 157
Lindner
  Simon 108
Lindser
  John 33
Lindsey
  Barnet 6
Linerman
  Andrew 196
Linsey
  Barnard 116, 182
  Barnet 124, 162
  Barnett 139
  Edmond 211, 212
  John 16, 40, 44, 45, 47, 51, 57, 62, 65, 67, 84, 110, 131, 137, 151, 163, 168, 174, 186
  Thomas 68, 78, 202, 209, 211, 212
Linwell
  John 62, 63, 76
Litters
  John 58
Little
  John 22, 23

Thomas 1, 3, 6, 13, 16, 21, 24, 32-34, 37, 174
Littler
  John 3, 9, 14, 18, 26, 36, 42, 43, 45-49, 57, 59, 63, 69, 83, 109, 119, 141, 148, 150, 186, 204, 227
  Mary 14
Loarack
  John 209
Lock
  John 81
Locks
  Lawrence 58
Loe
  Thomas 10, 16, 25, 34, 35
Loften
  William 153, 177
Loftin
  Margaret 115
  William 82, 115, 190, 206
Lofton
  Margaret 99
  William 99
Logan
  David 109, 209
Louney
  Robert 81
Low
  Capt. 4
  Thomas 6, 12, 23, 31, 108
Lowden
  Richard 21, 28, 37, 50

Lowder
  Richard 66, 77, 90, 107, 123, 125, 176
Lowe
  Thomas 19, 27, 111
Lowney
  Robert 66, 93
Lowther
  Richard 145
  Robert 31, 239
Loyd
  David 240
Lucas
  Edward 67
Lugler
  Micent 163
Luim
  Jonas 28
Lum
  Jonas 38, 137
Lupton
  Joseph 227
Lynn
  John 207, 217
Lynsey
  Barnard 100
  John 240
Lyon
  Humberton 26, 36, 52, 55, 62, 72, 97
Maccarmick
  John 19
Maccormick
  John 237
Machem
  William 199
MacMahon
  William 1
Madden
  John 36, 38, 47, 50, 53, 83, 102, 103, 136, 153, 172, 179, 190, 192, 194, 198, 214, 235
Maddin
  John 21, 29, 49, 68, 99, 104, 129, 138, 140, 141, 148, 155, 177, 185, 192, 207, 208, 222
Mahan
  Thomas 46
Mahon
  William 40
Maifetts
  Gabriel 203
Malan
  James 227
Malin
  Isaac 189
Manas
  John 227
Mapen
  Richard 204
Mapper
  Richard 22
Marling
  Andrew 153
  Jacob 71
Marr
  Christopher 190, 191
  Christopher 109, 115, 127, 129, 139, 161, 182, 212, 213, 218, 233

Marre
　Christopher 99
Martin
　Andrew 211
　George 31, 34, 35, 39, 45, 57, 69, 70, 77, 78, 87, 102, 103, 104, 128
　Thomas 19, 27, 37
Mason
　Thomas 94, 105, 108, 161-163, 165, 166
Master
　William 227
Mathews
　Patrick 103
Matthews
　Benjamin 149
　Catherine 46, 86
　Patrick 40, 51, 54, 55, 57, 62, 64, 73, 76, 79, 95, 97, 104-107, 111, 112, 121, 126, 127, 137, 142, 147, 150, 171, 189, 203, 207, 211, 219, 220, 221, 223, 226, 230, 234, 238
Matthrews
　Patrick 113
Maxwell
　James 13
Mayberry
　Thomas 100, 115, 116, 136-142, 149, 162, 167, 173, 185, 187, 196, 203
McCacken
　James 177
McCadden
　Catherine 26, 27
　Patrick 8, 9, 14, 18, 23, 33, 36, 43, 49, 68
McCadder
　Patrick 48
McCaddin
　John 45
　Patrick 56, 78
McCaounalds
　James 158
McCarmach
　John 27
McCarty
　Denis 78
McCay
　Robert Jr. 84, 131, 171, 173
McCeacken
　James 205
McCleduff
　Thomas 49, 208
McClellen
　James 151
McCluff
　Thomas 192
McClure
　John 203
McColl
　James 64
McConals
　James 133
McCormack
　John 173, 182, 185

McCormich
  John 69, 70
McCormick
  John 23, 36, 42, 110, 183, 226, 227
McCoy
  Robert 14
  Robert Jr. 2, 14, 131, 148
McCrachen
  James 7, 13, 100, 126
McCracken
  James 19, 116, 125, 127, 128, 136, 138, 140, 141, 143, 146, 147, 150, 153, 155, 162, 168, 179, 180, 182, 183, 185, 190, 191, 212, 213, 222, 234, 235
McCracker
  James 206, 220
McCrackers
  James 20
McCrackin
  James 13
McCronalds
  James 158
McCronals
  James 130
McCule
  James 73
McCullen
  John 136
McDaniel
  Andrew 8
  Catharine 187
  Elizabeth 177
  Walter 107, 145, 152, 240
McDaniels
  Catherine 173
McDonald
  Catherine 173
McDowel
  George 26
  John 26, 35
McDowell
  Charles 19, 36, 41, 172, 173
  John 19, 47, 58, 99, 172
  Mary 96
McDuff
  Thomas 86, 142, 170
McEntosh
  Daniel 6
McGaw
  David 103
McGayer
  Thomas 17
McGennies
  Dennis 218
McGennis
  Dennis 239
Mcgeyer
  Thomas 25, 35
McGines
  Dennis 198
McGinnis
  Dennis 202, 218, 223
Mcguire
  Thomas 75
Mcgyer
  Thomas 12
McHugh

Peter 5, 10, 15, 20, 27, 37, 40, 45, 47, 51, 60, 71, 73, 82, 83, 90, 106, 122, 124, 131, 145, 149
McKay
  James 100, 116, 128, 147, 183, 194
  Robert 91, 101, 120, 159, 187
  Robert Jr. 7, 8, 81, 158
  William 54, 61, 76, 87, 104, 121, 143, 198, 208
McKee
  James 29, 30, 38, 64, 66, 67, 74, 81, 86, 90, 102, 107, 129, 148, 164-167, 172, 177, 180, 182, 183, 185, 194, 201, 203-206, 212, 213, 215, 217, 222, 233
  William 56, 78, 183, 191, 193, 200, 231
McKellduff
  Thomas 65, 80
McKenny
  William 194
McKensey
  Barnet 120
Mckever
  Darby 30, 197
McKey
  James 139, 189
McKish
  James 225
McKnight
  David 215
McKowan
  Isaac 235
Mclean
  Jacob 72, 73
McLediefs
  Thomas 156, 157
Mcleduff
  Thomas 76, 92, 103, 121, 123, 180, 201
Mcleduffe
  Thomas 76
McLee
  William 6
McMachein
  William 8
McMachen
  John 165, 166
  William 2, 4-7, 9, 13, 15, 16, 21, 35, 40, 44, 48, 49, 51, 55, 62, 67, 71, 73, 78, 81-83, 108, 110, 137, 158, 230, 234
McMacher
  William 24
McMackan
  William 34
McMacken
  John 30
  William 32, 33, 174
McMullen
  Terrence 213

McMullin
  Turrence 107
McNamce
  Bryant 9
  Elizabeth 9
McNamee
  Barant 1
  Bayant 4
  Bryan 1
  Bryant 194
  Elizabeth 1
McNamse
  Bayant 205
McNish
  James 237
McPark 2
McPherson
  Margaret 216
  Mary 232
  Robert 81, 216, 232
Mcquier
  Thomas 46, 66, 117, 133
McQuinis
  Dennis 233
McQuinnis
  Dennis 236
Mcquire
  Thomas 80, 89, 92, 106, 122, 134, 143, 200, 218, 220, 231, 233, 241
Mcquirer
  Thomas 65
Mead
  John 90, 107, 123
Medcalf
  Sarah 211

Meekfitt
  Gabiel 221, 234
Megay
  John 124, 135, 155
Megie
  Edward 116
Mendenhall
  Mordecai 7
Mercer
  Edward 103, 119, 141, 150, 162, 168, 185
  Nicholas 30, 31, 119, 142, 162, 169, 170
Meredith
  Gabriel 170, 188
Merrefield 192
Merrill
  Adam 239
Meyers
  Michael 63, 195
  William 63, 195
Middleton
  John 225, 237
  William 148
Midler
  John 126
Miers
  Michael 88, 106
  William 95, 106
Milbourn
  John 14
Milburn
  Elizabeth 126
Milburne
  Elizabeth 32
  John 22
Milburow

John 3
Miles
  Thomas 10
Miller
  David 46
  James 162
  John 11, 13, 16, 18, 19, 25, 29, 36, 38, 49, 51, 54, 59, 67, 72-74, 76, 88, 96, 99, 104, 105, 115, 118, 119, 140, 170, 173-175, 188, 203, 217, 221
  Thomas 20, 54, 61, 66
  Wiegard 12, 17
  William 15, 20, 21, 28, 29, 38, 40, 42, 46, 50, 52, 53, 54, 57, 59-61, 69, 71, 78, 82, 85, 88, 100, 101, 105, 116-118, 121, 122, 126, 135-137, 140, 143, 144, 147, 150, 151, 157, 158, 160, 163, 164, 168, 181, 183, 184, 193, 195, 209, 220, 221, 228
  Wingard 12
Mills
  Henry 22
  Hurr 22
  John 22, 41

John Jr. 22
Rebecca 22
Sarah 22
Thomas 22, 41
Minor
  Stephen 19, 20, 27, 28, 209
Mires
  William 70
Mitchel
  William 51
Mitchell
  Andrew 198, 218, 233
  Hugh 173, 198, 214, 230, 235
  John 64, 67, 79, 83, 90, 91, 99, 108, 111, 112, 124, 125, 126, 137, 146, 149, 155, 160-163, 165, 167, 172, 179, 182-184, 191, 194, 203-205, 223, 234, 239
  William 5, 9, 31, 39, 53, 55, 61, 63, 66-68, 72, 82, 83, 85, 88, 90-94, 96-98, 102, 104-106, 109, 110, 111, 112, 114, 117, 121, 122, 125, 128, 129, 133, 134, 136-138, 140-142, 144, 147, 154, 156, 157, 159, 161-163,

165-168, 173, 174, 178-180, 182, 183, 185, 186, 190, 191, 196, 199, 201, 205-207, 211-214, 218, 223, 224, 225, 229-231, 233, 236, 239
Willis 199
Monroe
  David 130, 152, 176
Montgomery
  Hugh 173
Moodits
  William 209
Moody
  Johmael 129, 148, 166
Moon
  Simon 39
Moore
  Benjamin 19, 27, 30, 37, 38, 46, 50, 51, 53, 59, 70
  Catharine 159
  Samuel 161
Mooring
  Patrick 120, 130, 173, 175, 208
Mooris
  Samuel 165, 166, 225
Moorison
  John 226
Morgan
  Catherine 101
  Charles 74, 101
  Daniel 236
  David 29, 224
  Evan 128, 170, 188, 216, 217, 232, 233
  Jane 108
  John 76
  Joseph 178
  Morgan 1-4, 6, 7, 13, 14, 21, 22, 24, 30, 32, 35, 40, 42, 44, 48, 55, 62, 71, 78, 81, 82, 87, 92, 93, 101, 107, 112, 120, 174, 202, 206, 241
  Richard 6, 9, 16, 21, 36, 52, 55, 78, 108, 180, 209, 223
  Thomas 98, 114, 139, 141, 153, 160, 161, 174, 177, 180, 181, 193, 201, 205, 208, 210-212, 215, 217, 228, 233
  William 219, 220, 238
Morley
  Cornelius 99
Morphey
  Darby 128, 165, 166, 183, 194, 195, 212, 213, 221, 230
Morrice
  John 39
Morring
  Patrick 135
Morris

Samuel 41, 45, 49,
    50, 54, 61, 72,
    83, 85, 97, 102,
    103, 105-107,
    109, 133, 163,
    164, 172, 173,
    189, 205, 206,
    212, 213, 237
Mounter
  Joseph 24
Mountor
  Joseph 10, 18
Mounts
  Joseph 16, 18, 26, 34,
    36, 40, 49, 54,
    55, 62, 66, 73,
    75, 81, 86, 92,
    97, 102, 225, 237
Moyeros
  William David 8
Munday
  Henry 21
Murley
  Cornelius 65, 80
Murphey
  Darby 109, 147
Myers
  David 120
  Michael 100, 120,
    122, 144, 164,
    177, 184, 210
  William 100, 119,
    120, 122, 144,
    164, 177, 184,
    210, 229
Nailens
  John 28
Nation
  Bethia 84
  Christopher 128, 147,
    204, 227
  John 83, 84, 109, 111
Nations
  Christopher 159
  John 44, 159
Neafe
  Linnerd 198
Neal
  Hugh 64, 91, 113,
    127, 137, 147,
    160, 165, 166,
    175, 183, 190,
    193, 194, 210,
    229
  John 189
  Lewis 1
Nealand
  John 203
Nealands
  John 234, 238
Nealans
  John 229, 236, 237
Neale
  Christopher 199
  Hugh 79, 182
  John 237
Nealens
  John 32, 231
Neales
  John 225
Neall
  Capt. Luis 41
Necorp
  Marmaduke 81
Neelan
  John 35, 185, 199
Neeland
  John 46, 75, 183,

188, 197, 198, 212, 224
Neelands
  George 74
  John 36, 67, 74, 82, 83, 87, 92, 104, 114, 118, 121, 127, 136, 138, 140, 148, 153, 156, 157, 161, 165, 166, 170, 177, 179, 180, 190, 191, 214, 217, 221
Neelans
  John 36, 46, 47, 49-51, 58, 59, 63, 67, 69, 76, 78, 79, 81, 84, 86, 88, 91, 93-95, 97, 101, 102, 107, 121, 123, 124, 126, 141, 143-145, 147, 150, 157, 160, 162, 164, 165, 167, 170, 180, 181, 188, 192, 197, 199, 203, 206, 207, 210, 211, 214-216, 222, 224, 225, 228, 230-232, 236
Neelens
  John 21, 28, 37, 76, 111, 113, 149
Negroes:
  Alexander 63
  Benjamin 85
  Jacob 23
  James 32
  Johmael 57
  Lettice 50
  Micey 23
  Samson 84
  York 24
Neil
  Hugh 182
  John 23, 42, 50, 126, 209
  Lewis 11, 33, 34, 57, 168
Neilans
  John 38, 56
Neile
  Christopher 231
  Lewis 171
Neilens
  John 25, 34
Neill
  Christopher 214
  Hugh 221
  John 7, 11, 16, 28, 30, 38, 62, 63, 66, 73, 81, 84, 94, 108, 127, 147, 150, 157, 170, 180, 192, 217, 238
  Lewis 3, 14, 17, 28, 32, 33, 36, 41, 43, 44, 57, 69, 81, 82, 85, 93, 157, 172, 174, 189, 204, 227
  William 157, 200
Nelan
  John 17

Neland
  John 226, 237
Nelander
  John 18, 26
Nelands
  John 129
Nelans
  John 18, 26
Nelenos
  John 10
Nelens
  John 16, 18, 25, 59, 201
Nellen
  John 37
Nellens
  John 21, 28, 30
Neller
  William 209
Nellons
  John 40, 60
Nelson
  Ambasen 6
  Ambrose 12
  Secretary 110
  Thomas 1
Nestal 23
Newanger
  Jacob 173
Newberry
  William 53, 61
Newell
  James 52, 60, 74, 89, 106, 133, 145
Newill
  James 122
Newkirk
  Cornelius 49, 50, 170
Newport
  John 1, 3, 15, 25, 31, 41, 46, 76, 77, 79, 87, 89, 132, 134, 135, 148, 156, 157, 169, 179, 191, 199, 205
Newton
  John 209
  Joseph 209
Nicholas
  John 10, 15, 27, 29, 37, 42, 50, 154, 170, 199
Nicholes
  John 27
Nichols
  John 19, 45, 48, 58, 69, 75, 76, 86, 88, 103, 148, 156
Nichory
  Luke 38
Niswanger
  Jacob 41
  John 79
Nithswanger
  Jacob 16
Norwood
  Theophoeus 20
Nugent
  William 241
O'Neal
  Hugh 175, 178
Odale
  Samuel 51, 60
Ogullian
  Duncan 180
Ogullion
  Ann 130

Duncan 32, 52, 55, 60, 78, 100, 101, 120, 122, 175, 180
Dunken 152
Dunkin 19, 29, 116, 119, 130, 140, 144, 156, 157, 162, 176, 180, 183, 192, 193, 199, 207, 228, 232, 234, 238
Neil 120, 164, 183, 198
Neill 144, 175, 214, 240
Oldachnes
  Henry 22
Oldrage
  John 65
Olford
  John 34
Oliver
  Christopher 175, 201, 215
Oneal
  Daniel 31, 39, 51, 163, 218, 231
  Garret 95, 99
  Garrot 124, 127, 134, 148, 151, 158, 168, 174, 186, 197, 213, 230
  Hugh 155, 230, 240
  James 24, 110, 213
  John 47, 53
Oqullion
  Dunkin 192, 201, 215, 220, 227

Neal 230
Orsburne
  Thomas 136
Osborn
  Jeremiah 52
  Nicholas 66, 80
Osborne
  John 128, 147, 167
  Stephen 149, 151
Osbourn
  Christopher 158
  Stephen 168, 186, 213
Osbourne
  Stephen 182, 183
Osburn 127
  Nicholas 142
Osburne
  Stephen 197
Owberry
  John 224
  Mary 224
Paine
  Adam 30, 38
Painter
  John 65, 131, 158, 203
Paoxin
  John 222
Parish
  Frederick 228
  George 63, 88, 93, 106, 122
Parker
  Gilbert 20, 226
  Hugh 19
Parks
  John 209
  Mr. 205
  Roger 209

William 3, 9
Parland
  James 232
Parrel
  Hugh 41, 99, 103, 109, 150
Parrell
  Hugh 102-105, 107, 115, 118, 127, 136, 174, 190, 191
Parrill
  Hugh 45
Passorsen
  Daniel 12
Paterson 7
Patterson
  William 92, 101, 110
Patton
  Samuel 99, 115
Paulson
  Richard 190
Paultson
  Richard 225
Paunly
  Michael 241
Pawzey
  Mandlena 103
  Robert 103
Paxon
  Reuben 58
Paxton
  Reuben 136, 160, 181, 195, 210, 228
Payforit
  John 90, 107
Peak
  Nathaniel 90

Thomas 47
Pearceall
  Job 236
Pearcecall
  Job 224
Pearcefield
  Richard 84
Pearson
  Abel 47, 49, 58, 74, 83, 86, 94, 95, 102, 110, 113, 126, 129, 133, 135, 137, 158, 159, 176, 200
  Able 69, 70
  Elizabeth 110, 129, 133, 135, 159
  Moses 239
  Samuel 5
Peck
  Jacob 65, 87, 104, 105
Peckett
  William 146
Peer
  John 204
Peerson
  Abel 152, 231
Peirceful
  Richard 109
Pemberton
  George 151, 168, 184, 197
Pendergrass
  Garrat 35
  Garret 54
  Garrett 16
  Garriot 11
  Garrot 25, 63, 66, 81,

90, 93, 106, 113, 137, 148, 156, 160, 169, 197, 199, 225, 237

Pendleton
  Edmun 179
  Edmund 155, 192
Penington
  Abraham 2, 77, 125, 129, 146, 185
  Catherine 2
  Isaac 6, 15, 24, 41, 44, 100, 116, 133, 162, 163, 173, 218, 236
  Jacob 131, 162, 164-167, 169, 170, 173, 175, 188, 203, 211, 212, 217, 221, 227, 229, 230, 234
Peningtone
  Jacob 54
Pennington
  Abraham 148
  Isaac 10, 139, 224
Peoke
  Charles 100
Peresey
  Robert 197
Perkins
  Elizabeth 6, 9
  Isaac 3, 8, 21, 23, 28, 37, 41, 42, 45, 50-52, 57, 60, 67, 68, 82, 89, 106, 109, 110, 122, 127, 186, 187, 189, 194, 201, 211, 215, 224, 227, 232, 236, 238
  Issac 173
  John 33
  Mary 189
  Ute 133, 151, 168, 186, 197, 213, 230
Perry
  Elizabeth 167, 200, 215, 231
  Thomas 12, 17, 161, 167, 190, 191, 200, 215, 225, 231, 237
Peugh
  William 18, 26, 36, 49
Pewsey
  Robert 91, 154, 158, 172, 178, 204, 206, 211, 222
Pewzey
  Robert 98, 115, 141, 189, 191
Peyton
  John 189, 206, 218, 221, 233, 235
Phillips
  Charles 46
  John 172
  Richard 29
Phipps
  Benjamin 15
  Elener 197
  Elenor 202, 209

Pickett
  Lewis 237
  William 125, 156, 180, 192
Picketts
  William 200
Pickings
  John 154, 178, 190, 206, 238, 239
Piggott
  John 201
Pike
  Michael 124, 135, 155
Pitts
  Andrew 196
Pizzot
  John 231
Place
  John 90, 107, 123
Pleace
  John 90
Pledger
  Joseph 90, 123
Pledzer
  Joseph 107
Poer
  John 153, 176, 190
Poker
  Ulrick 227
Polke
  Charles 108
Pollson
  Richard 76
Polston
  Richard 176
Polstone
  Richard 52
Poltney
  Richard 66

Poor
  Jeremiah 13, 47, 93, 144, 195, 205, 208
  John 126
Poredon
  Samuel 81
Porlens
  James 1
Porter
  James 2
Porteu
  James 148, 200
Porteus
  James 17, 71, 74, 95, 98, 108, 110, 134, 135, 156, 157, 161, 169, 170, 180, 188, 193, 197, 200, 204, 205, 224
Portius
  James 60
Portues
  James 217
Posee
  Benjamin 200, 214
Posey
  Benjamin 32, 39, 45, 51, 70, 83, 88, 94, 96, 105, 134, 135, 138, 154, 155, 159, 161, 178-180, 182, 191, 192, 215
  Robert 97
Posie
  Benjamin 59, 173, 190, 193, 205,

231
Benjamin\ 238
Posse
  Benjamin 198, 218, 219, 226, 231, 233
Possey
  Benjamin 112, 114, 122, 143, 156, 222
Postgate
  Robert 45
  Thomas 19-21, 27, 28, 31, 37, 39, 40, 43, 45, 51, 59, 63, 65, 76, 79, 81, 91, 94, 96, 101, 118, 120, 130, 137, 141, 155, 158, 159, 179, 181, 187, 191, 193, 203, 207, 210, 222, 228, 235
Poston
  John 11
Potts
  David 18, 26, 47, 49, 52, 60, 71, 85, 118, 134, 156, 179, 192, 207, 222, 236
  George 75, 86, 95, 118, 125, 129, 136, 152, 160, 176, 181, 189, 195, 210
  Thomas 100, 116, 139, 162

Poulson
  Peter 96
  Richard 54, 61, 72, 207
Poulston
  John 173, 188
Poulstone
  Richard 60
Poultney
  Richard 12, 17, 25, 55, 62, 66, 77, 78, 80, 113, 200, 215, 231
  Robert 95
Poultson
  Kiel 237
Powell
  Richard 98, 118, 149, 155, 172, 189
Pozie
  Benjamin 181
Pratt
  Jacob 19, 27, 37, 120, 143
Preace
  David 11
Preece
  David 16, 52
Prett
  Jacob 50
Price
  Aaron 68, 71-73, 89, 98, 100, 115, 118, 138, 140, 141, 149, 155, 156, 172, 178, 179, 183, 189, 191, 192, 206-208, 219, 222, 235

John 100, 106, 116, 126, 140, 162, 182
Nicholas 188
Reece 169
Rees 54
Reese 188
Priest
  David 25
  Thomas 76
Princeler
  Nicholds 209
Pritchett
  James 153
  Phillip 189, 206, 221, 235
  Rawley 153
Pritchetts
  Phillip 239
Probe
  John Simon 69
  Mary 69
Probie
  John Simon 60, 71, 83, 85, 94
  Mary 83, 94
Proby
  John 47, 58
  John Simon 52
  Mary 47, 58
Provan
  Thomas 150
Provance
  John 190
Provans
  John 200
Provin
  John 178, 191, 194, 195, 206, 235

Thomas 154
Province
  Thomas 3, 9
Pugh
  Evan 209
  Jesse 119, 142, 162
Purteet
  Anne 30
Pusery
  Robert 21
Pusey
  Robert 52, 65, 80, 89, 241
Quen
  John 7
Quigley
  Patrick 116, 124, 165
Quin
  John 18, 24, 25, 28, 31, 51, 54, 55, 64, 74, 76, 77, 89, 110, 117, 119, 126, 127, 133, 135, 136, 141, 147, 151, 152, 156, 162, 176, 180, 193, 205, 226, 240
Quinn
  John 100
Quizley
  Patrick 100, 146, 149, 183
Rain
  John 134, 191, 192, 207
Ramor
  William 158
Ramsey

John 111, 183, 185
Randall
  Hugh 130
Randals
  Hugh 133, 157
Rankin
  Barbara 147
  Hugh 102-106, 116
  William 165, 166
Rankins
  Barbara 95, 128, 166, 183
  Hugh 67, 81, 83, 100, 140
Rastorium
  Daniel 17
Read
  John 109
Rean
  John 29, 37, 240
Reece
  Thomas 56
Reed
  Adam 154, 169, 191
  Andrew 150, 168, 213
Reele
  Abraham 128, 147
Rees
  Thomas 14, 39, 52, 60
Refounder
  James 192
Reid
  Adam 178, 219, 226, 234, 237
  Andrew 185, 192, 230
  James 224, 236
  John 89
  Robert 238
  William 29, 38, 51, 57, 59, 70
Reiney
  William 212
Remey
  William 159
Remy
  William 65, 209, 228
Renich
  Thomas 88
Renick
  Thomas 30, 31
Rennalds
  William 208, 209
Rennalls
  William 191, 212, 213, 223
Rennells
  William 190, 218, 220
Rennick
  Thomas 29, 38, 100, 118, 123, 124, 136-138, 141, 145, 150, 151, 155, 165, 168, 174, 183, 185, 191, 197, 207, 218, 227, 233
Rennicks
  Thomas 103, 179
Rennolds
  William 211
Renolds
  William 151
Renrick
  Thomas 207
Rentfree
  William 44, 81
Reppeth

John 47
Resounder
  James 192
Revier
  Peter 10, 15, 24
Reyley
  Patrick 238
Reynolds
  James 220
Rhodium
  Christopher 157
Rhodum
  Christopher 180
Rhynaulb
  Barnard 164
Rhynault
  Barnard 119, 142, 182
Rian
  John 19, 96, 114, 157
Rice
  Patrick 211, 212
  Rees 61
  Thomas 32, 39
Richards
  John 64, 221
Richardson
  Daniel 5, 20, 27, 119, 120, 142, 143, 164, 184, 220
  John 34, 40, 71-73, 76, 87, 98, 104, 114, 119, 121, 125, 139, 142, 143, 161, 174, 208, 240, 241
Richee
  William 1
Richey
  William 92, 102, 116, 140, 197, 204, 206, 212, 213, 220, 240
Richman
  Harman 240
Ridgeway
  John 227
Riley
  Patrick 204, 205
Rion
  John 27, 31, 38, 47, 51, 55, 59, 61, 64, 70-72, 75, 102, 119, 123, 138, 142, 144, 145, 148, 149, 179, 180, 209
Ripeth
  John 13
Rippeth
  John 100
Rippith
  John 71, 116
Roak
  Bryan 29, 38
Roark
  Bayan 139, 197, 198, 214
  Bryan 54, 99, 115, 118, 126, 140, 147
Robarts
  Joseph 237
Rober
  Daniel 153
Roberton
  Joseph 225
Roberts
  George 4, 9, 15, 24,

34, 54
Joseph 125, 146, 166, 169, 188, 203, 221, 234
William 6, 30, 76, 86, 103, 121, 201, 216, 232
Robin
  Joseph 66
Robins
  Joseph 19, 27, 37, 50, 96, 100, 112, 116, 118, 125, 134, 140, 141, 146, 152, 159, 176, 181, 189, 193, 205, 209, 221
  Richard 154, 178, 191, 206, 222
Robinson
  Charles 120, 142, 163
  Edward 226
  Elizabeth 220
  Francis 217
  George 30, 38
  Israel 1, 23, 33, 58, 78, 80, 92, 122, 174, 225, 237
  Isreal 81
  Joseph 11
  Peter 118
  Thomas 157, 162-164, 174, 175, 180, 186, 202, 220, 228
Robison
  Peter 96
Roger
  Edward 205

Rogers
  Catherine 88, 105, 122, 145, 163, 210
  Edward 3, 9, 11, 34, 35, 47, 58, 65, 69, 83, 84, 98, 109, 115, 128, 134, 139, 161, 173, 199, 214, 231
  Evan 209
  John 209, 210
  Owen 209
  Roger 108
  William 43, 209
Root
  Jeremiah 120
Rose
  Daniel 13, 177, 208, 235
  David 4
  George 135, 148
Roso
  Andrew 215
Ross
  Alexander 32, 41, 43, 99, 115, 139, 161, 182, 194, 202, 223, 238
  Andrew 135, 155, 169, 200, 225, 237
  Catherine 41
  Daniel 150, 194
  Francis 34, 36
  George 76
  James 107, 129, 148, 159, 176, 190,

191, 194, 213
  John 30, 36, 48, 118, 202
  Mary 76, 87, 118, 136
  William 30, 38, 70, 209
Rouse
  William 12, 17, 25, 35, 137, 181, 195, 201, 210
Rousere
  William 160
Rout
  John 65
Rubles
  Ulrick 94
Ruddell
  John 40
Ruddle
  John 60
Ruddles
  John 51
Runnill
  William 82, 83
Russell
  John 42, 199, 214, 231
  William 7, 30, 38, 45, 50, 55, 62, 63, 65, 73, 76, 83, 92, 102, 117, 120, 138, 144, 156, 161, 164, 176, 180, 184, 191, 195, 205, 207, 210, 214, 223, 225, 229, 237, 241

Rutherford
  Ann 219, 234
  Benjamin 7, 88, 105, 143, 216, 232
  Reuben 29, 219, 234
  Robert 7, 208, 226, 238
  Thomas 1, 7, 15, 20, 22, 23, 28, 33, 37, 38, 42, 44, 48, 52, 56, 58, 60, 68, 70, 72, 73, 79, 81, 82, 85, 88, 91, 95, 109-111, 113, 117, 122, 125, 126, 127, 135, 138, 143, 146, 161, 164, 166, 169, 174, 184, 188, 194, 196, 208, 210, 226, 227, 229, 235, 239
Rutledge
  James 6, 15, 34, 52, 60, 71, 85, 133, 135, 149, 151, 158, 161-163, 165, 166, 216, 238, 239, 241
Rutlidge
  James 10, 117, 120, 200, 207, 229, 230
Ryan
  John 9, 69, 70, 80, 98, 107, 129, 139, 199, 231

Ryan (cont.)
  Michael 8, 28, 35, 37, 50, 77, 124
Ryans
  John 168
Rylay
  Patrick 125
Ryley
  Patrick 3, 42, 66, 67, 108, 157, 169, 188, 223
Ryon
  John 42, 45, 100, 114, 156
  Michael 68, 76
Saden
  James 159
Salley
  John Peter 123
Sanam
  John 5
Sangley
  James 225
Sargan
  John 41, 62, 73
Satterfield
  Benjamin 98, 114
  William 98, 114
Saycock
  William 192, 222
Sayers
  James 217, 233
  Sarah 217, 233
Scott
  Andrew 113, 135
  James 43, 69, 171
  John 43, 57
  Josiah 118, 136, 157
  Samuel 82
Seabin

Seabin (cont.)
  James 11, 16, 193, 210, 228
Seaborn
  James 158
Seaborne
  James 181
Seaburn
  James 1, 65, 229
Seaman
  Elizabeth 1, 9
  John 112
  Jonah 83, 112, 154, 178
  Jonathan 1, 2, 4, 9, 154, 178, 185, 196, 205, 211, 229
Seamon
  Elizabeth 53, 163
  John 163
  Jonah 106
  Jonathan 53, 147, 163, 167, 175
  Pheabe 163
Sears
  James 211, 212, 230
Seayers
  James 223
Sedom
  John 85
Seebin
  John 89
Seeman
  Jonathan 110
Seizar
  Jane 62, 72
Seizer
  Jane 55
Self

301

John 124, 128, 138, 140, 141, 146, 147, 165, 166, 184, 194
Philip 147
Phillip 128, 154, 178, 191
Sells
  William 29
Selser
  Matthias 184, 194
Seltzer
  Mathew 88
  Mathias 163
Selzer
  Matias 106
  Matthias 143
Seney
  Solomon 31
Serill
  Adam 67
Settler
  John 131
Sey
  William 218
Seybaun
  Thomas 199
Sharp
  Thomas 2, 81, 146, 166
  Thomas Jr. 158
  Thomas Sr. 158
Shaw
  Michael 95, 120, 134, 136, 144, 159, 164, 177, 181, 193
Shearer
  John 141

Shedden
  Robert 29, 30, 38, 50, 190, 200, 215, 222
Sheddin
  Robert 59, 153, 178, 206
Sheddon
  Robert 231
Sheelden
  Robert 205
Sheerley
  Walter 226, 238
Shelden
  John 11, 12, 55, 72
Sheldon
  John 24, 61, 216, 224
Shepard
  John 16, 23, 42, 113, 225, 232, 237
  Thomas 36, 48, 103
Shephard
  John 66
Shepherd
  John 10
  Sarah 198
Sheppard
  John 93, 138, 160, 186, 216, 240
  Thomas 58
  William 69, 70, 133, 150
Shepperd
  John 81
  Thomas 55
Sherer
  John 66, 93
Sherley
  Walter 139-141

Sherrall
  Adam 29
Sherrel
  Adam 59
Sherrell
  Adam 30, 50
Sherrer
  John 81, 113
Sherril
  Adam 83
Sherrill
  Adam 38, 70, 89, 96, 114
Shinbrooks
  Peter 44
Shinn
  Samuel 41, 62
Shipard
  John 12, 236
Shippen
  Edward 61
  Joseph Jr. 54
Shippin
  Edward 12, 53, 72
Shirley
  Walter 126, 207
Shirrel
  Adam 28
Shroud
  Samuel 239
Shurley
  Walter 138, 205
Silbourne
  Anne 25
Silburn
  Ann 240
  Anne 12, 17
  John 240
Silburne

Ann 34
Silver
  James 76, 87
  Matthias 122
Simcock
  John 58, 90, 120, 137, 160, 181, 221, 228
Simcocks
  John 78, 136, 158, 176, 195, 202
Simon
  Jonah 67
  Jonathan 67
Simons
  Elizabeth 52
  John 52, 129
  Jonah 52, 82, 93, 107, 112
  Jonathan 82, 93, 107, 112
Sincocks
  John 101
Sinnicher
  Sinnich 11
Sittler
  John 14
Slater
  Priscella 95
Smecker
  Henry 13
Smith
  Aduly George 40
  Audley George 61, 71, 75, 101, 164
  Audley John 121
  Audly George 53
  Benjamin 64, 158, 224
  Capt. Jeremiah 8

Cloe 56
George 19, 21, 27, 126, 144, 147, 184, 195
Jane 46
Jeremiah 36, 42, 50, 88, 103-107, 109, 122, 126, 143, 147, 161-166, 169, 170, 188, 197
John 3, 10, 16, 21, 31, 32, 39, 51, 52, 58, 59, 64, 65, 70, 74, 80, 85, 86, 89, 92, 95, 101, 104, 111, 113, 115, 119, 121, 125, 128, 136, 138, 140, 141-144, 151, 152, 156, 158, 160, 164, 167, 168, 171, 181, 184-186, 193, 195, 197, 208, 211-213, 225, 229, 233, 237, 241
John Jr. 40, 89, 106, 122, 143
Jonathan 74, 163
Mary 18
Odley George 43
Robert 34, 36, 46, 64, 174, 212, 213
Security. 157
William 81, 158, 171, 189, 203, 221, 223, 235

Smitt
  John 1
Smout
  Edward 136, 196
Snadan
  William 174
Snape
  Lawrence 149
Sneekers
  Henry 156, 180, 192
Snicher
  Henry 92
Snichers
  Henry 126
Snicker
  Henry 25
Snickers
  Henry 161, 198, 207
Sniggers
  Henry 74
Sorreles
  Richard 29
Southerland
  Daniel 206, 209
Sozan
  David 41
Speak
  Thomas 77, 78, 105, 165, 196
Speake
  Thomas 32, 67, 82, 87
Speaks
  Thomas 145, 184
Speeks
  Thomas 121
Spencer
  Edward 135

Sprigg
  Richard 205
Springer
  David 14
Staller
  Catherine 35
  Lewis 35, 48
Standley
  Jacob 171
  Joseph 104
Standon
  Richard 54, 61
Stanley
  Jacob 150
Stapler
  David 170, 188
Steele
  James 240
Steerman
  John 1, 181, 205
Stephens
  John 84
  Lawrence 140-143, 148, 160-163, 176
  Lewis 4, 9, 11, 15, 16, 19, 26, 28, 35, 38, 50, 59, 67, 70, 72, 73, 76, 82, 83, 101, 105, 112, 115, 124, 136, 146, 160, 161, 165-167, 169, 170, 181, 188, 198, 199, 202, 208-210, 214, 231
  Lewis vs George 195
  Peter 5, 9, 115, 160, 169
Stephenson
  Richard 16
  Thomas 5
Stepler
  David 209, 217
Stevens
  Lawrence 162
Stevenson
  John 134
  Johon 7
  Lewis 173
  Richard 115, 150, 196, 207, 212
  Thomas 149, 167, 185, 196, 212
Steward
  Alexander 125
Stickler
  Abraham 25
Stiffy
  Lewis 34
Stillwell
  Daniel 119, 142, 170
Stinson
  Richard 15, 23, 211
  William 204
Stone
  Mary John 17
  Sarah 195, 202
  Thomas 209
  William 11, 16, 154, 169, 195, 202
Story
  John 66, 89, 106, 122, 239
Strickers
  Henry 18
Strickler
  Abraham 11, 16, 35

Stripling
  Thomas 34
Stroud
  Samuel 227
Stuart
  Daniel 50
  Thomas 124, 146, 165
Stump
  Michael 198
Sturman
  John 157, 167, 241
Suitter
  William 152, 155, 156
Sullinger
  Bartholomew 32, 39
Sum
  Jonas 108
  Mary 108
Summerford
  Frabzery 119
  Jeffery 162
  Jeffrey 142, 183
Sutherland
  Daniel 3, 6
Sutherlin
  Daniel 191
Sutton
  Joseph 20, 27, 37
  Mary 46
Swamp
  Alexander 207
Swearingham
  Thomas 33, 48, 55, 56, 62, 66, 67, 90, 122, 174, 199
  Van. 78
Swearingin
  Van 239
Sweet

John 151, 156, 168, 180, 186, 192, 207
Swerlingin
  Thomas 36
Syah
  Humberton 18
Sypmon
  Lyon 175
Tackett
  Lewis 173
  Lewis Jr. 198, 235
Tanner
  Thomas 42, 45, 77, 105, 121, 140
Tassey
  William 100, 116, 140
Tauze
  Edward 197
Taylor
  Jacob 209
  Samuel 20, 27, 29, 38, 40, 65, 80, 89, 93, 99, 106, 112, 115, 122, 139, 141, 143, 153, 160, 161, 164, 176, 182, 183, 193, 194, 210, 211, 223, 236
Teagard
  Abraham 234
Teager
  Abram 220
Teague
  William 66
Teaque
  William 81, 93, 113,

Teator
  George 52, 60
Teeter
  Jacob 8, 14
Tegard
  Abraham 206
Tegarden
  Abraham 144
Terrance
  Morgan 220, 234
Tetenor
  George 14
Thab
  John 209
Thomas
  Alex 207
  Edward 48, 58, 83, 153, 161, 178, 190, 191
  Ellis 35
  Evan 74, 92, 155, 179, 191, 206
  Isaac 8
  John 75, 86, 118, 136, 155, 179, 191, 206, 209
  Lewis 35, 54, 64, 74, 79, 96, 124, 125, 135, 137, 141, 146, 149, 158, 163, 181, 191, 199, 200, 207, 210, 226, 230
  Nathaniel 47, 95, 119
  Owen 75, 86, 96, 118, 162, 163, 169, 191, 218, 233

Thompson
  Hugh 150
  Margaret 22
  Neil 123, 165
  Neill 31, 145
  Ralph 202, 219, 234
  Samuel 22, 48
  William 234
Thomson
  Niell 161
  Samuel 33
  William 220
Thorley
  Walter 192, 194
Thorn
  Peter 219
Thornberry
  Waller 164
  Walter 77, 88, 106, 122, 143, 199
Thornbrugh
  Walter 29
Thornton
  Thomas 81
  Timothy 33
Thorntown
  Thomas 158
Thurley
  Walter 146
Thurston
  George 4, 157, 174, 180, 183, 185
Tickett
  Lewis 225
Tidewell
  John 223
Tidwell
  Francis 139-142, 239
  Mary 95

Richard 97, 117
William 14, 40
Timmons
  John 237
  Samuel 3, 97, 114, 125, 138, 146, 154, 178, 189, 190, 204, 205, 213, 219, 221, 223, 225, 226, 234, 235, 237
  Thomas 130, 169, 188, 203, 204
Tollen
  Redmond 25
Tomkins
  Mary 45
Tomlinson
  Joseph 93, 97
Trishman
  Semion 21
  Simon 28
Trout
  John 91
Trytitle
  Thomas 107
Tucker
  John 73
  Samuel 223, 236
Tumbleston
  Joseph 71-73, 79
Turner
  Anthony 55, 74, 153, 177, 190, 206
  John 47, 219
  Roger 14, 22, 201, 216, 227, 232, 240
  Thomas 31, 55, 68, 74, 78, 90, 101, 120
Uins
  William 39
Underwood
  John 201
Upton
  John 4, 26, 45, 82, 83, 102, 103, 107, 123, 129, 137, 138, 159, 176, 213
Vanbeaver
  Peter 241
Vance
  Andrew 114, 139, 209, 217, 223
  David 1-4, 6-8, 12, 13, 16, 17, 21, 23, 24, 32, 35, 36, 40-42, 44, 48, 55, 56, 58, 62, 64, 68, 71, 72, 78, 81, 82, 84, 87, 92, 108, 111, 112, 131, 174
  James 41
  John 209
  Joseph 33
  Patrick 241
  William 180
VanCever
  Peter 229
Vancleaver
  Peter 209
Vanderpool
  Abraham 18, 19, 26, 27, 30, 36, 38, 40, 42, 46, 49,

50, 99, 240
Vanmeter
  Isaac 87
  Jacob 158, 204, 229, 241
  John 228
  Peter 230
Vanmetre
  Abraham 103, 209
  Henry 95, 103
  Isaac 76, 103, 104, 118, 121, 142, 161-166
  Jacob 103, 118, 141, 163, 172, 189, 209
  John 103, 209
Venton
  John 200
Vestal
  William 23, 115, 196
Vickers
  Elias 67
Vickory
  Luke 30
  Marmaduk 109
  Mermaduke 158
Waker
  John 135
Walker
  John 11, 16, 25, 71, 90, 124
  John Jr. 52
  Jonathan 137
  Samuel 100, 104, 106, 107, 109, 110, 113, 115, 116, 133, 139, 159, 161-163, 167, 173, 181-183, 199, 202, 219, 232, 234
Walkin
  Evan 212
  John 184
Walkiner
  John 124
Walkins
  John 145, 165, 198
  Thomas 163
Wallace
  Esther 216, 232
  Matthew 175
  William 216, 232
Waller
  Robert 172, 173
Wanton
  John 29, 38, 51, 59
Warden
  William 15
Wareingson
  Thomas 97
Waring
  Thomas 57, 69, 82, 107, 114, 117, 138, 239
Warren
  Hugh 152, 172
Warth
  Robert 10, 41, 64, 79, 80, 82, 83, 89, 118, 133, 151, 153, 177, 190, 191
Waters
  Thomas 100, 116, 140, 239
Wathins

Evan 148
Watkins
  Evan 53, 61, 71-73, 92, 102, 103, 131, 153, 167, 175, 185, 196, 229, 240
  John 21, 28, 214, 230
Watson
  John 75
Watts
  Jael 136
Waugh
  James 46
Weakley
  James 226
  Paul 226
  Robert 226
Wearing
  Thomas Jr. 43
  Thomas Sr. 43
Weather
  Ralph 81
Weatherby
  Edmond 90, 107
  Edward 123
Weathers
  Ralph 173, 226
Weekley
  James 238
  Thomas 109, 127
Weight
  James 88
Weirs
  James 145
Welch
  Edmond 15, 24, 33, 48, 71
  Edmund 58
  James 45, 71, 95
  Thomas 7
Welsh
  James 46, 96, 114, 138, 161, 182
Welton
  John 118, 217
  John Jr. 100, 116
Wenn
  James 184
Wesfell
  Frederick 112
West
  Hugh 177
  John 225, 237
  Joseph 225, 237
  William 85
Westar
  Caspar 174
  Casper 113
Westcoat
  Lancelott 209
Westcott
  Lancelot 2, 3
  Lancelott 105
Westeal
  Jacob 240
Wester
  Casper 138
Westfal
  William 167
Westfall
  George 77
  Jacob 21, 28
Wheat
  Thomas 112
Wheatley
  Thomas 80, 134
Whight

William 41
White
  Capt. John 41
  Elizabeth 194
  George 56, 76, 84, 87, 103-105, 125, 136, 146, 166
  Isaac 209
  John 1, 3, 7, 21, 24, 30, 32, 40, 42, 56, 58, 92, 93, 110, 156, 174, 179, 192, 207, 211, 222, 235
  John Jr. 117, 194, 205, 207, 212, 216, 220, 232
  Robert 13, 18, 25, 94, 106, 108, 161
  William 62
Wift
  Joseph 211
Wilcock
  John 41, 59, 69, 82
Wilcocks
  John 43, 57, 175
Wilcox
  John 2, 9, 14, 16, 79, 80, 83, 94, 97, 98, 107, 125, 146, 166, 184, 196, 205, 229, 241
Wilespie
  John 210
Wilkenson
  Joseph 163, 227
Willbourn
  Thomas 22
Willburn
  William 45
Willcock
  John 64
Willcocks
  Isaacker 172
Williams
  Alexander 61
  Edward 124, 145, 165, 184, 198, 214, 230
  George 32, 33, 41, 53, 61, 71, 89, 119
  Jeremiah 154, 178, 191, 204, 206, 211, 212, 221, 222, 229, 230, 235, 241
  John 88
  Joseph 45, 52, 57, 60, 69, 74, 82, 88, 98, 105, 115, 139, 140, 153, 161-166, 182, 194, 207, 208, 221
  Paul 108
  Peter 128, 147, 166, 183
  Providence 55, 61, 72, 154, 170, 199, 209, 224
  Remembrance 52, 60, 72, 162-166, 207, 208
  Samuel 131, 158, 168, 170, 173, 175, 217
  Sarah 41

Thomas 54
Vincent 67, 96, 114, 138, 220, 234
William 23, 54, 61, 72, 85, 98, 102, 115, 121, 125, 134, 139, 141, 146, 157, 159, 161, 163, 166, 167, 170, 173, 180-182, 186-188, 194, 203, 208, 210, 221, 222, 224, 228, 234, 239-241

Williamson
Samuel 130

Willis
Francis 115
Grae 99
Henry 99, 115

Willson
John 31, 47
Robert 41, 82, 83

Wilson
Daniel 151
David 136, 138, 139, 204, 233, 241
John 5, 30, 38, 39, 58, 103, 151, 168, 186, 188, 197, 213, 227, 230
Robert 5, 6, 8-10, 15, 32, 34, 41, 49, 50, 56, 62, 88, 100, 102-104, 116, 118, 141, 143, 161, 162, 163, 173, 174, 187, 203, 204, 208
Thomas 46, 62, 64, 79, 88, 104, 119, 128, 135
William 85, 156, 179, 192, 207, 221, 223, 227

Wilton
John 86

Winn
James 107, 123

Winne
James 165, 196

Winslow
Richard 54

Wiseman
Abraham 173, 175, 188

Wister
Casper 95, 161

Wither
Ralph 132

Withers
Ralph 162, 163

Woddell
Gashum 214

Wood
Bartholomew 53, 61, 73
Gasham 58
James 1, 3, 6-8, 19, 27, 28, 37, 41, 50, 51, 53, 59, 62, 70, 73, 81, 94, 101, 105, 110, 120, 130, 149, 169, 175, 192, 205, 209, 227,

234, 235, 241
John 3, 9, 14, 24, 65, 80, 97, 107, 109, 111, 112, 117, 124, 127, 145, 146, 165
Joseph 3, 6

Woodal
Garfham 173

Woodall
Gasham 117
Gastum 231
Gersham 188

Wooddall
Gasham 169
Gashum 199

Woodfin
Gasham 8
John 94, 100, 108, 116, 135, 217, 233

Woolf
Christian 84
Peter 1, 41, 83, 84, 98, 109, 127, 139, 156, 161, 173, 179, 190, 192, 199, 207, 214, 221-223, 226, 235, 237, 241

Woolfe
Peter 34, 36, 45, 49, 50, 115

Worthington
Abigail 117
Jacob 5, 10, 13, 20, 29, 38, 43, 47, 50, 57, 64, 69, 74, 76, 79, 83, 85, 86, 91, 96, 98, 102, 103, 112, 113, 114, 117, 121, 137, 142, 144, 170
Robert 1, 4, 5, 13-15, 23, 25, 31, 46, 54, 58, 61, 72, 73, 75, 77, 83, 85, 86, 91, 94, 96, 102, 106, 108, 109, 113, 117-119, 121, 124-126, 138, 140-142, 146, 149, 153, 157, 159, 162, 163, 165, 166, 170, 172, 173, 180, 182, 183-185, 188, 189, 192, 196, 199, 203, 204, 205, 206, 210, 212, 213, 217, 219-221, 223-225, 229, 231, 234, 236

Wright
Charles 240
George 4, 10, 16, 25, 31, 34, 35, 41
James 94
James Jr. 132, 159, 176
James Sr. 186
Thomas 186

Writtenhousen
Peter 112

Yates

Abraham 12, 17, 25, 34, 53
Yeates
  Abraham 13
Yeats
  Abraham 6, 13
Yegan
  Bridget 33
  Bridgett 24
Yoakam
  Matthias 68
Young
  Jacob 29
  James 6, 209
Zeene
  William 187
Zeigler
  George 32, 39
Zimerman 126
  Christopher 135, 147, 166
Zimmerman
  Christopher 5, 10, 184, 211, 229

www.ingramcontent.com/pod-product-compliance
Lightning Source LLC
Chambersburg PA
CBHW060553230426
43670CB00011B/1805